路基路面工程

(简明教程)

杨彦海 主　编
张怀志　刘　赫 副主编
冯德成 主　审

人民交通出版社股份有限公司
北　京

内 容 提 要

本教材为交通版高等学校土木工程专业规划教材。全书共分为11章,包括绪论、路基土的特性及设计参数、路基设计、路基防护与支挡结构、路面材料、交通荷载与交通分析、自然因素、沥青路面设计、水泥混凝土路面设计、路基路面排水设计以及路基路面养护与管理等内容。本教材在保证路基路面工程知识体系完整性的同时,对知识结构体系重新进行梳理,并融入国内外路基路面工程最新科研与工程应用成果,增强教材的实用性。

本教材可作为高等学校土木工程、道路桥梁与渡河工程、市政工程、机场工程、港口航道工程、交通工程等专业的路基路面工程课程教材,还可作为土木工程专业及相关专业的科研、设计、施工、管理和监理人员的技术参考书。

图书在版编目(CIP)数据

路基路面工程 / 杨彦海主编. — 北京 : 人民交通出版社股份有限公司, 2023.7
简明教程
ISBN 978-7-114-18760-5

Ⅰ.①路… Ⅱ.①杨… Ⅲ.①路基工程—高等学校—教材②路面—道路工程—高等学校—教材 Ⅳ.①U416

中国国家版本馆 CIP 数据核字(2023)第 073945 号

Luji Lumian Gongcheng(Jianming Jiaocheng)

书　　名:	路基路面工程(简明教程)
著 作 者:	杨彦海
责任编辑:	崔　建
责任校对:	刘　芹
责任印制:	张　凯
出版发行:	人民交通出版社股份有限公司
地　　址:	(100011)北京市朝阳区安定门外外馆斜街 3 号
网　　址:	http://www.ccpcl.com.cn
销售电话:	(010)59757973
总 经 销:	人民交通出版社股份有限公司发行部
经　　销:	各地新华书店
印　　刷:	北京武英文博科技有限公司
开　　本:	787×1092　1/16
印　　张:	13.5
字　　数:	326 千
版　　次:	2023 年 7 月　第 1 版
印　　次:	2023 年 7 月　第 1 次印刷
书　　号:	ISBN 978-7-114-18760-5
定　　价:	39.00 元

(有印刷、装订质量问题的图书,由本公司负责调换)

前言

路基路面工程是高等学校道路桥梁与渡河工程专业的核心课程,具有内容广泛并与工程结合紧密的特点。为了适应少学时教学改革的需要,遵循"突出原理、注重逻辑、减少重复、面向应用"的原则,在保证必要的完整性前提下,本书精简了与土力学、道路工程材料等课程的重复内容,删除了传统教材中的施工和路面力学部分,根据现行规范对相关内容进行了更新,并修改了章节架构,力图使学生建立清晰全面的专业知识体系。本书对应课程建议讲授32~56学时。本书可与道路工程施工技术等相关课程结合作为道路桥梁与渡河工程的专业必修课程,也可单独作为土木、交通等其他专业的选修课程。

全书共分11章,主要介绍了路基土的特性及设计参数、路基设计、路基防护与支挡结构、路面材料、交通荷载与交通分析、自然因素、沥青路面设计、水泥混凝土路面设计、路基路面排水设计以及路基路面养护与管理等内容。

本书第1章由沈阳建筑大学杨彦海完成,第2章由沈阳建筑大学刘赫完成,第3章由沈阳建筑大学于玲完成,第4章由沈阳城市建设学院张景怡完成,第5章由沈阳建筑大学杨野完成,第6章由沈阳建筑大学于保阳完成,第7章、第8章由沈阳建筑大学张怀志完成,第9章由沈阳建筑大学刘赫完成,第10章由沈阳建筑大学于保阳完成,第11章由沈阳建筑大学李保险完成。

全书框架拟定、写作大纲、定稿工作由沈阳建筑大学杨彦海完成,统稿工作由沈阳建筑大学张怀志、刘赫完成。哈尔滨工业大学冯德成教授担任本书主审。

本书在编写过程中参考和引用了我国其他高校经典的路基路面工程教材、著名专家学者的著作以及相关的工程技术标准、规程、规范等,在此表示衷心感谢!

由于编者水平有限,本书尚存在未涉及或总结不到位的地方,书中错误和不当之处在所难免,敬请各位师生和专家学者批评指正。

编　者

2022 年 12 月

目录

第1章　绪论 ·· 1
1.1　道路发展历史 ·· 1
1.2　路基路面工程特点及性能要求 ·· 4
1.3　路基路面设计内容、影响因素 ·· 6
1.4　路基路面结构构造 ·· 8
练习 ··· 12

第2章　路基土的特性及设计参数 ·· 13
2.1　路基土的分类及工程特性 ··· 13
2.2　路基土的力学强度特性 ·· 15
练习 ··· 22

第3章　路基设计 ··· 23
3.1　路基概念及构造 ·· 23
3.2　路基病害类型原因及防治原则 ·· 26
3.3　路基横断面设计 ·· 29
3.4　边坡稳定性分析 ·· 32
练习 ··· 41

第4章　路基防护与支挡结构 ·· 42
4.1　路基坡面防护 ··· 42
4.2　支挡结构物的类型与构造 ··· 47
4.3　挡土墙结构的土压力计算 ··· 52
4.4　重力式挡土墙设计 ··· 57
练习 ··· 70

第5章　路面材料 ··· 71
5.1　路面材料组成 ··· 71
5.2　粒料类材料 ·· 72
5.3　无机结合料稳定类材料 ·· 75
5.4　沥青混合料 ·· 78
5.5　水泥混凝土 ·· 86

练习 ··· 88
第 6 章　交通荷载与交通分析 ··· 89
　6.1　交通荷载及其对路面的作用 ··· 89
　6.2　交通数据调查 ·· 95
　6.3　标准轴载及轴载换算 ··· 99
　　练习 ··· 105

第 7 章　自然因素 ··· 107
　7.1　路面的温度状况 ·· 108
　7.2　路基的湿度状况 ·· 109
　7.3　路基冻胀现象 ·· 112
　7.4　公路自然区划 ·· 113
　7.5　沥青路面使用性能气候分区 ··· 115
　　练习 ··· 117

第 8 章　沥青路面设计 ··· 118
　8.1　概述 ··· 118
　8.2　沥青路面使用性能要求及设计控制 ··· 119
　8.3　结构组合设计 ·· 123
　8.4　新建沥青路面结构设计验算 ··· 130
　8.5　长寿命路面结构设计原理 ·· 147
　　练习 ··· 150

第 9 章　水泥混凝土路面设计 ··· 151
　9.1　概述 ··· 151
　9.2　水泥混凝土路面病害及其产生原因 ··· 152
　9.3　水泥混凝土路面构造 ··· 154
　9.4　水泥混凝土路面设计方法 ·· 162
　　练习 ··· 169

第 10 章　路基路面排水设计 ··· 171
　10.1　概述 ··· 171
　10.2　路界地表排水 ·· 173
　10.3　路界地下排水 ·· 183
　10.4　路面内部排水设计 ··· 185
　　练习 ··· 189

第 11 章　路基路面养护与管理 ··· 191
　11.1　概述 ··· 191
　11.2　公路技术状况评价体系 ·· 191
　11.3　路基技术状况评价与养护 ··· 193
　11.4　沥青路面技术状况评价与养护 ·· 195
　11.5　水泥混凝土路面技术状况评价与养护 ·· 197

11.6	公路养护决策	198
11.7	路面管理系统	201
练习		203

参考文献 ·· 204

第1章 绪论

【本章提要】

本章总体介绍道路发展历史、路基路面工程特点及性能要求、路基路面设计内容及影响因素和路基路面结构构造。

【学习要求】

通过学习本章内容,了解我国路基路面工程所取得的成就和未来发展趋势;理解路基路面的工程特点、路基路面设计的主要内容;掌握路基路面的性能要求、路基路面结构性能影响因素、路基横断面组成及技术要求、路面各层位的划分和主要功能与材料要求。

1.1 道路发展历史

道路交通是我国国民经济平稳发展、民生状况持续改善的基础性产业和服务性行业。在历史的长河里,我国各族人民勤劳勇敢,艰苦创业,为全球道路交通发展贡献了中国智慧、中国方案、中国力量。我国道路交通基础设施建设用40余年的时间取得了西方发达国家百年的成就,为经济腾飞和社会进步提供了坚实的物质基础。道路工程是随交通工具的发展而发展的,路面是最主要的结构,交通工具不断对路基路面提出新的使用功能要求。

1.1.1 道路衍变

我国的道路发展经历了一段光辉又曲折的历程,道路工程的发展体现出中华民族"人与自然和谐相处"的伟大智慧和艰苦奋斗的伟大精神。在公元前2600年前后,传说皇帝"见飞蓬转而知车",开始有了简单的车轮,并命人修筑道路。商朝至西周,石灰被用来处理地基,与沙石、陶片组成较为稳定的马路,并建立起较为初步的路政管理制度。秦朝为了便于统治,修筑完善了以咸阳为中心、连接战国时代诸侯列国都城的"秦驰道",形成了全国干线道路网。秦末,为加强北方地区的屯戍,修建了被誉为中国第一条"高速公路"的长达752km的"秦直道"。西汉时期,开辟了通往西域的道路——丝绸之路,其成为沟通欧亚大陆的国际大干线道路,此时已有用卵石铺砌的路面。南北朝时期的人们已经开始从建筑材料入手,探索出一种更结实耐用的路面材料。唐代是我国古代道路发展的极盛时期,形成了以长安和洛阳两地为中心的全国道路网,京城长安更是当时国际交通运输的枢纽。宋、元、明时期和清代中前期,道路工程持续发展,我国驿道体系得到逐步完善。

随着近代交通运输工具的相继兴起,我国古代的驿站交通系统逐渐退出历史舞台。清代末期,开始修筑行驶汽车的公路。民国初期,在孙中山等国内有识之士的倡导下,形成了这个时期的筑路热潮。抗日战争时期,我国公路建设始终处于重要的战略地位,此时有关路面科学研究工作得到初步发展,在滇缅公路首次铺筑了123km沥青路面。到1949年末,由于技术标准低、工程质量差、加上长期失修失养和战争的破坏,我国的公路规模和工程技术状况处于"千疮百孔"的状态。新中国成立后,公路事业进入了快速稳步发展时期,特别是改革开放以来,我国公路发生了翻天覆地的变化。全国四通八达的公路网已基本建成,各项公路技术标准以及规章制度逐步健全,工程设施水平和装备水平大幅提高,公路科学技术取得了突破性进步,高速公路建设取得跨越式发展。"七五"期间,"神州第一路"——沈大高速公路的修建实现了我国大陆高速公路零的突破。自2012年起,我国高速公路通车里程稳居世界第一。

我国公路建设的成就得益于行业对外开放和合作交流,得益于对发达国家的考察和借鉴。20世纪初,以新一代信息技术、人工智能为核心的新一轮技术革命正在重塑全球经济结构,也催生了交通运输重大变革。为保证自身的优势地位,美国、英国、日本等发达西方国家均制定了新时期交通运输发展战略。为应对新时代对交通运输行业的挑战,2019年,中共中央、国务院印发实施《交通强国建设纲要》,以建设"安全、便捷、高效、绿色、经济"的现代化综合交通运输体系为目标,到2035年,基本建成交通强国。到21世纪中叶,全面建成人民满意、保障有力、世界前列的交通强国。交通强国战略为新时期公路建设提供了明确指导方向和发展路径。未来,我国公路将逐渐向便捷顺畅、经济高效、绿色集约、智能先进、安全可靠的方向发展。

1.1.2 路基路面主要成就

1) 材料

19世纪,石油和水泥工业迅猛发展,沥青和水泥逐渐成为公路建设的主要材料。进入20世纪,改性沥青与高强高性能水泥材料的研发使用,提高了道路的行驶质量与服务水平,解决了当时人民对交通出行的迫切需求。20世纪末,道路工程材料发展已比较成熟,科技人员在保证建设质量的同时,更加注重资源节约与环境保护问题,绿色环保路面材料与可再生材料成为热点,涌现了以再生技术、温拌技术、乳化沥青为代表的低碳排放材料,以橡胶沥青为代表的废旧资源路用材料,以及以尾气分解材料为代表的环境友好路面材料,极大地推动了绿色交通的发展。进入21世纪,交通情况复杂多变,对于路面材料的要求越来越高,许多先进的功能型路面材料被研发并应用于路面结构,如智能路面材料、相变材料、除冰融雪材料等。国外道路多以柔性基层为主,我国道路基层从以往简单的泥结碎石,发展成沥青稳定类、无机结合料稳定类、粒料类和水泥混凝土等多体系基层材料。其中,无机结合料稳定基层(也称半刚性基层)材料在我国广泛应用。与此同时,以热拌沥青碎石、厂拌冷再生混合料以及粒料类材料为主的柔性基层材料以及以普通水泥混凝土、碾压式混凝土为代表的刚性基层材料同样得到发展。

2)结构

(1)沥青路面。

20世纪40年代,我国的公路结构主要采用碎石、水结碎石、砂石料等最基本的路面材料,路面结构层薄,受路基及天气影响大,道路使用状况差。随着石油产业的兴起,双层沥青表面处治路面、沥青碎石结构、贯入式路面以及上拌下贯式路面得到了发展,成为主要路面结构,促进了相应道路工程规范的升级。1986年版《公路柔性路面设计规范》规定了我国高速公路、一级公路、二级公路、三级公路、四级公路的路面结构推荐图式,高速公路路面推荐采用三面层+双基层的路面结构,一级公路路面则推荐采用双面层+双基层的路面结构。20世纪80年代,沈大高速公路采用三面层(4cm细粒式沥青混合料+5cm中粒式沥青混合料+6cm沥青碎石)+基层(18~20cm水泥稳定砂砾)+底基层(30cm砂砾)的结构。我国早期的高速公路路面结构形式大多为"强基薄面"的无机结合料稳定基层沥青路面。1997年版和2006年版《公路沥青路面设计规范》给出了路面推荐结构,规定了每一个结构层的厚度范围及每一种推荐结构的交通量范围,此时修建的高速公路大多采用三面层+双基层结构,二、三级公路沥青路面结构则大多采用双面层+双基层的结构。2017年版《公路沥青路面设计规范》要求结构层厚度应根据交通荷载等级、路基承载力等因素选择,并规定了无机结合料稳定类基层路面、粒料类基层路面以及沥青结合料类基层路面的厚度范围。

(2)水泥混凝土路面。

20世纪20年代,我国便开始铺筑水泥混凝土路面。20世纪80年代后,我国公路水泥混凝土路面总里程增长较快。我国先后编制了1984年版、1994年版和2002年版《公路水泥混凝土路面设计规范》,1987年版《水泥混凝土路面施工与验收规范》,2014年版《公路水泥混凝土路面施工技术细则》。水泥混凝土路面的结构组合相对稳定,一般由混凝土面板、基层、垫层组合而成,主要区别在于面层混凝土面板的材料类型,进而影响面层厚度和板块划分。按照不同面层混凝土类型,普通水泥混凝土路面、钢筋混凝土路面、连续配筋混凝土路面、钢纤维混凝土路面等相继得到研发和应用,并逐渐形成了配套的修筑技术。

3)设计方法

(1)沥青路面设计理论和方法。

沥青路面设计方法经历了古典理论法、经验设计法和理论分析法三个阶段。目前,经验法和力学-经验法是主要的和使用频率较高的路面设计方法。随着我国经济发展,我国的沥青路面设计方法发生了重大的变化。1958年,我国沿用苏联的《柔性路面设计须知》的设计方法发布了1958年版《路面设计规范草案》。1966年版《公路柔性路面设计规范》基本公式仍采用以均质体弹性理论为基础的简化公式。1978年版《公路柔性路面设计规范》采用双层弹性体系,确立了新的设计指标"容许弯沉值",建立了以弯沉系数为基础的平均轴载换算公式。1986年版《公路柔性路面设计规范》在结构层间的接触状态方面既考虑了连续状态,又考虑了滑动状态或半连续半滑动状态,并确定材料参数应考虑环境因素,形成了我国沥青路面新的体系。1997年版《公路沥青路面设计规范》将整体性结构层底面的弯拉应力作为验算指标引入规范,确立了双圆均布垂直荷载作用下的多层弹性连续体系理论。2006年版《公路沥青路面设计规范》仍采用多层弹性连续体系理论,对路面结构和材料及旧路改建设计进行了补充。2017年版《公路沥青路面设计规范》是我国沥青路面设计方法的又一进步:在交通轴载换算上,将轴型组成分为11类;设计标准采用沥青混合料层疲劳开裂、无机结合料层开裂、沥青混合料层永久变形、路基顶面压应变和路面低温开裂等设计指标,取消了路表容许弯沉值设计指标,但在竣工验收时仍有使用;提出了平衡湿度状态下的路基模量,引用温度调整系数和等效温度的概念对基准路面结构进行调整。

(2)水泥混凝土路面设计理论与方法。

我国水泥混凝土路面设计以弹性半空间地基有限大矩形板模型为基础。1984年版《公路水泥混凝土路面设计规范》基本形成了符合我国交通特色的水泥路面自主设计理论体系、方法和参数,如混凝土弯拉强度标准值、动荷系数、偏载系数、轮迹分布系数、接缝传荷系数要求,混凝土的疲劳特性、疲劳方程和轴载换算等。1994年版《公路水泥混凝土路面设计规范》丰富了应力有限元分析并验证面板的荷载与温差综合疲劳应力,确定了我国各地区的温度梯度值、双层混凝土路面应力分析与加铺层设计等。2002年版《公路水泥混凝土路面设计规范》引入了结构可靠度,将原有确定性设计方法修改为可靠性设计方法,考虑了结构设计参数变异性的影响,对设计方法与实际情况之间的不相符偏差作出修正,实现安全性和经济性的统一。2011年版《公路水泥混凝土路面设计规范》引入极限断裂破坏的验算,作为一项验算标准,目的在于控制少数超重轴载对面层板的断裂破坏作用,增加无机结合料类和沥青结合料类基层,按分离式双层板模型结构分析,增加贫混凝土或碾压混凝土基层的疲劳断裂设计标准。

4)施工技术

自20世纪90年代起,我国沥青路面建设进入摸索阶段,对于早期的沥青路面,工程人员为了保证施工质量使用现代化的施工机械和装备,而水泥混凝土主要采用连续施工法。近年来,在沥青路面施工中,逐步贯彻快速精准、绿色环保的施工理念,逐渐涌现出标准化施工、可视化监控、智能压实与建造技术等。同时,经过技术引进及自主开发,我国在水泥混凝土路面施工技术上也取得了阶段性成就,掌握了滑模、轨道、三辊轴等施工工艺。在接缝施工、表面功能、桥面铺装等方面都具备了较高的技术水平,并建立了完善的水泥混凝土路面施工质量管理和检查体系。

5)养护方法

在新中国成立后的40年里,我国公路日常养护是靠人工肩挑人抬,使用简易养护机具和四轮运输车辆来进行,主要处治坑槽、拥包等小面积的路面病害。21世纪初,对破损的沥青路面通常进行"铣刨+重铺"的传统维修方式。现如今,我国沥青路面养护本着"决策科学、预防为主、可靠耐久、节能环保"的原则,分为预防养护、修复养护(功能性修复和结构性修复)、专项养护和应急养护四类。我国积极推广绿色环保型养护新技术、新材料、新工艺、新设备。水泥混凝土路面也出现了白改黑技术、碎石化技术以及再生利用技术等养护手段。随着人工智能和大数据等先进分析手段的应用,基于规模巨大的道路监测数据,可深入挖掘各种数据之间的内在关系,统计、分析、预测道路服役性能与服役寿命,建立养护管理系统,并为道路养护决策提供更好的辅助服务。

1.2 路基路面工程特点及性能要求

1.2.1 工程特点

路基路面是道路的基本组成部分,它们共同承受行车荷载和自然因素的作用。路基是按照路线位置和一定技术要求修筑的作为路面基础的带状构造物。路面是各种筑路材料铺筑在路基上供车辆行驶的层状构造物。二者在外力作用下,路基路面功能虽然不同,但相辅相成,相互影响,综合作用,共同保证道路的承载力、稳定性和耐久性等。

路基路面工程具有路线长、工程量大、造价高的特点。例如我国 G201 国道,道路总长 1964km,途经辽宁、吉林、黑龙江三省。路基的土石方工程量巨大,路面结构在道路整体中造价较高。在路线长、工程量大的路段,设计者要精细设计,因地制宜,节约环保,并使路基路面结构拥有良好的使用性能。特殊路段或特殊工程,应结合实际进行动态设计。

路基路面工程占地多、资源和能源消耗大,对自然环境的扰动范围广。因此,在路基路面工程中应注重人与自然的和谐发展,将可持续发展理念运用到公路的立项、可行性研究、设计、施工和养护运营过程的各个阶段。在公路的全寿命周期内,需采取最大程度合理保护环境、最大程度有效利用资源、最快速度恢复生态平衡的技术措施,建设绿色低碳、安全耐久的公路。

路基路面工程具有变异性大、不确定因素多的特点。我国独特的地理位置及其地质条件决定路基路面工程沿线地形起伏变化大,地质、地貌、气象特征多变。例如:相同省(区、市)的内陆与沿海地区由于温度场的不同,决定了其路基路面工程性能要求的不同;相邻省(区、市)之间,由于地质条件的不同,适合路基填筑的材料也不尽相同。组成路面的材料受料源影响也差别较大,加之混合料采用现场成型的方式施工,导致路面材料的性能变异性较大。因此,在路基路面的建设过程中,工程技术人员要善于运用自身知识,考虑当地实际情况,针对地区性能需求要点,建造出符合实际需求的路基路面结构。

路基路面结构对应的病害类型多样,内在产生机理也差别显著,需要由多个指标综合控制。但由于所用的材料变异性较大,性能影响因素复杂且敏感,难以保证在使用期内完全不发生损坏。所以,在满足安全和性能要求前提下,允许在路基路面使用过程中具有一定程度的损坏。但使用期内的损坏若不加以控制,路基路面的设计寿命则难以保证。因此,养护维修对于路基路面的性能保障具有重要意义。路基路面工程养护工作量大,养护方法多,且由于各地实际情况不尽相同,更需要精心考虑。

1.2.2 性能要求

为了使道路在使用年限内具有良好的使用品质,路基路面应具有以下基本性能。

1)承载能力

承载能力是路基路面结构承受车辆荷载的能力。行驶在路面上的车辆,通过车轮把荷载传给路面,由路面传给路基,在路基路面结构内部产生应力、应变及位移。

路基路面结构整体应具有足够的强度,以抵抗行车作用和结构自身产生的各种应力(拉应力、压应力、剪应力等)而不发生破坏。同时,应具备足够的刚度,在荷载作用下能够避免过大的变形。若整体结构或者局部强度或抗变形能力不足,则会产生开裂、路基沉降、路面推移或车辙等病害,严重危害行车安全和降低行驶舒适性。

2)稳定性

路基路面结构的稳定性是在高温、低温和降水等恶劣环境作用下仍能保持其原有特性的能力。路基路面结构直接暴露在自然环境中,温度和水分的变化均会对结构和材料产生不利影响。因此,要求路基路面结构在当地自然条件下,仍能保持性能的稳定和可靠。稳定性包括路面的高温稳定性、低温稳定性、水稳定性和路基稳定性等。

沥青路面在高温、低加荷速率作用以及抗剪能力不足时，其高温稳定性破坏较容易出现，通常表现为车辙、推移、拥包等形式。低温稳定性主要指低温开裂，是由于气温骤降或反复变化使面层收缩，在约束的沥青层内产生的温度应力超过沥青混合料的抗拉强度造成开裂。水稳定性破坏主要是水进入沥青薄膜和集料之间，减弱沥青和集料的相互黏结，在车辆荷载的重复作用下，沥青逐渐从集料上剥落，产生水损害。而水泥混凝土路面若不采取有效的排水措施，则会产生唧泥、冲刷基层等水损害，导致路面结构整体破坏。

在地表上开挖或填筑路基，必然会改变原地面地层结构的受力状态，原来处于稳定状态的地层结构，有可能由于填挖筑路而引起不平衡，导致路基失稳，出现滑坡、沉陷或崩塌等路基破坏。此外由于路基路面施工，也有可能引起路基所处的自然条件发生变化，使环境因素对路基产生不利影响，如路基积水、冻胀等现象，严重时也会导致路基病害。

3) 耐久性

路基路面的耐久性是在车辆荷载反复作用与大气水温周期性重复作用下的性能变化特性。它是影响路基路面使用质量的重要因素，决定了路基路面工程的养护时机和使用年限。

路基路面工程建造和运营时间长，一般的道路工程使用年限至少是数十年。路基路面长期经受车辆荷载的反复作用与环境因素周期性的重复作用，性能将逐年下降，强度与刚度将逐年降低，路面材料的各项性能也可能由于老化衰变，而引起路面结构的损坏。路基的耐久性在长期经受自然因素的侵袭后将逐年削弱。

4) 表面平整度

表面平整度是指路表竖向凹凸量的偏差值。路面不平整对行车阻力的增大以及车辆额外产生的附加振动都有着显著影响，不仅会影响到行车的舒适性、安全性，同时还会严重损坏汽车轮胎及零部件，造成油耗、轮耗和车辆维修费用的增大。此外，路面不平整引发的路面上层积水，将会导致路面和轮胎之间摩擦因数减小，使得制动距离增大，严重危及行车安全。不平整路面造成车辆颠簸时，路面与车辆所受的力是相互的，车辆对路面产生冲击，从而加速了路面的破坏，引起路面养护成本提高。

5) 路面抗滑性能

路面抗滑性是指路面表面抗滑能力的大小，与行车安全息息相关。路面抗滑性能不足将会导致车辆在路面上产生滑移或者紧急制动距离过长而引发交通事故。其性能不仅与铺设路面的集料种类、车辆因素有关，还与环境因素直接相关。雨天湿滑路面的横向力系数同比干燥路面有所减少，故引起交通事故的概率大幅上升。所以，路面在施工和运营等环节都必须具备足够的抗滑性能。

1.3 路基路面设计内容、影响因素

路基路面设计的质量关系到道路使用寿命的长短。在实际设计中，要遵守规范，因地制宜，鼓励应用新技术、新材料、新工艺、新设备，确保公路服务质量满足现代化交通运输的要求，进一步提升公路的使用效果，促进社会经济的发展。

1.3.1 设计内容

路基设计是公路建设的基础工程，良好的路基是服务水平的有效保障。路基设计的内容

主要包括以下几点。

1）路基填料与承载力设计

在选择路基断面形式、确定路基宽度与路基高度基础上，合理选择路基填筑材料。路基材料尽量就地取材，在技术和经济条件允许下，可采用工业废渣、建筑垃圾及其他工程的废弃土方。路基填料需经过精确材料组成设计后进行科学有效施工，保证施工质量。路基填筑压实后，保证路基回弹模量、路基变形等满足强度和刚度要求。

2）路基排水设计

路基排水系统应与主体工程及自然环境相适应，设计中应注重各种排水设施的功能和相互之间的衔接，防、排结合，并应在不断总结实践经验和科研成果的基础上，积极采用新技术、新材料和新工艺。排水设施的结构应安全耐久、经济合理，便于施工、检查和养护维修。

3）路基边坡稳定性及防护设计

对地质与水文条件复杂、高填深挖或有特殊使用要求的路基，应进行边坡稳定性分析计算，据此选定合理的边坡坡度及相应的工程技术措施。在设计过程中，应采用适当的绿化防护方法。路基防护兼具水土保持和改善生态环境的作用。

路面设计是路面行车舒适性、安全性、耐久性的保证，其设计内容主要包括以下几个方面。

1）路面材料设计

根据实际工程需要，本着因地制宜、就地取材的原则，优选面层和基层材料，鼓励在技术经济论证可行的前提下，推广应用低碳环保耐久型材料。在原材料性能试验基础上，进行各结构层材料的组成设计，从而确定出最佳矿料级配和最佳结合料用量等，并进行路用和力学性能验证。

2）路面结构组合和厚度设计

根据公路等级、交通环境和材料参数、路基支承条件等，提出路面结构层的选择和组合方案。路面由面层、基层、底基层和必要的功能层组成，经计算确定厚度，并满足设计指标要求。在不影响路面正常使用性能前提下，可适当推广应用具备排水、降温或融雪等作用的功能型路面。针对各种结构组合的力学特性、功能特性以及长期性能衰变规律和损坏特点，按照路基路面综合设计的理念，保证路面结构的安全性、耐久性和全寿命周期经济合理。

3）路面排水设计

路面排水设计的主要任务是迅速把降落在路面和路肩表面的降水排走，以免造成路面积水而影响行车安全。路面排水可分为路表排水和路面内部排水两部分。根据需要和实际情况，路面水可通过散排或边坡泄水槽排入填方段排水沟或挖方段的集水井。

1.3.2 影响因素

1）地理条件

我国地域辽阔，各地地形、地貌等相差甚远，平原、丘陵、山岭、高原各区地势不同，路基水温状况也不同。地理因素同样决定气候条件，地理位置有差异，气候也有很大差别。不同地区自然条件的差异性决定了各地公路建设的独特性。

2) 地质条件

不同土质具有不同的路用性能,在选择路基填筑材料及修筑路面结构层时,应注意土的工程性质差异,并采取不同的工程技术措施。在公路选线上,应注意沿线岩层产状、岩层构造以及有无断层或其他不良地质现象等,这些特征对路基路面稳定性均有一定的影响。

3) 气候条件

气温、降水、湿度、冰冻深度、日照等都会影响公路沿线和地下水的情况,并影响路基路面的水温情况。在季节性冰冻地区,道路中水分的冻结和冰体的增长引起土体膨胀和地表不均匀隆起引发冻胀现象。春融期路基强度急剧降低,行车作用下,路面出现不均匀起伏、冒浆现象。一年之中,气候有季节性变化,路基的水温状况也随之改变,这些因素都直接影响路基的稳定性。

4) 水文和水文地质条件

水文条件如公路沿线地表水的排泄、河流洪水位、常水位,有无地表积水和积水时期的长短,河流的淤积情况,都是影响稳定性的主要原因。许多不良地质现象和工程病害,如滑坡、路基盐胀、道路冻胀翻浆等都与水文地质有关。

5) 土的类别

土是建筑路基的基本材料,不同土类对路基强度和稳定性的影响也不同。不同土类含有不同粒径的土颗粒,砂粒成分多的土,强度构成以内摩擦力为主,强度高,受水的影响小,但施工时不易压实。黏粒成分多的土,强度形成以黏聚力为主,其强度随密实程度的不同变化较大,并随湿度的增大而降低。

6) 路基路面上的荷载

路基路面首先需承担结构的自重,而公路通车后行车荷载的作用更为关键。例如,重载交通会使沥青路面在高温条件下更易产生车辙,常温条件下则发生疲劳破坏,导致路面性能显著降低。

1.4 路基路面结构构造

我国在进行路基设计时,路基的概念是宏观的,其内涵是道路整个横断面,包含路堤或路堑,高于原地面高程的填方路基称为路堤,低于原地面的挖方路基称为路堑;而在路面设计时,路基的内涵是路面的承载平台,即路面以下的部分。路面的构造包括面层、基层和底基层等结构层以及功能层等。

1.4.1 路基横断面

公路路基标准横断面分为整体式和分离式两类。对于高速公路、一级公路[图1-1a)],整体式路基的标准横断面由行车道、中间带(中央分隔带、左侧路缘带)、路肩(右侧硬路肩、土路肩)组成,分离式路基的标准横断面由行车道、路肩(右侧硬路肩、左侧硬路肩、土路肩)组成。二级公路、三级公路、四级公路路基的标准横断面[图1-1b)]应由车道、路肩(硬路肩、土路肩)组成。各部分的宽度与公路功能、技术等级和设计速度等有关。

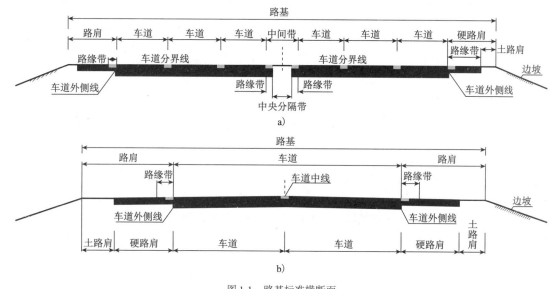

图 1-1 路基标准横断面
a)高速公路、一级公路;b)二级公路、三级公路、四级公路

路面以下部分的路基可分为上路床、下路床、上路堤和下路堤(填方)。交通荷载等级为轻、中及重时,路面结构以下 0~30cm 范围内称为上路床,30~80cm 范围内称为下路床,80~150cm 范围内为上路堤,150cm 以下范围称为下路堤。当交通荷载等级为特重或极重时,路面结构以下 30~120cm 为下路床,120~190cm 为上路堤,190cm 以下为下路堤。图 1-2 为路基横断面构造示意图。

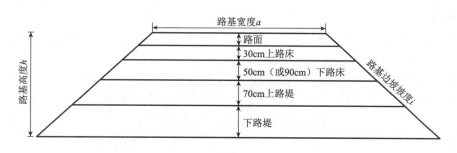

图 1-2 路基横断面构造示意图

1.4.2 路拱横坡度

为了保证路面上雨水及时排出,以减少雨水对路面的浸润和渗透而造成路面结构强度减弱的情况,路面表面应做成直线形或抛物线形(两边低、中间高)的路拱。等级较高的路面,平整度和水稳定性较好,透水性也小,通常采用直线形路拱和较小的路拱横坡度。等级较低的路面,为了迅速排出路边积水,一般采用抛物线形路拱和较大的路拱横坡度。表 1-1 为不同类型路面的路拱平均横坡度。

各类路面的路拱平均横坡度　　　　表 1-1

路 面 类 型	路拱平均横坡度(%)
沥青混合料、水泥混凝土	1~2
厂拌沥青碎石、路拌沥青碎(砾)石、沥青贯入碎(砾)石、沥青表面处治、整齐块石	1.5~2.5
半整齐石块、不整齐石块	2~3
碎、砾石等粒料路面	2.5~3.5
炉渣土、砾石土、砂砾土等	3~4

高速公路、一级公路整体式路基的路拱宜采用双向路拱坡度,由路中央向两侧倾斜。位于中等强度降雨地区时,路拱坡度宜为 2%;位于降雨强度较大地区时,路拱坡度可适当增大。高速公路、一级公路分离式路基的路拱,宜采用单向横坡,并向路基外侧倾斜,也可采用双向路拱坡度。二级公路、三级公路、四级公路的路拱应采用双向路拱坡度,由路中央向两侧倾斜。路拱坡度应根据路面类型和当地自然条件确定,但不应小于 1.5%。

1.4.3 路面结构分层及层位功能

一般而言,行车荷载和自然因素对路基路面的影响随深度的增加而逐渐减弱,对路面材料的强度、抗变形能力和稳定性的要求也随深度的增加而逐渐降低。因此,对路面材料的选择,应该根据其所在层位,分层铺筑,做到物尽其用,从而保证路面结构的安全、耐久和经济。

路面结构按照使用要求、受力状况、路基支承条件和自然因素影响程度的不同,分成若干层次。路面结构一般由面层、基层、底基层组成,必要时设置功能层作为介于路基与基层之间湿度和温度的过渡层。

1) 面层

面层直接同行车和大气接触,承受较大的行车荷载垂直力、水平力和冲击力的作用,同时还受到雨水侵蚀和气温变化的影响。面层应具有较高的结构强度、较强的抗变形能力、较强的防噪声能力、较好的水稳定性和温度稳定性,而且应当耐磨、不透水,其表面还应具有良好的抗滑性和平整度。不同沥青面层材料对应的交通荷载等级和层位可参照表 1-2 选用。

各沥青面层材料的交通荷载等级和层位　　　　表 1-2

材 料 类 型	适应交通荷载等级和层位
连续级配沥青混合料	各交通荷载等级的表面层、中面层和下面层
沥青玛碲脂碎石混合料	极重、特重和重交通荷载等级的表面层,对抗滑有特殊要求的表面层
厂拌热再生沥青混合料	各交通荷载等级的表面层、中面层和下面层
上拌下贯沥青碎石	中等、轻交通荷载等级的面层
沥青表面处治	中等、轻交通荷载等级的表面层

2) 基层和底基层

基层和底基层主要承受由面层传来的车辆荷载的垂直力,并扩散到下面的功能层和路基中去，应具有足够的承载能力、抗疲劳开裂性能和足够的耐久性。同时，应具备足够的水稳定性并保持一定的平整度。基层和底基层的材料可参照表1-3选用。

基层和底基层材料的适应交通荷载等级和层位　　　　　　表1-3

类　　型	材　料　类　型	适应交通荷载等级和层位
无机结合料稳定类	水泥稳定级配碎石或砾石、水泥粉煤灰稳定级配碎石或砾石、石灰粉煤灰稳定级配碎石或砾石	各交通荷载等级的基层和底基层
	水泥稳定未筛分碎石或砾石、石灰粉煤灰稳定未筛分碎石或砾石、石灰稳定未筛分碎石或砾石	轻交通荷载等级的基层、各交通荷载等级的底基层
	水泥稳定土、石灰稳定土、石灰粉煤灰稳定土	
粒料类	级配碎石	重及重以下交通荷载等级的基层、各交通荷载等级的底基层
	级配砾石、未筛分碎石、天然砂砾、填隙碎石	中等和轻交通荷载等级的基层、各交通荷载等级的底基层
沥青结合料类	密级配沥青碎石、半开级配沥青碎石、开级配沥青碎石	极重、特重和重交通荷载等级的基层
	沥青贯入碎石	重及重以下交通荷载等级的基层
水泥混凝土	水泥混凝土或贫混凝土	极重、特重交通荷载等级的基层

3) 功能层

介于路基与基层之间的功能层，其作用是改善路基的湿度和温度状况，以保证面层和基层的强度、刚度和稳定性不受路基水温状况变化影响。此外，功能层还可将基层传下的车辆荷载应力加以扩散，减小路基产生的应力和变形。

如路基处于地下水位高、排水不良、路基经常处于潮湿状态的路段，排水不良的土质路堑，季节性冰冻地区可能产生冻胀的中湿、潮湿路段，路面厚度不满足防冻要求时，应当增设防冻层。

路面结构内部的功能层主要包括透层、封层和黏层。粒料类基层和无机结合料稳定类基层顶面宜设置透层，透层沥青应具有良好的渗透性，如稀释沥青、高渗透慢裂乳化沥青等。无机结合料类或冷再生类材料结构层与沥青结合类结构层间宜设置封层，封层多采用稀浆封层、碎石封层等。沥青混合料类结构层或沥青层与水泥混凝土层间应设置黏层，黏层宜采用专用改性乳化沥青、道路石油沥青或改性沥青等。

练习

1. 简述路基路面工程的性能要求。
2. 简述路基路面设计要点。
3. 简述路基横断面组成及各部分的要求、作用。
4. 路基路面为什么要进行分层设计？简述各个层位的主要功能及特点。
5. 路基路面结构主要受什么影响？如何避免最不利影响？
6. 路面基层与底基层材料在不同交通荷载下应如何选择？
7. 何为路面结构功能层？其适用条件及功能是什么？

讨论1：路面结构强度与结构层位及其层位材料密切相关。请查阅资料，选择一种典型路面结构，分析影响其强度稳定性的因素以及不同材料的选择对其路面性能的影响。

讨论2：就近选择一条公路，分析其沿线的工程地质特点、交通荷载组成以及存在的主要路面病害类型，考虑其是否存在独特的结构以及功能要求。

第 2 章 路基土的特性及设计参数

【本章提要】

本章主要介绍路基土的分类方法及路基土的工程特性、路基工作区的概念、路基土应力应变特性和路基承载力参数。

【学习要求】

通过学习本章内容,了解路基土的分类方法和分类;理解路基土的颗粒分布和路基工作区计算方法;掌握路基工作区定义、路基承载力参数指标与测定方法和路基设计主要参数及其意义。

2.1 路基土的分类及工程特性

路基一般由土填筑而成,由于土的颗粒组成不同导致路基土的基本性能也有很大差别。为了保证路基的强度与稳定性,必须选择合适的路基填料。

2.1.1 路基土的分类

根据《公路土工试验规程》(JTG 3430—2020),我国公路用土依据土的颗粒组成特征、土的塑性指标和土中有机质含量的情况,分为巨粒土、粗粒土、细粒土和特殊土四类,并进一步细分为 13 种土(图 2-1)。土的颗粒组成特征用不同粒径粒组在土中的百分含量表示,即土的颗粒级配。表 2-1 所列为不同粒组的划分界限及范围。

粒组划分表　　　　　　　　　　表 2-1

粒径	200		60	20	5	2	0.5	0.25	0.075	0.002(mm)
巨粒组			粗粒组						细粒组	
漂石(块石)	卵石(小块石)	砾(角砾)			砂			粉粒	黏粒
		粗	中	细	粗	中	细		

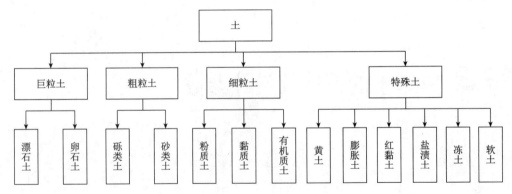

图 2-1 土的分类总体系

土颗粒级配曲线的坡度与形状分别采用不均匀系数 C_u 和曲率系数 C_c 来表示。C_u 反映土粒大小的均匀程度,C_c 反映粒径级配连续程度。不均匀系数 C_u 计算见式(2-1),曲率系数 C_c 计算见式(2-2)。

$$C_u = \frac{d_{60}}{d_{10}} \tag{2-1}$$

C_u 越大,表示土越不均匀,即粗颗粒与细颗粒的大小相差越悬殊。$C_u \geqslant 5$ 的土称为不均匀土,反之称为均匀土。

$$C_c = \frac{d_{30}^2}{d_{60} \times d_{10}} \tag{2-2}$$

式中:d_{10}、d_{30}、d_{60}——土的特征粒径(mm),在土的粒径分布(级配)曲线上,分别表示小于某粒径的土粒质量占总土质量的 10%、30%、60% 所对应的粒径。

当级配连续时,C_c 的范围约为 1~3,反之表示级配不连续。土的级配不均匀($C_u \geqslant 5$)且级配连续($C_c = 1 \sim 3$)的土,称为级配良好的土。

各类土的符号和分类体系可见现行《公路土工试验规程》(JTG 3430)。

2.1.2 路基土的工程性质

各类公路用土具有不同的工程性质,在选择路基填筑材料时,应根据不同的土类分别采取不同的工程技术措施。

巨粒土包括漂石(块石)土和卵石(块石)土,有很高的强度和稳定性,是良好的路基填筑材料,亦可用于砌筑边坡,但其压实较为困难,必须采取一定的措施,保证其压实度。

粗粒土分为砾类土和砂类土。

砾类土级配良好时,密实程度好,强度和稳定性均能满足要求。除了填筑路基之外,砾类土还可用于铺筑路面的基层、底基层。

砂类土无塑性,透水性强,毛细水上升高度小,具有较大的内摩擦因数,强度和水稳定性均好。但砂类土黏结性小,易松散,压实困难。经充分压实的砂类土路基,压缩变形小,稳定性好。

砂类土含有一定数量的粗颗粒和细颗粒,级配良好,强度、稳定性等都能满足要求,是理想的路基填筑材料。如细粒土质砂,其粒径组成接近最佳级配,遇水不黏着,不膨胀,雨天不泥泞,晴天不扬尘,便于施工。

粉质土含有较多的粉土颗粒,干时虽有黏性,但易于破碎,浸水时容易成为流动状态。粉土毛细作用强烈,毛细水上升高度大(可达1.5m),在季节性冰冻地区容易造成冻胀、翻浆等病害。粉质土属于不良的公路用土,如必须用粉质土填筑路基,则应采取技术措施改良土质,并加强排水或隔离水等。

黏质土中细颗粒含量多,土的内摩擦因数小而黏聚力大,透水性小而吸水能力强,毛细现象显著,有较大的可塑性。黏质土干燥时较坚硬,施工时不易破碎;浸湿后能长期保持水分,不易挥发,因而承载力小。对于黏质土,如在适当含水率时加以充分压实,并设置良好的排水设施,也能获得稳定的路基。

高液限黏土工程性质与黏质土相似,但其含黏土矿物成分不同时,性质有很大差别。黏土矿物主要包括蒙脱土、高岭土、伊利土。蒙脱土主要分布在东北地区,其塑性大,吸湿后膨胀强烈,干燥时收缩大,透水性极低,压缩性大,抗剪强度低。高岭土分布在南方地区,其塑性较低,有较高的抗剪强度和透水性,吸水和膨胀量较小。伊利土分布在华中和华北地区,其性质介于上述两者之间。高液限黏土不透水,黏聚力强,塑性大,干燥时很坚硬,施工时难以挖掘与破碎。

总之,土作为路基建筑材料,以砂类土最优,黏质土次之,粉质土属不良材料,容易引起路基病害。高液限黏土,特别是蒙脱土也是不良的路基土。此外,还有一些特殊土类,如有特殊结构的土(黄土)、含有机质的土(腐殖土)以及含易溶盐的土(盐渍土)等,如用以填筑路基必须采取相应技术措施。

2.2 路基土的力学强度特性

2.2.1 路基受力与工作区

1)路基受力状况

路基承受着路基自重和车轮荷载的共同作用,在一定深度范围内,路基土处于受压状态。正确的设计应使路基所受的力在弹性限度范围内,当车辆驶过后,路基能恢复原状,以保证路基相对稳定,不致引起路面破坏。

路基土在车轮荷载作用下所引起的垂直应力 σ_Z 可以用近似式(2-3)计算(注:用层状弹性体系理论更加准确)。计算时,假定车轮荷载为一垂直集中荷载,路基为一弹性均质半空间体。

$$\sigma_Z = k \frac{P}{Z^2} \quad (2\text{-}3)$$

式中:P——一侧车轮荷载(kN);

k——系数,一般取 $k=0.5$;

Z——垂直集中荷载下应力作用点的深度(m)。

路基土自重在路基内深度为 Z 处所引起的垂直压应力 σ_B 按式(2-4)计算:

$$\sigma_B = \gamma Z \quad (2\text{-}4)$$

式中:γ——土的重度(kN/m³);

Z——应力作用点深度(m)。

路基内任一点处的垂直应力包括由车轮荷载引起的 σ_Z 和由路基自重引起的 σ_B,两者的共同作用如图 2-2 所示。

2) 路基工作区

在路基某一深度 Z_a 处,车轮荷载引起的垂直应力 σ_Z 与路基土自重引起的垂直压应力 σ_B 之比大于 0.1 的范围称为路基工作区。路面结构和车轮荷载对工作区范围内的路基影响较大,对工作区范围以外的路基影响较小。

路基工作区深度 Z_a 可以用式(2-5)计算:

$$Z_a = \sqrt[3]{\frac{KnP}{\gamma}} \tag{2-5}$$

式中:Z_a——路基工作区深度(m);
  P——侧车轮荷载(kN);
  K——系数,一般取 $K=0.5$;
  γ——土的重度(kN/m³);
  n——系数,一般取 $n=10$。

图 2-2 路基中应力分布图

由式(2-5)可见,路基工作区随车轮荷载的加大而加深。由于路基路面不是均质体,路面的刚度和重度较路基土大,路基工作区的实际深度随路面刚度和厚度的增加而减小。因此,如果采用应力简化式(2-3),需要将路面折算为与路基同一性质的整体,得到沥青路面的当量厚度 h_e,可采用式(2-6)计算:

$$h_e = \sum h_i \sqrt[2.5]{\frac{E_i}{E_0}} \tag{2-6}$$

式中:h_i——沥青路面结构层的厚度(cm);
  E_i——沥青路面结构层模量(MPa);
  E_0——路基顶面的综合模量(MPa)。

在路基工作区内,路基的强度和稳定性对保证路面结构的强度和稳定性极为重要,对工作区深度范围内的土质选择、路基的压实度应提出较高的要求。

当工作区深度大于路基填土高度时(图 2-3),行车荷载的作用不仅施加于路堤,而且施加于天然地基的上部土层。因此,天然地基上部土层和路堤应同时满足工作区的要求,均应充分压实。

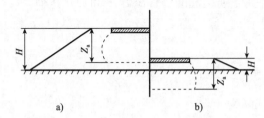

图 2-3 工作区深度和路基高度的关系
a) 路堤高度 H 大于 Z_a;b) 路堤高度 H 小于 Z_a

2.2.2 路基应力应变特性

1) 路基土应力-应变的非线性特性

理想的线性弹性体在一定的应力范围内,应力与应变关系呈线性特性,当应力消失时,应变随之消失,恢复到初始状态。路基土的内部结构非常复杂,其由固相、液相和气相三部分组成。所以,路基土在应力作用下呈现的变形特性同理想的线性弹性体有很大差别。

压入承载板试验是研究路基土应力-应变特性最常用的一种方法。根据试验结果,可绘出路基顶面压应力与回弹变形的关系曲线。图2-4是典型的路基顶面应力与回弹变形关系曲线。

根据弹性力学理论,通过试验测得的回弹变形,可用式(2-7)计算路基的回弹模量。

$$E = \frac{\pi p D(1-\mu^2)}{4l} \quad (2-7)$$

式中:E——路基土的回弹模量(kPa);
p——承载板压强(kPa);
D——承载板的直径(m);
μ——路基土的泊松比;
l——承载板的回弹变形(m)。

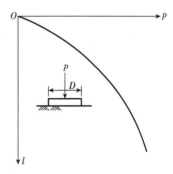

图2-4 土的应力-应变(回弹变形)关系曲线

2)重复荷载对路基土的影响

路基土承受着车轮荷载的多次重复作用。每一次荷载作用之后,回弹变形即时消失,而塑性变形则不能消失,残留在路基土之中。随着作用次数的增加,塑性变形不断积累,总变形量逐渐增大。最终会导致两种不同的情况:一种情况是土体逐渐压密,土体颗粒之间进一步靠拢,每一次加载产生的塑性变形量越来越小,直至稳定,停止增长,这种情况不致形成路基土的整体性剪切破坏;另一种情况是荷载的重复作用造成了土体的破坏,每一次加载作用在土体中产生了逐步发展的剪切变形,形成能引起土体整体破坏的剪裂面,最后达到破坏。

路基土在重复荷载作用下产生的塑性变形积累,最终将导致何种状况,主要取决于以下几个因素:

(1)土的性质(类型)和状态(含水率、密实度、结构状态)。

(2)重复荷载的大小,即相对荷载,以重复荷载与一次静载下达到的极限强度之比来表示。

(3)荷载作用的性质,即重复荷载的施加速度、每次作用的持续时间以及重复作用的频率。

(4)路基中侧向应力的大小。

2.2.3 路基的承载能力指标

1)路基回弹模量

回弹模量能较好地反映路基所具有的部分弹性性质。

为了模拟车轮印迹的作用,常用圆形承载板加载卸载法测定路基回弹模量,承载板直径通常采用标准车辆轮印当量圆直径。用于测定路基回弹模量的承载板可分为柔性与刚性两种。用柔性承载板测定路基回弹模量时,路基与承载板之间的接触压力为常量,如图2-5a)所示,接触压力计算见式(2-8):

$$p(r) = \frac{P}{\pi r^2} \quad (2-8)$$

式中:$p(r)$——接触压力(MPa);

P——总压力(MN);

r——计算点离承载板中心的距离(m)。

承载板的挠度 $l(r)$ 与坐标 r 有关,在承载板中心处($r=0$),计算见式(2-9):

$$l_{r=0} = \frac{2pa(1-\mu_0^2)}{E_0} \tag{2-9}$$

式中:p——单位压力(MPa);

a——承载板半径(m);

μ_0——泊松比;

E_0——路基回弹模量(MPa)。

在柔性承载板边缘处($r=a$),其挠度可以按式(2-10)计算:

$$l_{r=a} = \frac{4pa(1-\mu_0^2)}{\pi E_0} \tag{2-10}$$

因此,当测得承载板中心或边缘处的挠度之后,假如路基土的泊松比 μ_0 为已知值,即可通过式(2-9)或式(2-10)反算得到路基回弹模量 E_0 值。

用刚性承载板测定路基回弹模量时,承载板下路基顶面的挠度为等值,不随坐标 r 而变化。但是板底接触压力则随 r 值而变化,呈鞍形分布,如图2-5b)所示,其挠度 l 值和接触压力 $p(r)$ 值可分别按式(2-11)与式(2-12)计算:

$$l = \frac{2pa(1-\mu_0^2)}{E_0} \times \frac{\pi}{4} \tag{2-11}$$

$$p(r) = \frac{1}{2} \frac{pa}{\sqrt{a^2-r^2}} \tag{2-12}$$

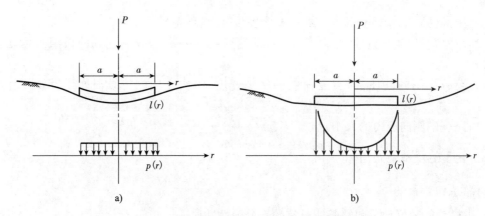

图2-5 路基在圆形承载板下的压力与挠度分布曲线
a)柔性承载板;b)刚性承载板

测得刚性承载板的挠度之后,即可按式(2-11)反算路基回弹模量值 E_0。

路基土在内部应力作用下表现出的变形,即使将应力解除,土颗粒也已不能恢复原位,路基土将产生不可恢复的残余变形。因此,路基土的应力-应变关系除了出现非线性特性之外,还表现出弹塑性性质。由图2-6可以看出,当荷载卸除,应力恢复到零时,曲线由 A 回到 B,OB 即为塑性或残余变形。

评定路基土应力-应变状态以及设计路面时通常采用模量值 E 来表征。最简单的方法是采用局部线性化的方法,即在曲线的某一个微小线段内,近似地将它视为直线,以它的斜率作为模量值。

按照应力-应变曲线上应力取值方法的不同,模量有以下几种:

(1)初始切线模量:应力值为零时的应力-应变曲线的斜率,如图2-6中的①所示。

(2)切线模量:某一应力级位处应力-应变曲线的斜率,如图2-6中的②所示,反映该级应力处应力-应变变化的精确关系。

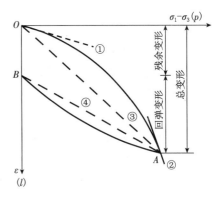

图2-6 荷载-总变形和回弹变形曲线

(3)割线模量:以某一应力值对应的曲线上的点同起始点相连的割线的斜率,如图2-6中③所示,反映路基土在工作应力范围内的应力-应变的平均状态。

(4)回弹模量:应力卸除阶段,应力-应变曲线的割线模量,如图2-6中④所示。

前三种模量中的应变值包含残余应变和回弹应变,而回弹模量则仅包含回弹应变,它部分反映了土的弹性性质。

在多数情况下,试验曲线呈非线性。在确定模量时,可以根据实际可能出现的最大压应力级位,或可能出现的最大弯沉范围,在曲线上选取合适的量值,按式(2-13)进行计算:

$$E_0 = \frac{\pi a}{2}(1-\mu_0^2) \times \frac{\sum p_i}{\sum l_i} \tag{2-13}$$

式中:p_i、l_i——各级荷载的单位压力(MPa)和对应的实际回弹弯沉(m);

a——承载板半径(m)。

用刚性承载板或柔性承载板在路基顶面或路面结构层顶面可以测定其下的综合模量,一般称为路基顶面综合模量。

2)路基土动态回弹模量

路基土回弹模量是荷载应力与回弹应变的比值,而路基土动态回弹模量是施加于试件的重复应力峰值与试件相应方向回弹应变峰值之比。通常用重复加荷的三轴试验测量,具体试验方法见现行《公路路基设计规范》(JTG D30)。动态回弹模量按式(2-14)计算:

$$E_R = \frac{\tau_0}{\varepsilon_0} \tag{2-14}$$

式中:E_R——动态回弹模量(MPa);

τ_0——轴向应力幅值(MPa);

ε_0——轴向回弹应变幅值。

3)路基反应模量

在刚性路面设计中,用温克勒(E. Winkler)路基模型描述路基工作状态时,路基相当于由互不相联系的弹簧组成(图2-7)。用路基反应模量 K 表征路基的抗变形能力。路基顶面任一点的弯沉 l,仅同作用于该点的垂直压力 p 成正比,压力 p 与弯沉 l 之比称为路基反应模量 K,见式(2-15):

$$K = \frac{p}{l} \tag{2-15}$$

式中：K——路基反应模量（MPa/m 或 MN/m³）；
　　　P——单位压力（MPa）；
　　　l——加载时的总弯沉值（m）。

路基反应模量 K 值用承载板试验确定，当承载板直径大于 76cm 时，K 值的变化如图 2-8 所示。因此，规定以直径为 76cm 的承载板为标准。承载板试验测定方法与回弹模量测定方法相类似，但是采取一次加载到位的方法，施加荷载的量值根据不同的工程对象有两种方法供选用。当地基较为软弱时，用 0.127cm 的沉降控制承压板的荷载；若地基较为坚硬，沉降难以达到 0.127cm 时，以单位压力 $p=0.07$MPa 控制承载板的荷载。

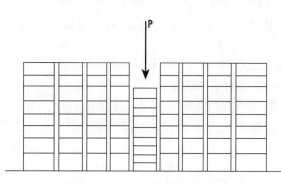

图 2-7　温克勒路基模型图　　　　图 2-8　路基反应模量 K 与承载板直径 D 的关系

当采用直径为 30cm 的承载板测定时，可按式（2-16）进行修正：

$$K_{76}=0.4K_{30} \tag{2-16}$$

如果只考虑回弹弯沉，则可以得到路基回弹反应模量 K_R，通常 K_R 与总弯沉对应的路基反应模量 K 之间关系见式（2-17）：

$$K_R=1.77K \tag{2-17}$$

4）加州承载比（California Bearing Ratio，CBR）

加州承载比是早年由美国加利福尼亚州（California）提出的一种评定路基及路面材料抗变形能力的指标。抗变形能力以材料抵抗局部荷载压入的能力表征，并以高质量标准碎石为标准，以它们的相对比值表示 CBR 值。试验时，用一个端部面积为 19.35cm² 的标准压头，以 0.127cm/min 的速度压入土中。记录每贯入 0.254cm 时的单位压力，直至压入深度达到 1.27cm 时为止。标准压力值是用高质量标准碎石由试验求得，其值见表 2-2。

标准碎石的贯入压力　　　　　　　　　　表 2-2

贯入值（cm）	0.254	0.508	0.762	1.016	1.270
标准压力 P_s（kPa）	7030	10550	13360	16170	18230

CBR 值按式（2-18）计算：

$$\text{CBR}=\frac{P}{P_s}\times 100\% \tag{2-18}$$

式中：P——对应于某一贯入深度的荷载单位压力（kPa）；
　　　P_s——相应贯入深度的标准压力（kPa）。

计算 CBR 值时，取贯入深度为 0.254cm，但是当贯入深度为 0.254cm 时的 CBR 值小于贯入深度为 0.508cm 时的 CBR 值时，应以后者为准。

CBR 试验设备有室内试验与室外试验两种。室内用 CBR 试验装置如图 2-9 所示。

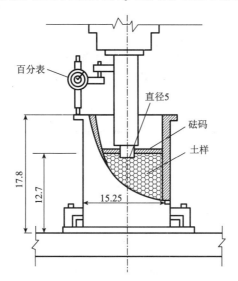

图 2-9　CBR 室内试验装置(尺寸单位:cm)

试件按路基施工时的含水率及压实度要求在试筒内制备,并在加载前浸泡在水中,饱水 4d。为了模拟路面结构对路基的附加压力,在浸水过程中以及压入试验时,在试件顶面施加环形砝码,其重力应根据预计的路面结构重力来确定。具体试验方法参照现行《公路土工试验规程》(JTG 3430)。

CBR 野外试验方法基本上与室内试验相同,但其压入试验直接在路基顶面进行。有时,野外试验结果与室内试验结果不完全相同,这主要是由于土的含水率不一样。室内试验时,试件处于饱水状态;野外试验时,路基处于施工时的湿度状态。所以,对野外试验结果必须加以修正,换算成饱水状态的 CBR 值。常用路基土的 CBR 值见表 2-3。

常用路基土的 CBR 值　　　表 2-3

土　类	CBR(%)
级配良好的砾石,砾石-砂混合料	60~80
级配差的砾石,砾石-砂混合料	35~60
均匀颗粒的砾石和砂质砾石粉质砾石,砾石-砂-粉土混合料	40~80
黏土质砾石,砾石-砂-黏土混合料;级配良好的砂,砾石质砂;粉质砂,砂-粉土混合料	20~40
级配差的砂或砾石质砂	15~25
黏土质砂,石砂黏土混合料	10~20
粉土,砂质粉土,砾石质粉土,贫黏土,砂质黏土,砾石质黏土,粉质黏土	5~15
无机质粉土,贫有机质黏土,云母质黏土或硅藻土	4~8
有机质黏土,肥黏土,有机质粉土	3~5

5)抗剪强度参数

土的抗剪强度是指土体抵抗剪切破坏的能力。土的抗剪强度对分析边坡稳定及挡土墙后土压力计算具有重要意义。

土的抗剪强度通常用库仑公式表示,见式(2-19):

$$\tau = c + \tan\varphi \tag{2-19}$$

式中:τ——土的抗剪强度(kPa);
 　　c——土的单位黏聚力(kPa);
 　　φ——土的内摩擦角。

c、φ 值即为土的抗剪强度指标,它反映了土体抗剪强度的大小,是土体非常重要的力学参数。土的抗剪强度参数可用直剪或三轴压缩试验确定,在不同的方法及控制条件下可模拟土体受荷载时发生的不同应力状况。

练习

1. 我国公路用土如何进行类型划分？土的粒组如何区分？
2. 不同路基土有何工程特点？如何根据因地取材的原则选择路基填料？
3. 如何获得路基的回弹模量？
4. 何谓路基工作区？当工作区深度大于路基填土高时应采取何措施？为什么？
5. 何为路基顶面综合模量 E 和路基反应模量 K？什么是CBR？

讨论1:某新建一级公路,天然路基地面线以下1m范围内为高液限黏土和粉质土,试讨论能否在天然土层上直接修建路基？

讨论2:新建高速公路,路基承载力应该考虑哪些方面？与路面病害有何关联？

第3章 路基设计

【本章提要】

本章主要介绍路基的构造、路基病害类型与成因、一般路基设计内容与方法、路基边坡的稳定性分析方法。

【学习要求】

通过学习本章内容,了解一般路基设计的内容;理解路基边坡稳定性分析的原理;掌握路基构造要求和路基产生病害的基本原因、路基设计三要素的内涵、路基稳定性分析基本方法。

3.1 路基概念及构造

3.1.1 路基的概念

公路路基是按照路线位置和一定技术要求修筑的带状构造物,是路面的基础。它承受由路面传来的行车荷载和路基与路面结构的自重并将其扩散至地基,是公路的承重主体。

路基承受行车荷载作用时,深度一般在路基顶面以下0.8m(或1.2m)范围以内,即路基结构的路床部分,其强度与稳定性要求应根据路基路面综合设计的原则确定。

为了确保路基的强度与稳定性,使路基在外界因素作用下不致产生过大的变形,在路基的整体结构中还必须包括各项其他设施,其中有路基排水、路基防护与加固,以及与路基工程直接相关的设施,如取土坑、护坡道等。路基横断面形式的选定和各项其他设施的设计,是路基设计的基本内容。

一般路基通常指在良好的地质与水文等条件下,填方高度或挖方深度在1.5~18m(20m)之间的路基。特殊路基是指修建在不良地质、特殊地形地质,某些特殊气候因素等不利条件下的道路路基。对于超过规范规定的高填、深挖路基,以及地质和水文等条件特殊的路基,为确保其具有足够的强度与稳定性,需要进行单独设计和验算。

3.1.2 路基的类型与构造

通常根据公路路线设计确定的路基高程与天然地面高程是不同的。路基设计高程高于天然地面高程时,需进行填筑,称为路堤。路基设计高程低于天然地面高程时,需进行挖掘,称为路堑。

1) 路堤

路堤的几种常见横断面形式如图3-1所示。按路堤的填土高度不同,可分为矮路堤、一般路堤和高路堤。一般填土高度小于1.5m的路堤,称为矮路堤;填土高度在1.5~18m范围内的土路堤或1.5~20m范围内的石质路堤,称为一般路堤;填土高度大于18m的土质路堤或大于20m的石质路堤,称为高路堤。另外,根据路基所处的条件和加固类型的不同,还有浸水路堤护脚路堤及挖沟填筑路堤等形式。

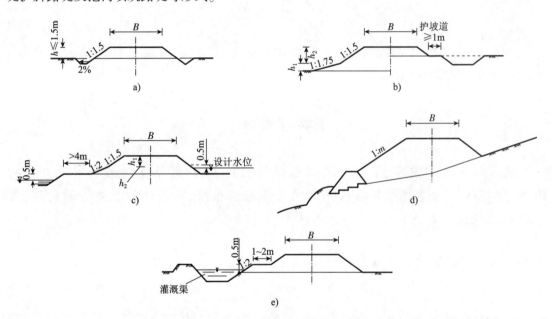

图3-1 路堤的几种常见横断面形式
a) 低路堤;b) 普通路堤;c) 浸水路堤;d) 护脚路堤;e) 挖沟填筑路堤

高路堤的填方数量大、占地多,为使路基稳定和横断面经济合理,需针对其稳定性进行单独设计。高路堤和浸水路堤的边坡,可采用上陡下缓的折线形式或台阶形式,如在边坡中部设置护坡道。为防止水流侵蚀和冲刷坡面,高路堤和浸水路堤的边坡应采取适当的坡面防护和加固措施,如铺草皮、砌石等。

2) 路堑

路堑的几种常见横断面形式如图3-2所示,有全挖路基、台口式路基及半山洞路基。挖方边坡可视高度和岩土层情况设计成直线或折线。挖方边坡的坡脚处应设置边沟,以汇集和排除路基范围内的地表径流。路堑的上方应视情况设置截水沟,以拦截和排除流向路基的地表径流。挖方弃土可堆放在路堑的下方。边坡坡面易风化时,在坡脚处设置0.5~1.0m的碎落台,同时可对坡面采取防护措施。

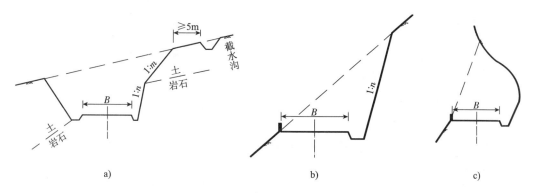

图 3-2 路堑的几种常见横断面形式
a) 全挖路基;b) 台口式路基;c) 半山洞路基

3) 填挖结合路基

填挖结合路基的几种常见横断面形式如图 3-3 所示。位于山坡上的路基,通常取路中心的高程接近原地面高程,以减少土石方数量,并使得土石方数量横向平衡,形成填挖结合路基。若处理得当,路基稳定可靠,可减少土方调运量,是比较经济的断面形式。

填挖结合路基兼有路堤和路堑两者的特点,上述对路堤和路堑的要求均应满足。填方部分的局部路段,如遇原地面的短缺口,可采用砌石护肩。如果填方量较大,也可就近利用废石方,砌筑护坡或护墙,石砌护坡和护墙相当于简易式挡土墙,承受一定的侧向压力。有时填方部分需要设置路肩(或路堤)式挡土墙,确保路基稳定,进一步压缩用地宽度。石砌护肩、护坡与护墙以及挡土墙等路基,如图 3-3c) ~ 图 3-3f) 所示。如果填方部分悬空,而纵向又有适当的基岩,可沿路基纵向建成半山桥路基,如图 3-3g) 所示。

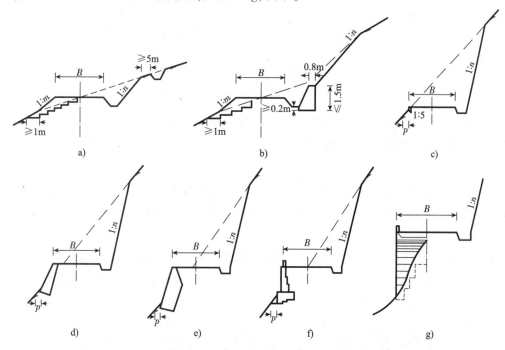

图 3-3 填挖结合路基的几种常见横断面形式
a) 一般填挖路基;b) 挡土墙路基;c) 护肩路基;d) 砌石护坡路基;e) 砌石护墙路基;f) 挡土墙支撑路基;g) 半山桥路基

3.1.3 路基其他设施

为了确保路基的强度、稳定性和行车安全,与一般路基工程有关的其他设施有取土坑、弃土堆、护坡道、碎落台、堆料坪及错车道等。这些设施是路基设计的组成部分,正确合理地设置路基其他设施十分重要。

1) 取土坑与弃土堆

路基土石方的填挖平衡是公路路线设计的基本原则,但往往难以做到完全平衡。土石方数量经过合理调配后,仍然会有部分借方和弃方(又称废方)。路基土石方的借弃,首先要合理选择地点,即确定取土坑或弃土堆的位置。选点时要兼顾土质、数量、用地及运输条件等因素,还必须结合沿线区域规划、因地制宜,综合考虑,维护自然平衡,防止水土流失,做到借之有利、弃之无害。

平坦地区,如果用土量较少,可以沿路两侧设置取土坑,与路基排水和农田灌溉相结合。河水淹没地段的桥头引道近旁,一般不设取土坑;如设取土坑,要距河流中水位边界10m以外,并与导治结构物位置相适应。此类取土坑要求水流畅通,不得长期积水危及路基或构造物的稳定。

路基开挖的废方,应尽量加以利用,如用以加宽路基或加固路堤,填补坑洞或路旁洼地,亦可兼顾农田水利或基建等所需,做到变废为用,弃而不乱。废方一般选择路旁低洼地,就近弃堆。沿河路基爆破后的废方,往往难以远运,条件许可时可以部分占用河道,但要注意河道压缩后,不致壅水危及上游路基及附近农田等。

2) 护坡道

护坡道是保护路基边坡稳定性的措施之一。设置的目的是加宽边坡横向距离,减小边坡平均坡度。护坡道越宽,越有利于边坡稳定,宽度最小为1.0m。护坡道一般设在路基坡脚处,边坡较高时亦可设在边坡上方及挖方边坡的变坡处。浸水路基的护坡道,可设在浸水线以上的边坡上。

3) 碎落台

碎落台设于土质或石质土的挖方边坡坡脚处,主要供零星土石碎块下落时临时堆积,以保护边沟不致阻塞,亦有护坡道的作用。碎落台宽度一般为1.0~1.5m,如兼有护坡作用,可适当放宽。碎落台上的堆积物应定期清理。

4) 堆料坪

路面养护用矿质材料,可就近选择路旁合适地点堆置备用。亦可在路肩外缘设堆料坪,其面积可结合地形与材料数量而定,例如每隔50~100m设一个堆料坪,长5~8m,宽2m。

5) 错车道

单车道公路,由于双向行车会车和相互避让的需要,通常应每隔200~500m设置一处错车道。按规定,错车道的长度不得短于30m,两端各有长度为10m的出入过渡段,中间10m供停车用。

3.2 路基病害类型原因及防治原则

路基建成使用过程中,在自然环境因素影响及行车荷载作用下,会产生相应的变形。其中,不可恢复的变形发展到一定程度将发生路基病害,严重的甚至发生路基滑塌,连带部分路面结构层从路基路面整体分离,使其丧失使用功能。

3.2.1 路基沉陷

路基沉陷指路基在垂直方向产生较大的沉落,如图 3-4 所示。沉陷分两种情况:路基本身的压缩沉降及路基下部天然地面承载力不足引起的沉陷。

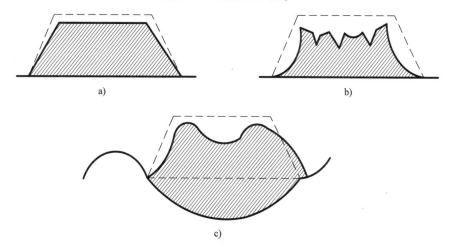

图 3-4 路基沉陷示意图
a)路基均匀沉陷;b)路基不均匀沉陷;c)地基沉陷

产生路基沉陷的原因有:

(1)路基填料(主要指填土)选择不当。

(2)路基压实不足。

(3)填筑方法不合理:包括不同土混杂,未分层填筑压实,土中含有未经打碎的大土块或冻土块等;填石路堤亦因石料规格不一、性质不均或就地爆破堆积,乱石中空隙很大,在一定期限内亦可能产生局部的明显下沉。

(4)原地面比较软弱:如泥沼、沉沙或垃圾堆积等,填筑前未经换土或压实,或软土地基未经处治或处治不充分等。

3.2.2 路基边坡塌方

路基边坡塌方是指天然或人工边坡因其本身的构造特点,在受到雨水与地震等外部自然环境因素、挖掘与扰动等工程因素和交通等外部作用力因素的综合影响时,产生表面风化、侵蚀、冲刷、崩解,并最终导致边坡土(石)方从原边坡上剥离的现象。路基边坡塌方是最常见的路基病害,亦是水毁的普遍现象,如图 3-5 所示。

按照破坏规模与原因的不同,路基边坡塌方可以分为剥落、碎落、滑塌、崩塌及坍塌。

剥落是指在边坡表土层或风化岩层表面,在大气的干湿或冷热循环作用下,表面发生胀缩现象,使零碎薄层成片状从边坡上剥落,且老的脱离,新的又不断产生。碎落是指边坡上岩石碎块剥落的现象,其规模与危害程度比剥落严重。其产生的主要原因是路堑边坡较陡(大于45°),岩石破碎和风化严重,在胀缩、振动及水的侵蚀与冲刷作用下,块状碎屑沿坡面向下滚落,如图 3-5a)所示。

滑塌是指路基边坡土体或岩石,沿着一定的滑动面呈整体状向下滑动,其规模与危害程度较碎落更为严重,有时滑动体可达数百立方米以上。其产生的主要原因是原山坡具有倾向公路的软弱构造面,由于施工以及水的侵蚀、冲刷改变了原山坡平衡状态,使山坡在重力作用下沿软弱面整体滑动,如图 3-5b)所示。

崩塌是指整体岩块在重力作用下倾倒、崩落。其产生的主要原因是岩体风化破碎且边坡较高,其危害较大,较常见,如图 3-5c)所示。坍塌(亦称堆塌)的成因和形态与崩塌相似,但坍塌主要是土体(或土石混杂的堆积物)遇水软化,在 45°~60°陡边坡无支撑情况下,由自身重力所产生的剪切力过大而形成。

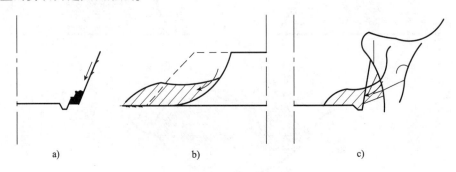

图 3-5 路基边坡塌方示意图
a)剥(碎)落;b)滑塌;c)崩塌

崩塌与滑塌的主要区别在于:崩塌一般针对岩体,而滑塌一般针对土体或土石混合体;崩塌无固定滑动面,坡脚线以下地基无移动现象,崩塌体的各部分相对位置在移动过程中完全打乱,其中较大石块翻滚较远,边坡下部形成倒石堆或岩堆;滑塌一般有固定滑动面,滑动速度较慢,整体移动且翻滚现象较少。

3.2.3 路基沿坡面滑动

较陡的山坡上,如果原地面未清除杂草、凿毛或人工挖台阶,坡脚又未进行必要的支撑,特别是又受水的润湿时,填方与原地面之间的抗剪力很小,填方在自重和荷载作用下,有可能整体或局部沿原地面向下移动,如图 3-6 所示。

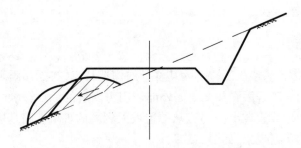

图 3-6 路基沿原地面坡面滑动示意图

3.2.4 其他病害

在季节性冰冻地区,因路基土质不良、路基高度过小、路面抗冻厚度过小等原因,路基土含水率过大,在冬季负温影响下,路基中的水分不断向上迁移、积聚而冻结,导致路基体积膨胀,引起路面开裂,称为冻胀;春季气温升高时,路基上部冻土先融化,因水分无法及时排出而使路基土饱水稀软,在行车荷载作用下,泥浆沿路面裂缝被挤出,称为翻浆。

除此之外,公路通过不良地质和水文地带,或遇较大的自然灾害(如滑坡、岩堆、错落、泥石流、雪崩、岩溶、地震及特大暴雨等)时,均能导致路基结构的严重破坏。这些破坏是一种牵连性的病害,且具有一定的重现频率特征,在路基设计时需根据公路等级和重要性确定其设计抵御能力等级。

3.2.5 路基病害的防治原则

为防止以上路基病害发生,需要遵循以下路基设计与施工原则:

(1)设计:正确设计路基横断面(如路基高度、宽度和边坡坡度等),并与路线设计相结合,绕避危险地质构造、避免深挖高填,无法避免时应进行稳定性分析,检验其安全性;正确进行排水设计,地下水位较高的路段应适当提升路基高度,设置隔离层(隔断地下水)、隔温层(减少水分积聚,减小冰冻深度)和砂垫层(排水)。

(2)施工:选择良好的路基填料,必要时进行稳定处理,按正确的填筑方式施工,保证压实度达到要求。

在以上技术措施无法保障特殊工况路段路基的安全稳定时,需要考虑设置路基防护与支挡。

3.3 路基横断面设计

在工程地质和水文地质条件良好的地段进行一般路基设计包括以下内容:

(1)选择路基断面形式,确定路基宽度与路基高度。
(2)选择路基填料与压实标准。
(3)确定边坡形状与坡度。
(4)确定路基排水系统布置和排水结构设计。

针对特殊工况的路基,还可能需要进行:

(1)坡面防护与支挡结构设计。
(2)其他设施设计。

3.3.1 路基宽度

路基宽度为行车道路面及其两侧路肩宽度之和,对于设有中间带、加(减)速车道、爬坡车道、紧急停车带等的道路,均应包括在路基宽度范围内。车道宽度根据设计通行能力及交通量大小而定,一般每个车道宽度为3.50~3.75m,技术等级高的公路及城镇近郊的一般公路,路肩宽度尽可能增大,一般取1~3m,并铺筑硬质路肩,以保证路面行车不受干扰。各级公路路基宽度按现行《公路工程技术标准》(JTG B01)各部分的规定进行设计,路基宽度为各部分宽度之和。

3.3.2 路基高度

路基高度是指路堤的填筑高度和路堑的开挖深度,是路基设计高程和原地面高程之差。由于原地面沿横断面方向往往有倾斜,在路基宽度范围内,两侧的高差一般有差别。路基中心高度是指基中心线处设计高程与原地面高程之差。而路基两侧边坡的高度是指填方坡脚或挖方坡顶与路基边缘的相对高差。所以,路基高度有中心高度与边坡高度之分。

路堤填土的高低和路堑挖方的深浅按现行《公路路基设计规范》(JTG D30)的规定,使用常规的边坡高度值。由于高路堤和深路堑的土石方数量大、占地多、施工困难、边坡稳定性差、对安全行车不利,因此应尽量避免使用,不得已采用时,应进行特殊设计。

沿河及受水浸淹的路基,其高度应根据技术标准所规定的设计洪水频率(表3-1),求得设计水位后应再增加0.5m的余量。如河道因设置路堤而压缩过水面积,致使上游壅水或河面宽阔而有风浪,应再增加壅水高度和波浪冲上路堤的高度(即波浪侵袭高度)。所以,沿河浸水路堤的高度,应高出上述各值之和,以保证不致淹没路基,并据此进行路基的防护与加固。

路基设计洪水频率　　　　　表3-1

公路等级	高速公路	一级公路	二级公路	三级公路	四级公路
设计洪水频率	1/100	1/100	1/50	1/25	视具体情况而定

注:区域内唯一通道的公路路基设计洪水频率可采用高一个等级公路的标准。

3.3.3 路基边坡坡度

路基边坡坡度对路基稳定十分重要,确定坡度是路基设计的重要任务。公路路基的边坡坡度用边坡高度H与边坡宽度b的比值表示,并按$1:n$(路堑)或$1:m$(路堤)的形式表示,如图3-7所示。

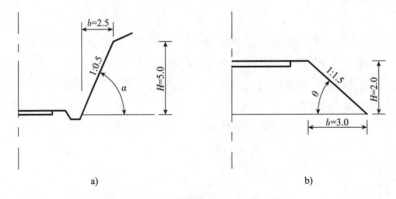

图3-7 路基边坡坡度示意图(尺寸单位:m)
a)路堑;b)路堤

路基边坡坡度的大小,取决于边坡的土质、地质构造(路堑)及水文条件等自然因素和边坡高度。一般路基的边坡坡度可根据多年工程实践经验和设计规范推荐的数值确定。

1)路堤边坡

路堤边坡坡度可根据填料种类和边坡高度按表3-2选用。

路堤边坡坡度　　　　　表3-2

填料类别	边坡坡度	
	上部高度($H \leqslant 8m$)	下部高度($H \leqslant 12m$)
细粒土	1:1.5	1:1.75
粗粒土	1:1.5	1:1.75
巨粒土	1:1.3	1:1.5

沿河浸水路堤的边坡坡度,在设计水位以下视填料情况可采用1:1.75~1:2.0,在常水位以下部分可采用1:2.0~1:3.0。

陡坡上的路基填方可采用砌石,如图3-8所示。砌石应用当地不易风化的开山片石砌筑。砌石顶宽不应小于0.8m,基底面以1:5的坡度向路基内侧倾斜,砌石高度H一般为2~15m,墙内外坡依砌石高度,按表3-3选定。

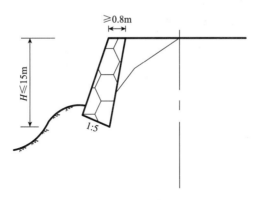

图3-8 砌石示意图

砌石边坡坡度 表3-3

序 号	高度H(m)	内坡坡度	外坡坡度
1	≤5	1:0.3	1:0.5
2	≤10	1:0.5	1:0.67
3	≤15	1:0.6	1:0.75

2)路堑边坡

路堑是从天然地层中开挖出来的路基结构物。设计路堑边坡时,首先应从地貌和地质构造上判断其整体稳定性。在遇到工程地质或水文地质条件不良的地层时,应尽量使路线避绕;而对于稳定的地层,则应考虑开挖后,是否会由于减少支承、坡面风化加剧而引起失稳。

影响路堑边坡稳定的因素较为复杂,除了路堑深度和坡体土石的性质之外,地质构造特征、岩石的风化和破碎程度、土层的成因类型、地面水和地下水的影响、坡面的朝向以及当地的气候条件等都会影响路堑边坡的稳定性,在边坡设计时必须综合考虑。

土质(包括粗粒土)路堑边坡,应根据边坡高度、土的密实程度、地下水和地面水的情况、土的成因及生成年代等因素,参照表3-4、表3-5选定。

土质路堑边坡坡度 表3-4

土 的 类 别		边坡坡度
黏土、粉质黏土、塑性指数大于3的粉土		1:1
中密以上的中砂、粗砂、砾砂		1:1.5
卵石土、碎石土、圆砾土、角砾土	胶结和密实	1:0.75
	中密	1:1

土的密实程度划分表　　　　　　　　　　表 3-5

分　　级	试坑开挖情况
较松	铁锹很容易铲入土中,试坑坑壁容易坍塌
中密	天然坡面不易陡立,试坑坑壁有掉块现象,部分需用镐开挖
密实	试坑坑壁稳定,开挖困难,土块用手使力才能破碎,从坑壁取出大颗粒处能保持凹面形状
胶结	细粒土密实度很高,粗颗粒之间呈弱胶结,试坑用镐开挖很困难,天然坡面可以陡立

岩石路堑边坡,一般根据地质构造与岩石特性,对照相似工程的成功经验选定边坡坡度。岩石的种类、风化程度及边坡的高度是决定坡度的主要因素,设计时可根据这些因素参照表 3-6 选定。

岩质路堑边坡坡度　　　　　　　　　　表 3-6

边坡岩体类型	风化程度	边坡坡度	
		$H<15m$	$15m \leqslant H<30m$
Ⅰ类	未风化、微风化	1:0.1~1:0.3	1:0.1~1:0.3
	弱风化	1:0.1~1:0.3	1:0.3~1:0.5
Ⅱ类	未风化、微风化	1:0.1~1:0.3	1:0.3~1:0.5
	弱风化	1:0.3~1:0.5	1:0.5~1:0.75
Ⅲ类	未风化、微风化	1:0.3~1:0.5	—
	弱风化	1:0.5~1:0.75	—
Ⅳ类	弱风化	1:0.5~1:1	—
	强风化	1:0.75~1:1	—

3.4　边坡稳定性分析

路基边坡的稳定性涉及岩土性质与结构、边坡高度与坡度、工程质量与经济等多种因素。一般情况下,对于边坡不高的路基,如不超过 8.0m 的土质边坡、不超过 12.0m 的岩质边坡,可按一般路基设计,采用规定的坡度值,不作稳定性分析计算。对地质与水文条件复杂、高填深挖或有特殊使用要求的路基,应进行边坡稳定性的分析计算,并需要试验确定相应参数,据此选定合理的边坡坡度及相应的工程技术措施。

土质边坡稳定性分析的各种方法,按失稳土体的滑动面特征,大体可归纳为直线、折线和曲线三大类,而且均以土的抗剪强度为理论基础,按力的极限平衡原理建立相应的计算式。

岩石路堑边坡的稳定性,很大程度上取决于岩石产状与结构,边坡失稳岩体的滑动面主要是地质构造上的软弱面。边坡稳定性分析应首先进行定性分析,确定失稳岩体的范围和软弱面(滑动面),然后进行定量力学计算。

路基边坡稳定性的分析计算方法,还可以分成工程地质法(比拟法)、力学分析法和图解法。工程地质法属于实践经验的对比,力学分析法是数解方法,对于某些比较复杂的数解方法,亦可运用图解法加以简化。任何一种方法,都带有某种针对性和局限性,为了便于工程上实际运用,设定某些假定条件,将主要因素加以简化,次要因素忽略不计,因此,广义上现有的各种方法均属于近似解。合理地选定岩土计算参数,如黏聚力、内摩擦角及单位体积重力等,比选择何种计算方法更为重要。所以,在路基设计前,要加强地质勘察与试验测试工作。

路堤稳定性分析,包括路堤堤身的稳定性、路堤和地基的整体稳定性、路堤沿斜坡地基或软弱层带滑动的稳定性等内容,而路堑稳定性分析主要针对路堑边坡。虽然在填挖方式上有区别,但两者在稳定性分析的基本原理上基本相同,有所区别的是失稳危险滑动面的预期、选用的计算指标、容许的安全系数大小等方面。

路基边坡稳定力学计算的基本方法是分析失稳滑动体沿滑动面上的下滑力 T 与抗滑力 R,按静力平衡原理,取两者之比值为稳定系数 K,见式(3-1):

$$K = \frac{R}{T} \tag{3-1}$$

$K=1$ 时,表示下滑力与抗滑力相等,边坡处于极限平衡状态;$K<1$ 时,边坡不稳定;$K>1$ 时,边坡稳定。考虑到一些不可预见因素的影响,为安全可靠起见,工程上一般规定采用 $K \geq 1.15 \sim 1.45$ 作为路基边坡稳定性分析的界限值。

行车荷载是边坡稳定性分析的主要作用力之一,计算时将行车荷载换算成相当于路基岩土层的厚度,计入滑动体的重力中。换算时可按荷载的最不利布置条件,取单位长度路段,如图 3-9 所示,计算见式(3-2)。

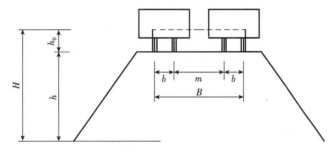

图 3-9 计算荷载换算示意图

$$h_0 = \frac{NQ}{BL\gamma} \tag{3-2}$$

式中:h_0——行车荷载换算高度(m);

L——前后轮最大轴距,现行《公路工程技术标准》(JTG B01)规定对于标准车辆荷载为 12.8m;

Q——一辆重车的重量(标准车辆荷载为 550kN);

N——并列车辆数,双车道 $N=2$,单车道 $N=1$;

γ——路基填料的重度(kN/m³);

B——荷载横向分布宽度(m),计算见式(3-3):

$$B = Nb + (N-1)m + d \tag{3-3}$$

其中:b——车轮轮距,取 1.8m;

m——相邻两辆车后轮的中心间距,取 1.3m;

d——轮胎着地宽度,取 0.6m。

行车荷载对较高路基边坡的稳定性影响较小,换算高度可以近似分布于路基全宽上,以简化滑动体的重力计算。采用近似方法(如图解法或表解法等)计算时,亦可以不计算行车荷载。

3.4.1 直线滑动面的边坡稳定性分析

砂类土路基边坡渗水性强、黏性差,边坡稳定主要靠其内摩擦力,失稳土体的滑动面近似直线形态,当黏聚力为零时,滑动面为直线。原地面为近似直线的陡坡路堤,如果接触面的摩擦力不足,整个路堤亦可能沿原地面呈直线形态下滑。所以,直线滑动面稳定性分析方法主要适用于黏结力较小的砂类土路堤的堤身稳定性分析和路堤有可能沿斜坡地基表面或已知软弱层带滑动情况下的稳定性分析。前一种情况下,需要确定最危险的滑动面位置(过坡角点的一簇直线之一);后一种情况下,危险滑动面的位置已经确定(沿地基表面或软弱层带)。

如图 3-10 所示,假定 AD 为直线滑动面,并通过坡脚点 A,土质均匀,取单位长度路段,不计沿路线纵向滑移时路基的作用力,则可简化成平面问题求解。滑动面的位置在开始分析时难以直接确定,根据滑动面确定方式的不同,演化出"试算法"和"解析法"。本书主要介绍试算法,解析法请参考黄晓明主编的《路基路面工程(第6版)》。

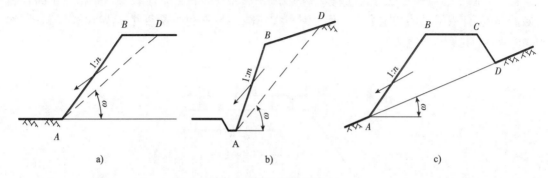

图 3-10 直线滑动面示意图
a)高路堤;b)深路堑;c)陡坡路堤

由图 3-10,按静力平衡可得式(3-4):

$$K = \frac{R}{T} = \frac{Nf + cL}{T} = \frac{W\cos\omega\tan\varphi + cL}{W\sin\omega} \tag{3-4}$$

式中:K——稳定系数;
　　　T——滑动面的切向分力;
　　　N——滑动面的法向分力;
　　　f——摩擦因数,$f = \tan\varphi$;
　　　c——滑动面黏聚力;
　　　L——滑动面的长度;
　　　W——滑动体的重力;
　　　ω——滑动面的倾角;
　　　φ——内摩擦角。

滑动面位置不同,K 值亦随之而变,边坡稳定与否的判断依据,应是稳定系数的最小值 $K_{\min}$,相应的最危险滑动面的倾角 ω_0。式(3-4)表明,K 值是 ω 的函数,为此可选择 4~5 个滑动面,计算并绘制 K 与 ω 的关系曲线,如图 3-11、图 3-12 所示,即可确定 $K_{\min}$ 与其相应的 ω_0。当 $K_{\min}$ 值符合规定时,路基边坡稳定,否则路基断面需另行设计与验算,直到符合要求为止。

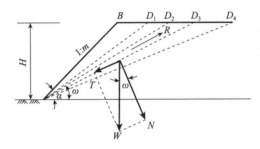

图 3-11 直线滑动面上的力系示意图

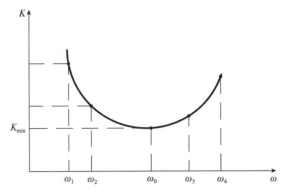

图 3-12 K 与 ω 的关系曲线示意图

对于砂类土,可取 $c=0$,式(3-4)可简化为式(3-5):

$$K = \frac{\tan\varphi}{\tan\omega} \tag{3-5}$$

若取稳定系数 $K=1.25$,则 $\tan\omega=0.8\tan\varphi$。不难看出,用松散性填料修建的路堤,其边坡角的正切值不宜大于填料摩擦系数的 0.8 倍。

例如,当填料的内摩擦角 $\varphi=40°$ 时,$\tan\omega=0.8\times\tan40°=0.6713$,得 $\omega=33°52'$。如果采用 1:1.5 的路基边坡,相应于边坡角 $\alpha=33°41'$。由于 $\alpha<\omega$,该边坡稳定。由此类推,如果 $\varphi<40°$,路基边坡应相应放缓。

3.4.2 曲线滑动面的边坡稳定性分析

一般来说,土均具有一定的黏结力,因此,边坡滑动面多数呈现曲面。理想情况下,分析某一给定边坡稳定性的核心是一个"搜索"过程:首先建立边坡土参数的分布场;然后列举所有可能的滑动面形位;再计算每一个滑动面的安全性指标(如安全系数);最后比较得到最危险的滑动面及其对应的安全性指标。上述难点使得这一"搜索"实现起来非常困难,为解决稳定性分析实际问题,针对以上难点,人们采用了多种假定以简化问题。

(1)圆弧滑动面假定及其圆心的辅助线法。通过总结以往工程中边坡失稳的实例发现,其滑动面虽是曲线形状,但与标准的圆弧差异不大,特别是土质较单一、均匀时。为此,提出了圆弧滑动面假定,最经典的方法就是瑞典法和 Bishop 方法等。同时提出 4.5H 法、36°线法等圆心辅助线法,该假定使得滑动面的搜索过程得以大大简化。

理想的圆弧滑动面并不完全符合实际情况,为此也有运用复合曲线的计算方法,如对数曲线、对数螺旋线及组合曲线等。由于计算繁杂,多数应用有限单元法和计算机完成分析计算工作。

(2) 条分法简化。滑动土体形状及构成复杂时,求解难度大,而通过将其划分为多个土条离散化,每一土条的性质相对简单,通过计算有限土条间及各土条在滑动面上的力和力矩,建立平衡关系,能够简化计算过程。

(3) 刚体假定。将滑动土体或条分后的土体看作刚体,力与力矩平衡关系建立在刚体基础上,不考虑土的弹塑性,引入极限平衡的思路来分析,从而避免了考虑滑动土体内部复杂的受力状态。

(4) 确定性分析方法。土的参数在空间上分布的不均匀问题使得边坡分析成为一个不确定性问题,理论上应该采用基于概率或可靠度的不确定性分析方法。为简化起见,工程上常用的还是确定性分析方法。而前者则是目前的研究热点之一。

本节主要介绍基于圆弧滑动面假定的圆心辅助线确定方法,以条分和刚体假定为主要模型、以确定性的极限平衡理论为分析方法的瑞典法和简化的 Bishop 法等。后者是我国路基设计规范中应用的主要方法之一。

1) 圆弧滑动面假定的圆心辅助线确定方法

(1) $4.5H$ 法。

图 3-13 为圆弧滑动面的计算图示,首先确定圆心 O 和半径 OA。一般情况下,圆心的位置是在圆心辅助线 EF 的延长线上移动,E 点和 F 点的位置可用 $4.5H$ 法确定。

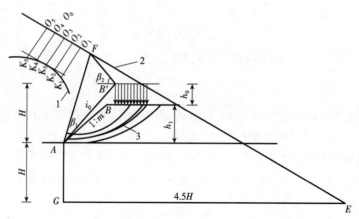

图 3-13 $4.5H$ 法确定圆心位置图示
1-K 值曲线;2-圆心辅助线;3-最危险滑动面

图 3-13 中边坡计算高度 $H = h_1 + h_0$,由 A 点向下作垂线,取深度为 H 确定 G 点,由 G 点作水平线,取距离为 $4.5H$ 确定 E 点,即 $4.5H$ 法。F 点位置由角度 β_1 和 β_2 的边线相交而定,其中 β_1 以 AB' 平均边坡线为准,β_2 以 B' 点的水平线为准,如果不计荷载,则 $h_0 = 0$,B' 由 B 代替。β_1 和 β_2 取决于路基的边坡坡度。辅助线的作图角值见表 3-7。

辅助线的作图角值 表 3-7

边坡坡度	边坡角	β_1	β_2	边坡坡度	边坡角	β_1	β_2
1:0.5	60°00′	29°	40°	1:3	18°26′	25°	35°
1:1	45°00′	28°	37°	1:4	14°03′	25°	36°
1:1.5	30°40′	26°	35°	1:5	11°19′	25°	37°
1:2	26°34′	25°	35°				

大量计算证明,如果路基边坡为单斜线,坡顶为水平,当 $\varphi=0$ 时,最危险滑动面的圆心就在 F 点上。当 $\varphi>0$ 时,圆心在辅助线上向左上方向移动,φ 值越大,OF 间距越大,通常取 4～5 个点为圆心,分别求 K 值,并绘制 K 值曲线,据以解得 $K_{\min}$ 值及相应的圆心 O_0。

(2) 36°线法。

圆心辅助线亦可用 36°线法绘制,如图 3-14 所示。36°线法比较简便,但计算结果误差较大,可在试算中使用。

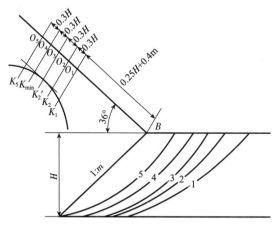

图 3-14　36°线法确定圆心位置图示

2) 瑞典(Fellenius)圆弧法

1927 年,瑞典人 Fellenius 提出对均质边坡圆弧形滑面的分析方法,即瑞典圆弧法,其核心是假定条块间没有相互作用力。其基本假定为:

(1) 假定滑动面为圆弧滑裂面,将滑动土体分为 n 条竖向土条,并假定每个土条为不变形的刚体。

(2) 不考虑条间力的相互作用,将土条重力分解为平行及垂直土条底面的方向。由于条间无作用力,静力简图如图 3-15 所示。

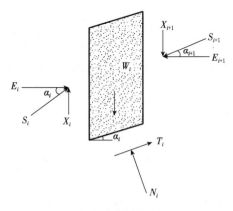

图 3-15　瑞典圆弧法静力简图

首先建立土条垂直于滑动面的静力平衡方程,得式(3-6):

$$N_i = W_i \cos\alpha_i \tag{3-6}$$

然后,通过整体对圆心的力矩平衡确定安全系数式(3-7):

$$\sum_{i=1}^{n}(-T_i + W_i\sin\alpha_i)R = 0 \tag{3-7}$$

式中：$T_i = \dfrac{c_i l_i + N_i \tan\varphi_i}{K}$。

将 T_i 和式(3-6)代入式(3-7)，可得边坡稳定的安全系数式(3-8)：

$$K = \dfrac{\sum\limits_{i=1}^{n}[c_i l_i + W_i\cos\alpha_i \tan\varphi_i]}{\sum\limits_{i=1}^{n}W_i\sin\alpha_i} \tag{3-8}$$

瑞典条分法是所有条分法的雏形。在它的假定中，滑裂面为圆弧面，忽略土条间的相互作用力，将土条底部法向应力简单地看作是土条重力在法线方向的投影。因此，该法向力通过滑裂面的圆心，对圆心取矩时为零，从而使计算工作大大简化。瑞典条分法简单实用，适于手算。

3）极限平衡法的综合比较

根据对滑动土条间力和滑裂面形状假定以及对平衡条件选取的不同，提出了多种不同的简化分析方法，如瑞典圆弧法、简化 Bishop 法、简化 Janbu 法、罗厄法、Spencer 法、Sarma 法、Morgenstem-Price 法等，见表3-8。

各种条分法的简化假定比较　　表3-8

方法名称	滑动面形状假定	条间力假定	平衡条件选取
瑞典圆弧法	圆弧	条间力和土条底面平行	土条底面法线方向静力平衡和整体对圆心力矩平衡
简化 Bishop 法	圆弧	条间力方向水平（条间力倾角 $\alpha = 0$）	垂直方向静力平衡和整体对圆心力矩平衡
简化 Janbu 法	任意形状	条间力方向水平（$\alpha = 0$）	水平和垂直静力平衡
罗厄法	任意形状	α 等于该土条底面倾角和顶面倾角的平均值	水平和垂直静力平衡
Spencer 法	任意形状	α 为某一常数	水平和垂直静力平衡及整体土条底中点的力矩平衡
Sarma 法	任意形状	条间力为一分布函数	水平和垂直静力平衡及整体土条底中点的力矩平衡
Morgenstem-Price 法	任意形状	条间力为一分布函数	水平和垂直静力平衡及整体土条底中点的力矩平衡

【例3-1】 已知路基高度14m，路基顶宽11m，路基边坡坡度为 1∶1.5，地面水平。路基填土为粉质中液限黏土，土的黏聚力 $c = 13\text{kPa}$，内摩擦角 $\varphi = 25°21'$，土的重度 $\gamma = 17.21\text{kN/m}^3$。假设车辆重力 $Q = 800\text{kN}$，车辆前后轮最大轴距 $L = 6.4\text{m}$，车辆并列数 $N = 2$，车身宽度 $b = 3.5\text{m}$，车身之间净距 $d = 0.4\text{m}$。试采用圆弧法进行稳定性验算。

解：

(1) 确定路堤横断面尺寸。根据已知的路基三要素（路基高度、路基宽度、路基边坡坡度）确定路堤横断面尺寸，如图 3-16 所示。

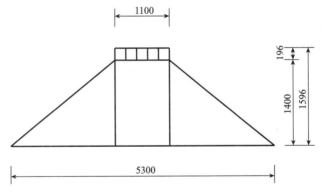

图 3-16 路堤横断面(尺寸单位:mm)

(2) 当量高度换算。将车辆换算成土柱高度(当量高度)。设其中一辆挂车停在路肩上,另一辆以最小间距 $d=0.4$ m 与它并排。按式(3-2)换算土柱高度。

已知车辆重力 $Q=800$ kN,车辆前后轮最大轴距 $L=6.4$ m,车辆并列数 $N=2$,土的重度 $\gamma=17.21$ kN/m³,横向分布车辆轮胎最外缘之间总距 B 按式(3-3)计算。其中车身宽度 $b=3.5$ m,车身之间净距 $d=0.4$ m。由式(3-3)可得,横向分布车辆轮胎最外缘之间总距 $B=7.4$ m。再将结果及已知条件代入式(3-2)中可得,行车荷载换算当量高度 $h_0=1.96$ m。

(3) 采用圆弧法进行稳定性验算。

①按 $4.5H$ 法确定滑动圆心辅助线。取 $\theta=36°$;β_1、β_2 由表 3-7 查得,$\beta_1=26°$,$\beta_2=35°$。如图 3-17 所示,两角分别自坡脚和左顶点作直线相交于 F 点,EF 的延长线即为滑动圆心辅助线。

②确定滑动圆弧中心。绘出一条通过路基右边缘的滑动曲线,用直线连接可能滑动圆弧的两端点,并作此线的中垂线相交滑动圆心辅助线 AC。O 点即是该滑动曲线的中心。

③条分法简化假定。假定土条间没有相互作用力,且每个土条为不变形的刚体,将圆弧范围土体分成 8 段,每段土条宽 4m,如图 3-17 所示。

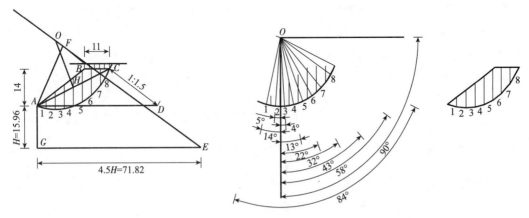

图 3-17 圆弧法稳定性分析

④计算滑动曲线法线方向分力之和 $\sum N_i$ 及切线方向分力之和 $\sum T_i$。先计算出滑动曲线每一分段中点与圆心竖线之间的偏角 α_i;每一分段的滑动弧曲线可近似取直线,再将各分段图形简化为梯形或三角形,计算其面积 Ω_i;以路堤纵向长度 1m 计算出各分段的重力 G_i,并将每一分段的重力 G_i 化为两个分力。

a. 在滑动曲线法线方向分力 N_i：
$$N_i = G_i \cdot \cos\alpha_i$$
b. 在滑动曲线切线方向分力 T_i：
$$T_i = G_i \cdot \sin\alpha_i$$
分别求出法线方向分力之和 $\sum N_i$ 及切线方向分力之和 $\sum T_i$，计算结果见表 3-9。

滑动曲线要素计算   表 3-9

分段	$\sin\alpha_i$	α_i	$\cos\alpha_i$	Ω_i (m²)	$G_i = \Omega_i r$ (kN)	$N_i = G_i\cos\alpha_i$ (kN)	$T_i = G_i\sin\alpha_i$ (kN)	L (m)
1	−0.24	−13.96	0.97	7.32	126	122	−30	
2	−0.09	−5.00	0.99	20.7	356	352	−32	
3	0.07	3.84	0.99	31.5	542	537	38	
4	0.22	12.77	0.98	39.8	685	671	151	38.2
5	0.38	22.05	0.93	45.4	781	726	297	
6	0.53	32.00	0.85	44.9	773	657	410	
7	0.69	43.25	0.73	32.7	563	411	388	
8	0.84	57.51	0.54	12.5	215	116	181	
总计						$\sum N_i = 3592$	$\sum T_i = 1403$	

⑤计算滑动曲线弧长。
$$L = \frac{n}{360°} \times 2\pi \cdot r$$
$$L = \frac{84.22°}{360°} \times 2\pi \cdot 26.03 = 38.2\text{m}$$

⑥计算稳定系数 K_1。
$$K_1 = \frac{f\sum_{i=1}^{n} N_i + cL}{\sum_{i=1}^{n} T_i} = \frac{\tan25.35 \times 3592 + 13 \times 38.2}{1403} = 1.57 \geqslant 1.15$$

所以，该滑动面上的稳定系数满足要求，该边坡坡度满足边坡稳定要求。

⑦边坡稳定性判定。分别计算路堤 3/4 断面处、路堤 1/2 断面处、路堤 3/11 断面处的稳定系数 K_2、K_3、K_4，如图 3-18 ~ 图 3-20 所示，计算过程重复①~⑦，直至稳定系数 K_i 的最小值大于规范值，计算结果如下。

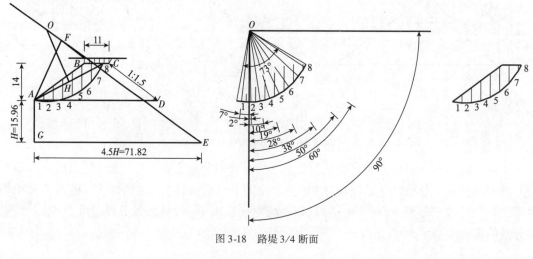

图 3-18　路堤 3/4 断面

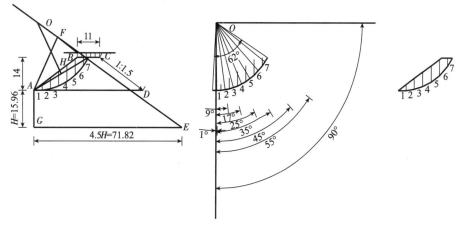

图 3-19 路堤 1/2 断面

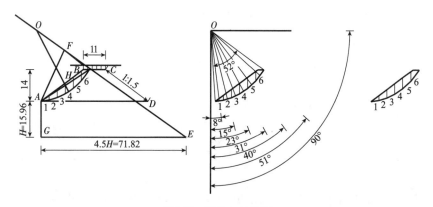

图 3-20 路堤 3/11 断面

四条滑动曲线的稳定系数分别为 $K_1 = 1.57$、$K_2 = 1.43$、$K_3 = 1.34$、$K_4 = 1.36$,其稳定系数满足处于 1.15~1.45 之间的范围要求。因此,该设计所采用的边坡坡度满足边坡稳定的要求。

> 练习
>
> 1. 什么是一般路基?什么是特殊路基?
> 2. 路基主要有哪些类型,不同类型有哪些构造?
> 3. 路基病害有哪些?防治的原则是什么?
> 4. 路基设计包括哪些内容?确定路基边坡坡度时需要注意哪些条件?
> 5. 高速公路和一级公路及其他等级道路的路基横断面组成及宽度分别是什么?
> 6. 简述 4.5H 法确定圆心辅助线过程。
> 7. 简述圆弧法进行稳定性验算的过程。

讨论1:为什么要进行路基边坡稳定性验算?常用的验算方法有哪些?请举例说明每种验算方法的适用情况。

讨论2:选择一条你熟悉的路,调查分析路基设计主要内容。目前,该条道路存在的主要病害类型是什么?请分析原因。

第4章 路基防护与支挡结构

【本章提要】

本章主要介绍坡面防护的主要方式和适用条件,支挡结构的类型、适用条件、布置和构造,挡土墙土压力计算和稳定性验算、设计原则和增加挡土墙稳定性的措施。

【学习要求】

通过学习本章内容,了解坡面防护的主要形式、作用和适用条件;理解典型挡土墙的类型、适用条件、布置和构造;掌握挡土墙结构的土压力计算、稳定性分析与验算、断面设计、设计原则和增加挡土墙稳定性的措施。

4.1 路基坡面防护

路基暴露于大气之中,长期受到风吹、日晒、雨淋等各种自然因素的作用,易发生不同形式的破坏。如路基表面在温差作用下经受胀缩循环,在湿差作用下经受干湿循环,导致强度衰减和剥蚀;地表水流冲刷,地下水浸入,使岩土表层失稳,易加剧路基的水毁病害;沿河路堤在水流冲击、淘刷和侵蚀作用下,易遭破坏。

随着公路等级的提高,为维护正常的交通运输,减少公路病害,确保行车安全,保持公路与自然环境协调,应重视路基的防护,同时路基防护对公路使用品质、提高投资效益均具有重要的意义。

路基的防护与加固,主要有边坡坡面防护和冲刷防护等。

4.1.1 坡面防护

坡面防护,主要是保护路基边坡表面免受雨水冲刷,减缓温差及湿度变化的影响,防止和延缓软弱岩土表面的风化、碎裂、剥蚀演变进程,从而保护路基边坡的整体稳定性,并在一定程度上兼顾路基美化和自然环境协调。坡面防护设施虽不承受外力作用,但也必须保证坡面整体稳定牢固。简易防护的边坡高度与坡率不宜过大,土质边坡坡度一般不陡于1:1~1:1.5,地面水的径流速度一般不超过2.0m/s,且无集中汇流。

常用的坡面防护措施有植物防护(种草、铺草皮、植树等)和工程防护(抹面、勾缝、喷浆、石砌护面等)。

1)植物防护

植物防护适用于坡高不大、边坡比较平缓的土质坡面,是一种简易有效的防护设施,主要包括种草、铺草皮、植树等。

(1)种草。

种草适用于边坡坡度不陡于1:1、土质适宜种草、不浸水或短期浸水但地面径流速度不超过0.6m/s的边坡。草的品种要适应当地自然条件,最好是根系发达,中茎低矮,多年生长,几种草籽混种。种植的最小土层厚度不应小于0.15m。当边坡较高时,植草可与土工网、土工网垫结合防护。

(2)铺草皮。

铺草皮适用于坡面冲刷比较严重,边坡较陡,径流速度大于0.6m/s,容许最大速度为1.8m/s时。应根据坡率与流速等,分别采用平铺(平行于坡面)、水平叠铺,垂直坡面或与坡面成一半坡角处倾斜叠铺草皮,还可采用片石铺砌成方格或拱式边框,方格或框内再铺草皮,如图4-1所示。

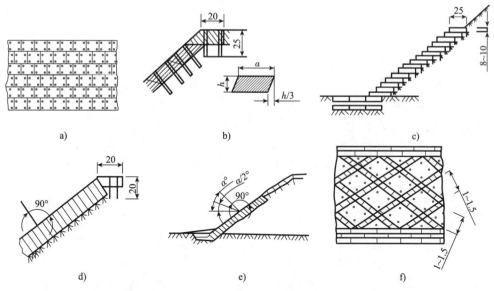

图4-1 草皮防护示意图(除已注明尺寸单位外,其余尺寸单位为cm)
a)平铺平面;b)平铺剖面;c)水平叠铺;d)垂直叠铺;e)斜交叠铺;f)网格式
注:图中h为草皮厚度,5~8cm;a为草皮边长,20~25cm。

(3)植树。

植树主要用在堤岸边的河滩上,用来降低流速,促使泥沙淤积,防止水直接冲刷路堤。多排林堤岸,若与水流方向斜交,还可起到调水、改变水流方向的作用。在沙漠与雪害地区,防护林带还可起阻沙防雪作用。

2)工程防护

工程防护主要是采用砂石、水泥、石灰等矿质材料进行坡面防护,其主要包括抹面、勾缝或喷浆、石砌护坡或护面墙等形式。

(1)抹面。

抹面防护适用于石质挖方坡面,岩石表面易风化,但比较完整,尚未剥落。对此应及时予以封面,以预防风化成害。常用的抹面材料有石灰浆等,其中石灰为胶结料,要求精选。抹面厚度视材料与坡面状况而定,一般为2～10cm。

(2)勾缝。

勾缝防护适用于岩层比较坚硬且裂缝多而细的路堑岩石边坡。为防止水分浸入岩层内造成病害,可用砂浆勾缝。

(3)喷浆。

喷浆防护适用于易风化和坡面不平的岩石挖方边坡,浆层厚度一般为5～10cm。喷浆的水泥用量较大,可用于重点工程地段。对坡面较陡或易风化的坡面,可以在喷浆前先铺设加筋材料,加筋材料可以用铁丝网或土工格栅,喷浆坡面应设置泄水孔。

(4)石砌护坡或护面墙。

石砌护坡是为防止地面水流或河水冲刷,可采用片石护面,用于风化岩质路堑或土质路堤边坡的坡面防护,亦可用于浸水路堤及排水沟渠的冲刷防护。图4-2所示为浸水路堤单层或双层示意图。重要路段或暴雨集中地区的土质高边坡,以及桥涵附近坡面与岩坡、地面排水沟等,亦可干砌片石加固。片石护面,要求坡面稳定,先垫以砂层,然后自上而下平整地铺砌片石,片石应逐块嵌紧且错缝,护面厚度一般不小于20cm。干砌要勾缝,必要时改用浆砌,护面顶部要封闭,以防渗水。

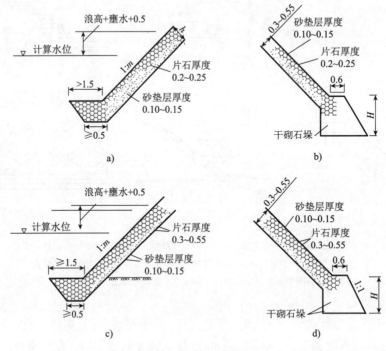

图4-2 片石护面示意图(尺寸单位:m)
a)、b)单层;c)、d)双层
注:图中 H 为干砌石垛高度,0.2～0.3m。

护面墙是浆砌片石的坡面覆盖层,用于封闭各种软质岩层和较破碎的挖方边坡,要求墙面紧贴坡面,表面砌平,厚度可不一。护面墙石料应符合规格。护面墙除自重外,不承受其他荷载,亦不承受墙背土压力,其构造与布置如图4-3所示,其墙高度与厚度及路堑边坡的关系,参见表4-1。

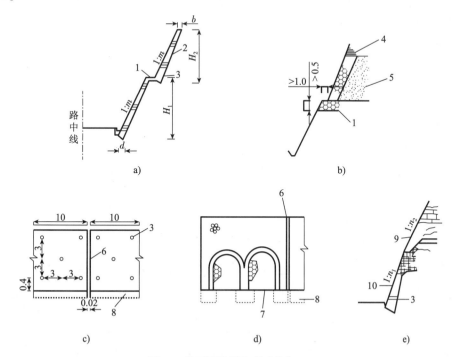

图4-3 护面墙示意图(尺寸单位:m)
a)双层式;b)单层式;c)墙面;d)拱式;e)混合式
1-平台;2-耳墙;3-泄水孔;4-封顶;5-松散夹层;6-伸缩缝;7-软地基;8-基础;9-支补墙;10-护面

护面墙高度与厚度 表4-1

护面墙高度 H (m)	路堑边坡	护面墙厚度(m)	
		顶宽 b	底宽 d
$H \leq 2$	1:0.5	0.40	0.40
$H \leq 6$	陡于1:0.5	0.40	$0.40 + 0.10H$
$6 < H \leq 10$	1:0.5~1:0.75	0.40	$0.40 + 0.057H$
$10 < H \leq 15$	1:0.75~1:1	0.60	$0.60 + 0.05H$

护面墙高度一般不超过10m,可以分级,中间设平台,墙背可设耳墙,纵向每隔10~15m设一条伸缩缝,墙身应预留泄水孔,基础要求稳固,顶部应封闭。墙基软弱地段,可用拱形结构跨过。为避免坡面开挖后形成凹陷,应以石砌圬工填塞平整,称之为支补墙。具体要求与尺寸,可参考最新版《公路路基设计手册》。

4.1.2 冲刷防护

冲刷防护主要是针对沿河滨海路堤、河滩路堤及水泽区路堤,此类堤岸常年或季节性浸水,受流水冲刷、拍击和淘洗,造成路基浸湿、坡脚淘空,或水位骤降时路基内细粒填料流失,致使路基失稳,边坡崩塌。

冲刷防护可分为直接防护和间接防护两类。直接防护主要包括抛石和石笼等。间接防护主要包括丁坝和顺坝。

1) 直接防护措施

堤岸防护直接措施,包括抛石或石笼防护,以及必要时设置的支挡结构物等。

(1) 抛石防护。

抛石防护,类似在坡脚处设置护脚,亦称抛石垛,如图4-4所示。抛石不受气候条件限制,季节性浸水或长期浸水均可用。抛石垛的边坡坡率,不应陡于抛石浸水后的天然休止角,边坡坡率 m_1 一般为 $1.5 \sim 2.0$, m_2 一般为 $1.25 \sim 3.0$。石料粒径视水深与流速而定,一般为 $15 \sim 50 \mathrm{cm}$。

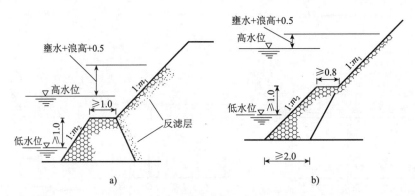

图4-4 抛石防护示意图(尺寸单位:m)
a)新堤石垛;b)旧堤石垛

(2) 石笼防护。

石笼用铁丝编织成框架,内填石料,设在坡脚处,以防急流和大风浪破坏堤岸,也可用来加固河床,防止淘刷。铁丝框架可以是箱形或圆柱形,如图4-5a)、图4-5b)所示。笼内填石的粒径不小于 $4.0 \mathrm{cm}$,一般为 $5 \sim 20 \mathrm{cm}$,外层应用棱角突出的大石料,内层可用较小石块填充。石笼在坡脚处排列,用于防止冲刷淘底时,应平铺并与坡脚线垂直,而且堤岸一端固定,另一端不必固定,淘刷后可以向下沉落贴于底面;用于防止堤岸边坡冲刷时,则垒码平铺成梯形,如图4-5c)、图4-5d)所示。单个石笼的大小,以不被相应速度的水流冲动为宜,铺设时须用碎(砾)石垫层铺平,底层各角可用铁棒固定于基底。

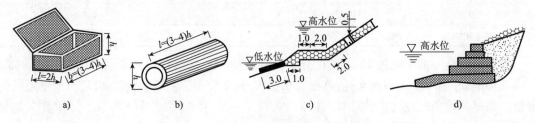

图4-5 石笼防护示意图(尺寸单位:m)
a)箱形笼;b)圆柱形笼;c)防止淘底;d)防护岸坡

2) 间接防护措施

间接防护主要是指设置导治结构物,也包括必要的河道改移。设置导治结构物可改变水流方向,消除和减缓水流对堤岸的直接破坏,同时可解除水流对局部堤岸的损害,起到安全保护作用。导治结构物主要是设坝,按其与河道的相对位置,一般可分为丁坝、顺坝或格坝。图 4-6 所示为桥梁附近设置导治结构物的总体布置示例之一。导治结构物的布置,应综合考虑河道宽窄、水流方向、地质条件、防护要求、材料来源、施工条件和工程经济等因素,全面治理,避免河床过多压缩,或因水位提高和水流改向,从而危害河对岸或附近地段的农田水利、地面建筑及堤岸等。

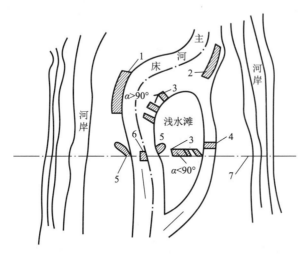

图 4-6 导治结构物综合布置示例
1-顺坝;2-格坝;3-丁坝(挑水坝);4-拦水坝;5-导流坝;6-桥墩;7-路中线

顺坝大致与堤岸平行,其主要作用为导流、束水、调整流水曲度、改善流态。格坝在平面上呈网格状,设于顺坝与堤岸之间,防止高水位时水流溢入,冲刷坝内岸坡和坡脚,并促进格间的淤积。丁坝大致与堤岸垂直或斜交,将水流挑离堤岸,束河归槽,改善流态。顺坝亦称导流坝,丁坝亦称挑水坝。

导治结构物的布置是工程成败的关键。布置恰当能收到预期效果,布置不当反而恶化水流,造成水毁。布置的关键在于合理设计导治线,使之符合预定的河轴线和河岸线要求;亦取决于导治水位选择,确保不致出现不利的冲刷情况。导治线与导治水位,应根据水流和河岸、河床地形、地质情况、水流对上下游堤岸的影响等因素,通过综合分析和设计计算而定。

顺坝与丁坝均用石块修建成梯形横断面,坝体由坝头、坝身和坝根组成,横断面尺寸根据构造要求、施工条件和使用需要而定,并应进行稳定性计算。

公路工程中的改河,其主要目的是将直接冲刷路基的水流引向旁处;路基占用河槽后,需要拓宽河道;挖滩改河、清除孤石、改移河道,以保护路基;裁弯取直,有利于布置路线或桥涵。这些措施如经过论证可行,确有必要且效益高时,方可通过设计计算,最后实施。

4.2 支挡结构物的类型与构造

4.2.1 支挡结构的用途

为保证边坡稳定与安全,需对边坡采取支挡、加固与防护措施,即形成支挡结构。支挡结构包括挡土墙、抗滑桩、预应力锚索等支撑和锚固结构。目前,支挡结构不仅被广泛应用于公路、铁路、城市建设,同时还被应用于水坝建设、河床整治、港口工程、水土保持、山地规划、山体滑坡及泥石流防治等领域,如图4-7所示。

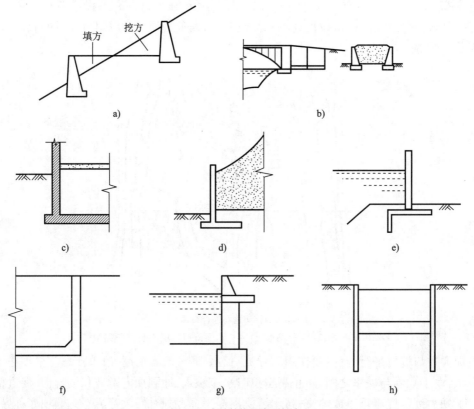

图4-7 支挡结构的常用场合

a)傍山公路或铁路;b)桥台及引道两侧挡土墙;c)建筑物地下室外墙;d)储藏粒状材料的挡土墙;e)壅水墙;f)船闸闸墙;g)方块重力式码头;h)基坑开挖支护挡土墙

4.2.2 支挡结构的类型和适用范围

支挡结构有很多类型,在路基工程中,一般根据所处位置、墙身材料和结构形式与作用机理进行划分。

1)按所处位置划分

按支挡结构所处位置不同,分为路堑挡土墙、路堤挡土墙、路肩挡土墙和山坡挡土墙等,见表4-2。

2)按墙身材料划分

按支挡结构墙体材料不同,分为石砌挡土墙、混凝土挡土墙、钢筋混凝土挡土墙、砖砌挡土墙、木质挡土墙和钢板墙等。

3)按结构形式与作用机理划分

按支挡结构形式与作用机理,可分为重力式挡土墙、悬臂式挡土墙、扶壁式挡土墙、锚杆式挡土墙、抗滑桩、土钉墙、预应力锚索等多种结构形式。各类支挡结构的特点及其适用范围见表4-2。

路基支挡结构的设置位置与功能　　　　　　　　　表 4-2

名　称	示　意　图	设置位置与功能
路堑挡土墙		(1)在山坡陡峻处,用以减少挖方数量,降低边坡高度,避免山坡因开挖而失去稳定; (2)在地质不良地段,用以支挡可能滑坍的山坡坡体
路堤挡土墙		(1)在陡山坡上填筑路堤时,用以支挡路堤,防止下滑; (2)收缩坡脚,避免与其他建筑物相互干扰,减少填方量; (3)保证沿河路堤不受水流冲刷
路肩挡土墙		(1)支挡陡坡路堤,防止下滑; (2)抬高公路路基高程; (3)收缩坡脚,减少占地,减少填方量
山坡挡土墙		支挡山坡覆盖层或滑坡,防止下滑
桥头挡土墙		支承桥梁上部建筑及保证桥头填土稳定
重力式挡土墙		依靠墙身自重承受土压力,结构简单、施工简便,由于墙身重,对地基承载力的要求也较高。 墙身一般用浆砌片石或块石砌筑。在墙身不高时,也可用干砌,在缺乏石料地区或条件许可时,也可用混凝土浇筑

续上表

名　称	示　意　图	设置位置与功能
衡重式挡土墙	（衡重台）	设置衡重台使墙身重心后移,并利用衡重台上的填土,增加墙身稳定性。上墙背俯斜而下墙背仰斜,可降低墙身及减少基础开挖,以及节约墙身断面尺寸。 适用于陡坡的路肩墙、路堤墙和路堑墙(兼有拦挡落石作用)
混凝土半重力式挡土墙	（钢筋）	在墙背设少量钢筋,并将墙趾展宽(保证基底必要的宽度),以减薄墙身,节省圬工。一般适用于低墙
悬臂式挡土墙	（立壁、钢筋、墙趾板、墙踵板）	墙身及基础均采用钢筋混凝土浇筑,断面尺寸较小。由立壁、墙趾板和墙踵板三部分组成。立壁下部弯矩较大,特别是墙高时,需设置的钢筋较多。 适用于缺乏石料地区及挡土墙高度不大于7m的情况
扶壁式挡土墙	（扶壁）	相当于沿悬臂式墙的墙长,每隔一定距离设置一道扶壁,增强墙面板(立壁)与墙踵板的连接,以承受较大的弯矩作用。当墙高时较悬臂式墙经济
锚杆式挡土墙	（肋柱、挡板、锚杆）	由肋柱、挡板和锚杆组成,靠锚杆锚固在山体内拉住肋柱。肋柱、挡板可预制。 一般常用于墙身较高的路堑墙或路肩墙
拱式挡土墙	（拱板、立柱、路面、路肩）	由拱板、立柱组成,必要时可设锚杆拉住立柱。拱板可预制。常用于路肩墙

续上表

名　称	示　意　图	设置位置与功能
锚定板式挡土墙		类似于锚杆式，仅锚杆的固定端用锚定板固定在山体内。适用于路堤墙与路堑墙
桩板式挡土墙		由桩柱和挡板组成。利用深埋的桩柱前土层的被动土压力来平衡墙后主动土压力。 适用于土压力大、要求基础埋深地段，可用于路堑墙、路肩墙
垛式挡土墙		用钢筋混凝土预制杆件，纵横交错装配成框架，内填土石，以抵挡土压力。 适用于缺乏石料地区的路肩墙或路堤墙
加筋土式挡土墙		由面板、拉筋和填料三部分组成，依靠拉筋与填料之间的摩擦力来抵抗侧向土压力，面板可预制。 适用于缺乏石料地区及在较软弱地基上修筑路肩墙与路堤墙
竖向预应力锚杆式挡土墙		锚杆竖向锚固在地基中，并砌筑于墙身内，最后张拉锚杆，利用锚杆的弹性回缩对墙身施加预应力来提高挡土墙的稳定。一般一根 16Mnϕ22 的锚杆可替代 5m³ 的浆砌片石圬工。施工中可用轻型钻机或人工冲孔，灌浆及预应力张拉较简易。适用于岩质地基，多用于抗滑挡土墙

名　称	示　意　图	设置位置与功能
土钉式挡土墙	护面板　土钉	由土体、土钉和护面板三部分组成。利用土钉对天然土体就地实施加固，并与喷射混凝土护面板相结合，形成类似于重力式挡土墙的加强体，从而使开挖坡面稳定。对土体适应性强、工艺简单、材料用量与工程量较少，可随挖方施工逐步推进，自上而下分级施工。常用于稳定挖方边坡，也可作为挖方工程的临时支护

4.3 挡土墙结构的土压力计算

4.3.1 作用在挡土墙上的力系

作用在挡土墙上的力系，按力的作用性质分为主要力系、附加力和特殊力。主要力系是指经常作用于挡土墙的各种力，如图 4-8 所示，它包括：

(1) 挡土墙自重力 G 及位于墙上的恒载。

(2) 墙后土体的主动土压力 E_a，作用点位于距墙底 1/3 墙高的位置。

(3) 基底的法向反力 N 及摩擦力 T。

(4) 墙前土体的被动土压力 E_p 作用点位于距墙底 1/3 埋深的位置。

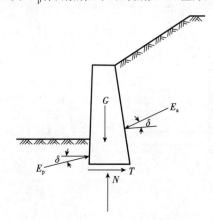

图 4-8　作用在挡土墙上的主要力系

4.3.2 一般条件下库仑（Coulomb）主动土压力计算

土压力是挡土墙的主要设计荷载。挡土墙的位移情况不同，可以形成不同性质的土压力（图 4-9）。当挡土墙向外移动时（移动或倾覆），土压力随之减小，直到墙后土体沿破裂面下滑而处于极限平衡状态，此时作用于墙背的土压力称为主动土压力；当墙向土体挤压移动时，土压力随之增大，土体被推移向上滑动处于极限平衡状态，此时土体对墙的抗力称为被动土压力；墙处于原来位置不动，土压力介于两者之间，称为静止土压力。采用哪种性质的土压力作为挡土墙设计荷载,要根据挡土墙可能的位移分析而定。

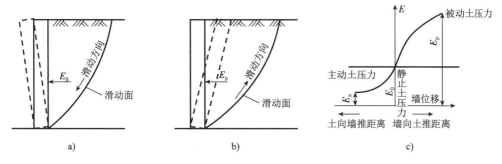

图 4-9 三种不同性质的土压力
a) 主动土压力;b) 被动土压力;c) 静止土压力

路基挡土墙一般都可能有向外的位移或倾覆。因此,应按墙背土体达到主动极限平衡状态进行设计,且设计时取一定的安全系数,以保证墙背土体的稳定。对于墙趾前土体的被动土压力 E_p,在挡土墙基础一般埋深的情况下,考虑各种自然力和人畜活动的作用,一般均不计,以偏于安全。

路基挡土墙因路基形式和荷载分布的不同,土压力有多种计算图式。以路堤挡土墙为例,按破裂面交于路基面的位置不同,可分为 5 种计算图式:破裂面交于内边坡,破裂面交于荷载的内侧、中部和外侧,以及破裂面交于外边坡。本节只针对破裂面交于内边坡进行介绍,其余计算图式参考黄晓明主编的《路基路面工程(第 6 版)》。

破裂面交于内边坡(图 4-10),适用于路堤式或路堑式挡土墙。图中 AB 为挡土墙墙背,破裂面与铅垂线的夹角 θ 为破裂角,ABC 为破裂棱体。棱体上作用着三个力,即破裂棱体自重力 G、主动土压力的反力 E_a 和破裂面上的反力 R。E_a 的方向与墙背法线的夹角为 δ,且偏于阻止棱体下滑的方向;R 的方向与破裂面法线的夹角为 φ,且偏于阻止棱体下滑的方向。取挡土墙延伸长度为 1m 计算,依据正弦定理,由作用于棱体上的平衡力三角形 abc,见式(4-1):

$$E_a = \frac{\sin(90° - \theta - \varphi)}{\sin(\theta + \psi)} G = \frac{\cos(\theta + \varphi)}{\sin(\theta + \psi)} G \tag{4-1}$$

式中:$\psi = \varphi + \alpha + \delta$。

因
$$G = \frac{\gamma AB \times BC \sin(\alpha + \theta)}{2}$$

而
$$AB = H \sec\alpha$$

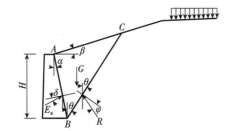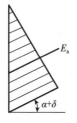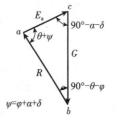

图 4-10 破裂面交于内边坡

故

$$BC = \frac{\sin(90° - \alpha + \beta)}{\sin(90° - \theta - \beta)}AB = H\sec\alpha \frac{\cos(\alpha - \beta)}{\cos(\theta + \beta)}$$

$$G = \frac{1}{2}\gamma H^2 \sec^2\alpha \frac{\cos(\alpha - \beta)\sin(\theta + \alpha)}{\cos(\theta + \beta)} \tag{4-2}$$

将式(4-2)代入式(4-1),得:

$$E_a = \frac{1}{2}\gamma H^2 \sec^2\alpha \frac{\cos(\alpha - \beta)\sin(\theta + \alpha)}{\cos(\theta + \beta)} \times \frac{\cos(\theta + \varphi)}{\sin(\theta + \psi)} \tag{4-3}$$

令

$$A = \frac{1}{2}H^2 \sec^2\alpha\cos(\alpha - \beta)$$

则

$$E_a = \gamma A \frac{\sin(\theta + \alpha)\cos(\theta + \varphi)}{\cos(\theta + \beta)\sin(\theta + \psi)} \tag{4-4}$$

当参数 γ、φ、δ、α、β 固定时,E_a 随破裂面的位置而变化,即 E_a 是破裂角 θ 的函数。为求最大土压力 E_a,首先要求对应于最大土压力时的破裂角 θ。取 $dE_a/d\theta = 0$,得:

$$\gamma A \begin{bmatrix} \dfrac{\cos(\theta + \varphi)}{\sin(\theta + \psi)} \times \dfrac{\cos(\theta + \beta)\cos(\theta + \alpha) + \sin(\theta + \beta)\sin(\theta + \alpha)}{\cos^2(\theta + \beta)} - \\ \dfrac{\sin(\theta + \alpha)}{\cos(\theta + \beta)} \times \dfrac{\sin(\theta + \psi)\sin(\theta + \varphi) + \cos(\theta + \psi)\cos(\theta + \varphi)}{\sin^2(\theta + \psi)} \end{bmatrix} = 0$$

整理化简后得:

$$P\tan^2\theta + Q\tan\theta + R = 0$$

$$\tan\theta = \frac{-Q \pm \sqrt{Q^2 - 4PR}}{2P} \tag{4-5}$$

式中:$P = \cos\alpha\sin\beta\cos(\psi - \varphi) - \sin\varphi\cos\psi\cos(\alpha - \beta)$;

$Q = \cos(\alpha - \beta)\cos(\psi + \phi) - \cos(\psi - \phi)\cos(\alpha + \delta)$;

$R = \cos\varphi\sin\psi\cos(\alpha - \beta) - \sin\alpha\cos(\psi - \varphi)\cos\beta$。

将由式(4-5)求得的 θ 值代入式(4-4),即可求得最大主动土压力 E_a。最大主动土压力 E_a 也可用式(4-6)表示:

$$E_a = \frac{1}{2}\gamma H^2 K_a$$

$$= \frac{1}{2}\gamma H^2 \frac{\cos^2(\varphi - \alpha)}{\cos^2\alpha\cos(\alpha + \delta)\left[1 + \sqrt{\dfrac{\sin(\varphi + \delta)\sin(\varphi - \beta)}{\cos(\alpha + \delta)\cos(\alpha - \beta)}}\right]^2} \tag{4-6}$$

式中:γ——墙后填土的重度(kN/m^3);

φ——填土的内摩擦角(°);

δ——墙背与填土间的摩擦角(°);

β——墙后填土表面的倾斜角(°);

α——墙背倾斜角(°),俯斜墙背 α 为正,仰斜墙背 α 为负;

H——挡土墙高度(m);

K_a——主动土压力系数。

土压力的水平和垂直分力为:

$$E_x = E_a \cos(\alpha + \delta)$$
$$E_y = E_a \sin(\alpha + \delta)$$
(4-7)

4.3.3 被动土压力计算

根据库仑理论,按照推导主动土压力公式的原理,参见式(4-6),由图 4-11 可得当地面为平面时的被动土压力公式:

$$E_p = \frac{1}{2}\gamma H^2 K_p$$

$$K_p = \frac{\cos^2(\phi + \alpha)}{\cos^2\alpha \cos(\alpha - \delta)\left[1 - \sqrt{\frac{\sin(\phi + \delta)\sin(\phi + \beta)}{\cos(\alpha - \delta)\cos(\alpha - \beta)}}\right]^2}$$
(4-8)

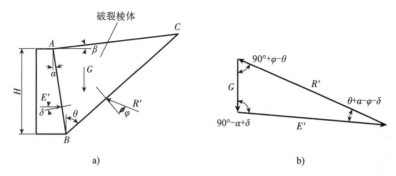

图 4-11 库仑被动土压力的计算
a)破裂棱体;b)力三角形

实践表明,用库仑理论计算的被动土压力常常有很大的偏于不安全的误差,其误差还随着土的内摩擦角 φ 的增大而迅速增大。因此,在许多情况下,式(4-8)不能被采用。

应当指出,被动极限状态的产生,要求土体产生较大的变形,而这对一般的建筑物来说常不允许。因此,当建筑物的设计要求考虑土的被动抗力时,应对被动土压力的计算值进行大幅度的折减。

4.3.4 车辆荷载换算及计算参数

1)车辆荷载换算

墙背后填土表面有车辆荷载作用,使土体中产生附加的竖向应力,从而产生附加的侧向压力。计算土压力时,对于作用于墙背后填土表面的车辆荷载,可以近似地将其换算为与墙后填土重度相同的均布土层。

挡土墙设计中,换算均布土层厚度 h_0(m)可直接由挡土墙高度确定的附加荷载强度计算(图 4-12),即式(4-9):

$$h_0 = \frac{q}{\gamma}$$
(4-9)

式中:γ——墙后填土的重度(kN/m³);

q——车辆附加荷载强度(kPa),按表 4-3 取值。

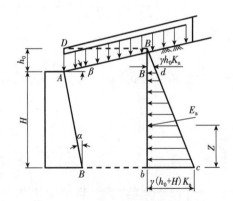

图 4-12 均布荷载换算图式

附加荷载强度 q 表 4-3

墙高 H(m)	q(kPa)	墙高 H(m)	q(kPa)
≤2.0	20.0	≥10.0	10.0

作用于墙顶或墙后填土上的人群荷载强度为 $3kN/m^2$；作用于墙顶栏杆顶的水平推力采用 $0.75kN/m$，竖向力采用 $1kN/m$。

2）计算参数

(1)填料的计算内摩擦角和重度。

设计挡土墙时，最好按填料的实际工作情况进行试验，并考虑一定的安全度来确定填料的内摩擦角及密度。当无条件试验时，可参考表 4-4 所列的经验数据选用。

填料内摩擦角或综合内摩擦角表 表 4-4

填料种类		综合内摩擦角 φ_0(°)	内摩擦角 φ(°)	重度(kN/m³)
黏性土	墙高 H<6m	35~40	—	17~18
	墙高 H>6m	30~35		
碎石、不易风化的块石		—	45~50	18~19
大卵石、碎石类土、不易风化的岩石碎块		—	40~45	18~19
小卵石、砾石、粗砂、石屑		—	35~40	18~19
中砂、细砂、砂质土		—	30~35	17~18

注：填料重度可根据实测资料作适当修正，计算水位以下的填料重度采用浮重度。

对于路堑挡土墙，墙后除利用开挖的土石回填部分外，其余均为天然土石，因此，习惯上多参考自然山坡的坡角来确定设计 φ 值。

(2)墙背摩擦角。

影响墙背摩擦角 δ 值的因素是多方面的，主要有墙背的粗糙度（墙背越粗糙 δ 值越大）、填料的性质（φ 值越大 δ 值越大）和墙后排水条件（排水条件越好，δ 值越大）等。

表 4-5 所列为墙背摩擦角 δ 的经验参考数据。

墙背摩擦角 δ 参考值表   表 4-5

挡土墙墙背性质	填料排水情况	δ(°)
墙背光滑	不良	$(0 \sim 1/3)\varphi$
片、块石砌体,粗糙	良好	$(1/3 \sim 1/2)\varphi$
干砌片、块石,很粗糙	良好	$(1/2 \sim 2/3)\varphi$
第二破裂面体,无滑动	良好	φ

4.4 重力式挡土墙设计

4.4.1 挡土墙的一般构造与总体设计

作为最主要的路基支挡结构的挡土墙,一般由墙身、基础、排水设施与伸缩缝等构成。

1)墙身

挡土墙靠近回填土的一面称为墙背,暴露在外侧的一面称为墙面或墙胸,墙的顶面称为墙顶,墙的底面称基底。挡土墙的底部,称为基础或基脚,根据需要可与墙身分开建造,也可整体建造成为墙身的一部分。基底的外侧前缘部分称为墙趾,基底的内侧后缘部分称为墙踵,如图 4-13 所示。

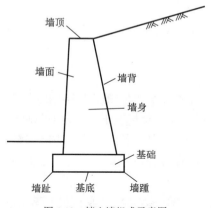

图 4-13 挡土墙组成示意图

(1)墙背。

根据墙背倾斜方向的不同,墙身断面形式可分为仰斜、垂直、俯斜、凸形折线式和衡重式等几种,如图 4-14 所示。

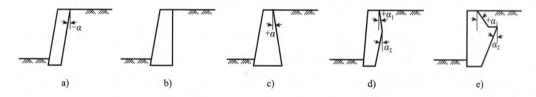

图 4-14 石砌挡土墙断面形式图
a)仰斜;b)垂直;c)俯斜;d)凸形折线式;e)衡重式

仰斜墙背所受的土压力小,故墙身断面较经济。仰斜墙适用于路堑墙和墙趾处地面平坦的路肩墙或路堤墙。仰斜墙背的坡度不宜缓于1:0.3,以免施工困难。

俯斜墙背所受的土压力较大,因此墙身断面比仰斜式要大。但当地面横坡较陡时,俯斜式挡土墙可采用陡直的墙面,从而减小墙高。俯斜墙背的坡度减缓固然对施工有利,但所受土压力亦随之增加,致使断面增大。因此,墙背坡度不宜过缓,通常控制 $a < 21°48′$(即墙背的斜度为1:0.4)。

凸形折线式墙背系将仰斜式挡土墙的上部墙背改为俯斜,以减少上部断面尺寸,多用于路堑墙,也可以用于路肩墙。

衡重式墙背可视为在凸形折线式的上下墙之间设一衡重台,并采用陡直墙面。上墙墙背的坡度通常为$1:0.25 \sim 1:0.45$,下墙墙背的坡度通常为$1:0.25$左右,上下墙的墙高比通常采用2:3。

(2)墙面。

墙面一般为平面,墙面坡度除应与墙背的坡度相协调外,还应考虑墙趾处地面的横坡度。当地面横坡较陡时,墙面可直立或外斜,一般外斜坡度为$1:0.05 \sim 1:0.20$;当地面横坡平缓时,墙面可放缓,一般采用$1:0.20 \sim 1:0.35$较为经济。

(3)墙顶。

对于石砌挡土墙墙顶的最小宽度,浆砌的不小于50cm,干砌的不小于60cm。当用作路肩墙时,一般用粗料石或低强度等级混凝土做成帽石,帽石厚度约为40cm。对于路堑墙与路堤墙,通常可不做帽石,墙顶选用大块石砌筑,并用砂浆抹平。

(4)护栏。

为增加驾乘人员心理上的安全感,保证行车安全,在地形险峻地段或过高过长的路肩墙顶一般宜设置护栏。

2)基础

基础设计主要包括基础形式的选择和基础埋置深度的确定。

挡土墙通常采用浅基础,只有在特殊情况下,才使用桩基。

绝大多数挡土墙的基础直接设置在天然地基上。当地基软弱、墙身较高时,为减小基底压应力,增加稳定性,墙趾可伸出台阶,以拓宽基底,台阶宽度不小于20cm,高宽比可采用3:2或2:1。

地基为较弱土层时,可采用砂砾、碎石、矿渣或石灰土等质量较好的材料换填,以提高地基承载力。

基础埋置深度取决于地质条件、水文情况、冻结深度、邻近建筑物的基础影响等。为保证挡土墙的稳定,基础埋置深度应满足下列要求:

(1)当冻结深度小于或等于1m时,基底应在冻结线以下不小于0.25m,并符合基础最小埋置深度不小于1m的要求。

(2)当冻结深度超过1m时,基底最小埋置深度应不小于1.25m,还应将基底至冻结线以下0.25m深度范围的地基土换填为弱冻胀材料。

(3)受水流冲刷时,应按路基设计洪水频率计算冲刷深度,基底应置于局部冲刷线以下不小于1m。

路堑式挡土墙基础顶面应低于路堑边沟底面,且不小于0.5m。

在风化层不厚的硬质岩石地基上,基底一般应置于基岩表面以下$0.15 \sim 0.6$m;在软质岩石地基,基底最小埋置深度不小于1m。

建筑在斜坡地面上的挡土墙基础前趾埋入地面的深度和距地表的水平距离,应不小于表4-6的规定。当挡土墙采取倾斜基底时,其倾斜度则应符合表4-7的规定。

斜坡地面基础埋置条件　　　　　　　　　　表4-6

土层类别	最小埋入深度 h(m)	距地表水平距离 L(m)	图　示
较完整的硬质岩石	0.25	0.25～0.50	
一般硬质岩石	0.60	0.60～1.50	
软质岩石	1.00	1.00～2.00	
土层	≥1.00	1.50～2.50	

基底倾斜度　　　　　　　　　　表4-7

地层类别		基底倾斜度($\tan\alpha$)
一般地基	岩石	≤0.3
	土质	≤0.2
浸水地基	$\mu<0.5$	0.0
	$0.5\leq\mu\leq0.6$	≤0.1
	$\mu>0.6$	≤0.2

3) 排水设施

挡土墙的排水处理是否得当,直接影响到挡土墙的安全及使用效果。因此,挡土墙应设置完善的排水设施,以疏干墙后填料中的水分,防止地表水下渗造成墙后积水,使墙身承受额外的静水压力;消除黏性土填料因含水率增加而产生的膨胀压力;减小季节性冰冻地区填料的冻胀压力。

挡土墙的排水设施通常由地面排水设施和墙身排水设施两部分组成。

地面排水,主要是防止地表水渗入墙背填料或地基。因此,可设置地面排水沟,以截留地表水。夯实回填土顶面和地表松土,以减少雨水和地面水下渗,必要时应加设铺砌,封闭处理。

为防止地表水渗入地基,可夯实墙前回填土及加固边沟等。

墙身排水,主要是为了迅速排除墙后积水。通常在非干砌的挡土墙身的适当高度处设置一排或数排泄水孔,如图4-15所示。泄水孔尺寸可视泄水量大小分别采用5cm×10cm、10cm×10cm、15cm×20cm的方孔,或直径为5～10cm的圆孔。对于重力式、悬臂式、扶壁式等整体式墙身的挡土墙,应沿墙高和墙长设置泄水孔,泄水孔应具有向墙外倾斜的坡度,其间距一般为2.0～3.0m;浸水挡土墙泄水孔间距为1.0～1.5m,上下交错设置。折线墙背可能积水处,也应设置泄水孔。干砌挡土墙可不设泄水孔。最下排泄水孔的底部应高出地面0.3m,若为浸水挡土墙,应设于常水位以上0.3m处。泄水孔的进水侧应设反滤层,厚度不应小于0.3m。在最下排泄水孔的底部,应设置隔水层。当墙背填料为非渗水性土时,应在最底排泄水孔至墙顶以下0.5m高度内,填筑不小于0.3m厚的砂、砾石竖向反滤层,反滤层的顶部应以0.3~0.5m厚的不掺水材料做封闭。当泄水量大时,可在排水层底部加设纵向渗沟,配合排水层把水排至墙外。一般情况下,墙身可不设防水层,但在严寒地区或附近环境水有侵蚀性时,应做防水处理。通常做防水处理时,对石砌挡土墙先抹一层水泥砂浆,再涂以热沥青;对混凝土挡土墙则直接涂以热沥青。

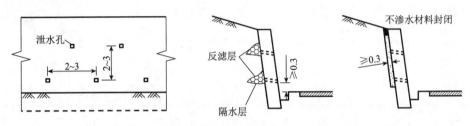

图4-15 挡土墙的排水设施示意图(尺寸单位:m)

4)沉降缝与伸缩缝

为防止因地基不均匀沉陷而引起墙身开裂,应根据地基地质条件及墙高、墙身断面的变化情况,设置沉降缝。为了减少圬工砌体因硬化收缩和温度变化作用而产生的裂缝,须设置伸缩缝。

通常,把沉降缝与伸缩缝结合在一起,统称为沉降伸缩缝或变形缝。各类挡土墙应根据构造特点,设置容纳构件收缩、膨胀及适应不均匀沉降情况的变形缝构造。

重力式、半重力式、悬臂式、扶壁式等具有整体式墙身的挡土墙,一般沿墙长10~15m或与其他建筑物连接处应设置伸缩缝;挡土墙高度突变或基底地质、水文情况变化处,应设沉降缝;平曲线路段挡土墙按折线布置时,转折处宜设沉降缝。伸缩缝与沉降缝可全高设置,其宽度宜取0.02~0.03m,缝内沿墙内、外、顶三边填塞沥青麻筋或沥青木板,塞入深度不应小于0.15m。当墙背为填石且冻害不严重时,可仅留空隙,不塞填料。钢筋混凝土挡土墙表面须设置垂直的V形槽,间距不大于10m,设槽处钢筋不截断;在沉降或伸缩缝处水平钢筋应截断,接缝可做成企口或前后墙面槽口式。干砌挡土墙可不设伸缩缝与沉降缝。位于岩石地基上的整体式墙体的挡土墙,设缝间隔可适当增长,但不应大于20m。加筋土挡土墙的分段设缝距离可适当加长,但不应大于25m。

5)挡土墙结构布置

挡土墙的布置是挡土墙设计的一个重要内容,通常是在路基横断面图和墙趾纵断面图上布设。个别复杂的挡土墙尚应做平面布置。

(1)挡土墙的横向布置。

挡土墙的横向布置主要是在路基横断面图上进行,其内容为确定断面形式、选择挡土墙的位置。

挡土墙的断面形式和位置,均应根据实际情况分析计算后确定。例如,若路肩墙与路堤墙的墙高与圬工数量相近,基础情况亦相仿时,宜做路肩墙,因为采用路肩墙可减少填方和占地;但若路堤墙的墙高或圬工数量相比路肩墙显著降低,且基础也可靠时,则宜做路堤墙。不论是路肩墙,还是路堤墙,当地形陡峻时,可采用俯斜式或衡重式;当地形平坦时,则可采用仰斜式。对路堑墙来说,宜用仰斜式或折线式。

(2)挡土墙的纵向布置。

挡土墙纵向布置在墙趾纵断面图上进行,布置后绘成挡土墙正面图,如图 4-16 所示。

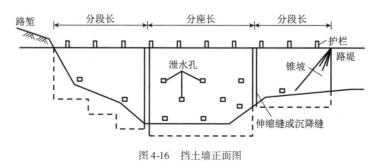

图 4-16 挡土墙正面图

纵向布置的内容如下:

①确定挡土墙起讫点和墙长,选择挡土墙与路基或其他结构物的衔接方式。

②路肩挡土墙端部可嵌入石质路堑中,或采用锥坡与路堤衔接;与桥台连接时,为了防止墙后回填土从桥台尾端与挡土墙连接处的空隙中溜出,需在台尾与挡土墙之间设置隔墙及接头墙。

③路堑挡土墙在隧道洞口处应结合隧道洞门、翼墙的设置做到平顺衔接;与路堑边坡衔接时,一般将墙高逐渐降低至 2m 以下,使边坡坡脚不致伸入边沟内,有时也可与横向端墙连接。

④按地基及地形情况进行分段,确定伸缩缝与沉降缝的位置。

⑤布置各段挡土墙的基础。墙趾地面有纵坡时,挡土墙的基底宜做成不大于 5% 的纵坡。但地基为岩石时,为减少开挖,可沿纵向做成台阶。台阶尺寸视纵坡大小而定,但其高宽比不宜大于 1:2。

⑥布置泄水孔的位置,包括数量、间隔和尺寸等。

在布置图上注明各特征点的桩号,以及墙顶、基础顶面、基底、冲刷线、冰冻线、常水位线或设计洪水位的高程等。

(3)挡土墙的平面布置。

对于个别复杂的挡土墙,例如高或长的沿河挡土墙和曲线挡土墙,除了横、纵向布置外,还应做平面布置,并绘制平面布置图。

在平面图上,应标示挡土墙与路线平面位置的关系,与挡土墙有关的地物、地貌等情况。对于沿河挡土墙,还应标示河道及水流方向,以及其他防护、加固工程等。

挡土墙的布置,往往需要在横、纵、平三面上多次反复比较,方能取得技术上可靠、经济上合理且兼顾到施工简便的最佳方案。

4.4.2 挡土墙的荷载组合

施加于挡土墙的作用(或荷载)按性质划分,见表 4-8。常用作用(或荷载)组合见表 4-9。

施加于挡土墙的作用(或荷载)　　　　　表 4-8

作用(或荷载)分类		作用(或荷载)名称
永久作用(或荷载)		挡土墙结构重力
		填土(包括基础襟边以上土)重力
		填土侧压力
		墙顶上的有效永久荷载
		墙顶与第二破裂面之间的有效荷载
		计算水位的浮力及静水压力
		预加力
		混凝土收缩及徐变
		基础变位影响力
可变作用(或荷载)	基本可变作用(或荷载)	车辆荷载引起的土侧压力
		人群荷载引起的土侧压力
	其他可变作用(或荷载)	水位退落时的动水压力
		流水压力
		波浪压力
		冻胀压力和冰压力
		温度影响力
	施工荷载	与各类挡土墙施工有关的临时荷载
偶然作用(或荷载)		地震作用力
		滑坡、泥石流作用力
		作用于墙顶护栏上的车辆碰撞力

常用作用(或荷载)组合表　　　　　表 4-9

组　合	作用(或荷载)名称
Ⅰ	挡土墙结构重力、墙顶上的有效永久荷载、填土重力、填土侧压力及其他永久荷载组合
Ⅱ	组合Ⅰ与基本可变荷载相结合
Ⅲ	组合Ⅱ与其他可变荷载、偶然荷载相结合

注：1. 洪水与地震力不同时考虑。
　　2. 冻胀力、冰压力与流水压力或波浪压力不同时考虑。
　　3. 车辆荷载与地震力不同时考虑。

4.4.3　挡土墙的设计原则

挡土墙设计计算采用以极限状态设计的分项系数法为主。挡土墙设计极限状态分为构件承载力极限状态和正常使用极限状态。

承载力极限状态是指当挡土墙出现以下任何一种状态,即认为超过了承载力极限状态：

(1)整个挡土墙或挡土墙的一部分作为刚体失去平衡。

(2)挡土墙构件或连接部件因材料承受的强度超过极限而破坏,或因过量塑性变形而不适于继续承载。

(3)挡土墙结构变为机动体系或局部失去平衡。

正常使用极限状态是指挡土墙出现下列状态之一时,即认为超过了正常使用极限状态：

(1)影响正常使用或外观变形。
(2)影响正常使用或耐久性的局部破坏(包括裂缝)。
(3)影响正常使用的其他特定状态。

挡土墙按构件承载能力极限状态设计时,采用式(4-10)表达。

$$\gamma_0 S \leqslant R(\cdot) \tag{4-10}$$

$$R(\cdot) = R\left(\frac{R_k}{\gamma_f}, \alpha_d\right) \tag{4-11}$$

式中:γ_0——结构重要性系数,按表4-10的规定选用;
S——作用(或荷载)效应的组合设计值;
$R(\cdot)$——挡土墙结构抗力函数;
R_k——抗力材料的强度标准值;
γ_f——结构材料、岩土性能的分项系数,按表4-11的规定选用;
α_d——结构或结构构件几何参数的设计值,当无可靠数据时,可采用几何参数标准值。

结构重要性系数 γ_0 表4-10

墙高(m)	公路等级	
	高速公路、一级公路	二级及二级以下公路
≤5.0	1.0	0.95
>5.0	1.05	1.0

承载能力极限状态作用(或荷载)分项系数 表4-11

情况	荷载增大对挡土墙结构起有利作用时		荷载增大对挡土墙结构起不利作用时	
组合	Ⅰ,Ⅱ	Ⅲ	Ⅰ,Ⅱ	Ⅲ
垂直恒载 γ_G	0.90		1.20	
恒载或车辆荷载的主动土压力 γ_{Q_1}	1.00	0.95	1.40	1.30
被动土压力 γ_{Q_2}	0.30		0.50	
水浮力 γ_{Q_3}	0.95		1.10	
静水压力 γ_{Q_4}	0.95		1.05	
动水压力 γ_{Q_5}	0.95		1.20	
地震力 γ_{Q_6}	0.90		1.10	

挡土墙按正常使用极限状态设计时,通常采用表4-11所列的各分项系数;当γ_G取为0.9或1.2时,滑动稳定方程计算结果与总安全系数法比较,安全度水平提高或降低过大,故采用1.1;当取为0.9时,抗倾覆稳定方程验算与总安全系数法比较,安全度水平略有下降,且最大负误差超过10%,故取$\gamma_G = 0.8$较适宜;当对挡土墙进行基础合力偏心距计算时,除被动土压力采用0.3外,其他全部荷载系数规定采用1.0。

4.4.4 挡土墙设计

1）挡土墙稳定性验算

（1）抗滑稳定性验算。

为保证挡土墙抗滑稳定性，应验算在土压力及其他外力作用下，基底摩阻力抵抗挡土墙滑移的能力，如图 4-17 所示。

①滑动稳定方程。

$$[1.1G + \gamma_{Q_1}(E_y + E_x\tan\alpha_0) - \gamma_{Q_2}E_p\tan\alpha_0]\mu +$$
$$(1.1G + \gamma_{Q_1}E_y)\tan\alpha_0 - \gamma_{Q_1}E_x + \gamma_{Q_2}E_p > 0 \quad (4-12)$$

式中：G——挡土墙自重力；

E_x、E_y——墙背主动土压力的水平与垂直分力（kN）；

E_p——墙前被动土压力的水平分量（kN），当为浸水挡土墙时 $E_p = 0$；

α_0——基底倾斜角（°）；

μ——基底摩擦因数，可通过现场试验确定；无试验资料时，可参考表 4-12 的经验数据；

γ_{Q_1}、γ_{Q_2}——主动土压力和墙前被动土压力分项系数，可按表 4-11 的规定采用。

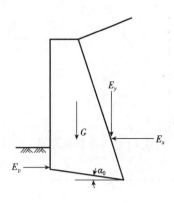

图 4-17 挡土墙的抗滑稳定

基底摩擦因数 μ 参考值　　　　表 4-12

地基土分类	μ	地基土分类	μ
软塑黏土	0.25	碎石类土	0.5
硬塑黏土	0.3	软质岩石	0.4~0.6
砂类土、黏砂土、半干硬黏土	0.3~0.4	硬质岩石	0.6~0.7
砂类土	0.4		

②抗滑稳定系数 K_c。

$$K_c = \frac{[N + (E_x - E'_p)\tan\alpha_0]\mu + E'_p}{E_x - N\tan\alpha_0} \quad (4-13)$$

式中：N——作用于基底上合力的竖向分力（kN），浸水挡土墙应计浸水部分的浮力；

E'_p——墙前被动土压力水平分量的 0.3 倍（kN）。

（2）抗倾覆稳定性验算。

为保证挡土墙抗倾覆稳定性，须验算其抵抗墙身绕墙趾向外转动倾覆的能力，如图 4-18 所示。

①抗倾覆稳定方程。

图 4-18 挡土墙的抗倾覆稳定

$$0.8GZ_G + \gamma_{Q_1}(E_yZ_x - E_xZ_y) + \gamma_{Q_2}E_pZ_p > 0 \quad (4-14)$$

式中：Z_G——墙身、基础及其上的土重合力重心及作用于墙顶的其他荷载的竖向力合力重心到墙趾的水平距离（m）；

Z_x——墙后主动土压力垂直分力作用点到墙趾的水平距离(m);

Z_y——墙后主动土压力水平分力作用点到墙趾的垂直距离(m);

Z_p——墙前被动土压力的水平分量到墙趾的距离(m)。

②抗倾覆稳定系数 K_0。

$$K_0 = \frac{GZ_G + E_y Z_x + E'_p Z_p}{E_x Z_y} \quad (4-15)$$

在规定的墙高范围内,验算挡土墙的抗滑动和抗倾覆稳定时,稳定系数不应小于表4-13的规定。验算结果如不满足以上要求,则表明抗滑稳定性或抗倾覆稳定性不够,应改变墙身断面尺寸重新核算。设置于不良土质地基、覆盖土层下为倾斜基岩地基及斜坡上的挡土墙,应对挡土墙地基及填土的整体稳定性进行验算,其稳定系数不应小于1.25。

抗滑动和抗倾覆的稳定系数 表4-13

荷载情况	验算项目	稳定系数
荷载组合Ⅰ、Ⅱ	抗滑动K_C	1.3
	抗倾覆K_0	1.5
荷载组合Ⅲ	抗滑动K_C	1.3
	抗倾覆K_0	1.3
施工阶段验算	抗滑动K_C	1.2
	抗倾覆K_0	1.2

2)基底应力及合力偏心距验算

基底合力的偏心距e_0可按式(4-16)计算:

$$e_0 = \frac{M_d}{N_d} \quad (4-16)$$

式中:M_d——作用于基底形心的弯矩组合设计值(MPa);

N_d——作用于基底上的垂直力组合设计值(kN/m)。

进行挡土墙地基应力验算时,各类作用(或荷载)组合下,作用效应组合设计值计算式中的作用分项系数,除被动土压力分项系数$\gamma_{Q_2} = 0.3$外,其余作用(或荷载)的分项系数规定均等于1。重力式挡土墙轴向力的偏心距e_0应符合表4-14的规定。

圬工结构轴向力合力的容许偏心距e_0 表4-14

荷载组合	e_0	荷载组合	e_0
Ⅰ、Ⅱ	0.25B	施工荷载	0.33B
Ⅲ	0.3B		

注:B为沿力矩转动方向的矩形计算截面宽度。

基底合力的偏心距e_0,对土质地基不应大于$B/6$,对岩石地基不应大于$B/4$。基底压应力P应按式(4-17)计算,位于岩石地基上的挡土墙基底压应力可按式(4-18)、式(4-19)计算。基底压应力不应大于地基的容许承载力$[f_a]$;地基容许承载力值可按现行《公路桥涵地基与基础设计规范》(JTG D63)的规定采用,当为作用(或荷载)组合Ⅲ及施工荷载,且$[f_a] > 150\text{kPa}$时,可提高25%。

$|e_0| \leq \dfrac{B}{6}$ 时：

$$P_{1,2} = \dfrac{N_d}{A}\left(1 \pm \dfrac{6e_0}{B}\right) \tag{4-17}$$

$e_0 > \dfrac{B}{6}$ 时：

$$P_1 = \dfrac{2N_d}{3\alpha_1}, P_2 = 0 \tag{4-18}$$

$$\alpha_1 = \dfrac{B}{2} - e_0 \tag{4-19}$$

式中：P_1——挡土墙墙趾部的压应力（kPa）；

P_2——挡土墙墙踵部的压应力（kPa）；

B——基底宽度（m），倾斜基底为其斜宽；

A——基础底面每延米的面积，矩形基础为基础宽度 $B \times l$（m²）。

3）重力式挡土墙强度验算

重力式挡土墙按承载能力极限状态设计时，在某一类作用（或荷载）效应组合下，作用（或荷载）效应的组合设计值，可按式（4-20）计算。圬工构件或材料的抗力分项系数，按表 4-15 采用。

$$S = \psi_{ZL}\left(\gamma_G \sum S_{Gik} + \sum \gamma_{Qi} S_{Qik}\right) \tag{4-20}$$

式中：S——作用（或荷载）效应的组合设计值；

γ_G、γ_{Qi}——作用（或荷载）的分项系数，按表 4-11 采用；

S_{Gik}——第 i 个垂直恒载的标准值效应；

S_{Qik}——土侧压力、水浮力、静水压力、其他可变作用（或荷载）的标准值效应；

ψ_{ZL}——荷载效应组合系数，按表 4-15 采用。

荷载效应组合系数 ψ_{ZL} 值　　　　　表 4-15

荷载组合	ψ_{ZL}	荷载组合	ψ_{ZL}
Ⅰ，Ⅱ	1.0	施工荷载	0.7
Ⅲ	0.8		

挡土墙构件轴心或偏心受压时，正截面强度和稳定按式（4-17）～式（4-20）计算。偏心受压构件除验算弯曲平面内的纵向稳定外，还应按轴心受压构件验算非弯曲平面内的稳定。

计算强度时：

$$\gamma_0 N_d \leq \dfrac{\alpha_k A R_\alpha}{\gamma_f} \tag{4-21}$$

计算稳定时：

$$\gamma_0 N_d \leq \dfrac{\psi_k \alpha_k A R_\alpha}{\gamma_f} \tag{4-22}$$

式中：N_d——验算截面上的轴向力组合设计值（kN）；

γ_0——结构重要性系数，按表 4-10 采用；

γ_f——圬工构件或材料的抗力分项系数，按表 4-16 取用；

R_α——材料抗压极限强度（kN）；

A——挡土墙构件的计算截面面积(m^2);

α_k——轴向力偏心影响系数,按式(4-23)计算;

$$\alpha_k = \frac{1 - 256\left(\frac{e_0}{B}\right)^8}{1 + 12\left(\frac{e_0}{B}\right)^2} \qquad (4\text{-}23)$$

e_0——轴向力的偏心距(m),挡土墙墙身或基础为圬工截面时,其轴向力的偏心距e_0应符合表4-14的规定;

B——挡土墙计算截面宽度(m);

ψ_k——偏心受压构件在弯曲平面内的纵向弯曲系数,按式(4-25)计算;轴心受压构件的纵向弯曲系数,可采用表4-17的规定。

圬工构件或材料的抗力分项系数   表4-16

圬工构件	受力情况	
	受压	受弯、受剪、受拉
石料	1.85	2.31
片石砌体、片石混凝土砌体	2.31	2.31
块石、粗料石、混凝土预制块、砖砌体	1.92	2.31
混凝土	1.54	2.31

轴心受压构件纵向弯曲系数ψ_k   表4-17

$2H/B$	混凝土构件	砌体砂浆强度等级	
		M10、M7.5、M5	M2.5
≤3	1.00	1.00	1.00
4	0.99	0.99	0.99
6	0.96	0.96	0.96
8	0.93	0.93	0.91
10	0.88	0.88	0.85
12	0.82	0.82	0.79
14	0.76	0.76	0.72
16	0.71	0.71	0.66
18	0.65	0.65	0.60
20	0.60	0.60	0.54
22	0.54	0.54	0.49
24	0.50	0.50	0.44
26	0.46	0.46	0.40
28	0.42	0.42	0.36
30	0.38	0.38	0.33

重力式挡土墙轴向力的偏心距 e_0 应符合表 4-14 的规定。

$$e_0 = \left| \frac{M_0}{N_0} \right| \quad (4\text{-}24)$$

式中：M_0——在某一类作用（或荷载）组合下，作用（或荷载）对计算截面形心的总力矩（$kN \cdot m$）；

N_0——某一类作用（或荷载）组合下，作用于计算截面上的轴向力的合力（kN）。

$$\psi_k = \frac{1}{1 + \alpha_s \beta_s (\beta_s - 3)\left[1 + 16\left(\dfrac{e_0}{B}\right)^2\right]} \quad (4\text{-}25)$$

$$\beta_s = \frac{2H}{B} \quad (4\text{-}26)$$

式中：H——墙高（m）；

α_s——与材料有关的系数，按表 4-18 采用。

α_s 取值 表 4-18

圬工名称	浆砌砌体采用以下砂浆强度等级			混凝土
	M10/M7.5/M5	M2.5	M1	
α_s	0.002	0.0025	0.004	0.002

混凝土截面在受拉一侧配有不小于截面面积 0.05% 的纵向钢筋时，表 4-14 中的容许规定值可增加 0.05B；当截面配筋率大于表 4-19 的规定时，按钢筋混凝土构件计算，偏心距不受限制。

按钢筋混凝土构件计算的受拉钢筋最小配筋率 表 4-19

钢筋牌号（种类）	钢筋最小配筋率	
	截面一侧钢筋	全截面钢筋
Q235 钢筋（Ⅰ级）	0.20%	0.50%
HRB400 钢筋（Ⅱ、Ⅲ级）	0.20%	0.50%

注：钢筋最小配筋率按构件的全截面计算。

4.4.5 增加挡土墙稳定性的措施

1）增加抗滑稳定性的方法

（1）设置倾斜基底（图 4-19）。

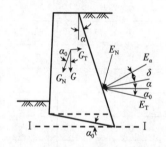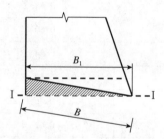

图 4-19 倾斜基底增加挡土墙抗滑稳定性

设置向内倾斜的基底,可以增加抗滑力和减少滑动力,从而增强抗滑稳定性。

基底倾斜角 a_0 越大,越有利于抗滑稳定性,但应考虑挡土墙连同地基土体一起滑动的可能性,因此,应对地基倾斜度加以控制。通常,对于土质地基,不应陡于 $1:5(a_0\leqslant11°10')$;对于岩石地基,不应陡于 $1:3(a_0\leqslant16°42')$。

此外,在验算沿基底抗滑稳定性的同时,还应验算通过墙踵的地基水平面(图 4-20 中 I-I 水平面)的滑动稳定性。

(2)采用凸榫基础(图 4-20)。

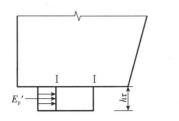 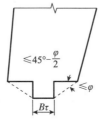 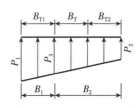

图 4-20　凸榫基础

在挡土墙基础底面设置混凝土凸榫,与基础连成整体,利用榫前土体产生的被动土压力,可以增强挡土墙的抗滑稳定性。

2)增加抗倾覆稳定性的方法

为增加抗倾覆稳定性,可采取加大稳定力矩和减小倾覆力矩的方法。

(1)展宽墙趾。

在墙趾处展宽基础以增加稳定力臂,是增加抗倾覆稳定性的常用方法。但在地面横坡较陡处,会由此引起墙高增加。

(2)改变墙面及墙背坡度。

改缓墙面坡度可增加稳定力臂[图 4-21a)],改陡俯斜墙背或改为仰斜墙背可减少土压力[图 4-21b)、图 4-21c)]。在地面纵坡较陡处,均须注意对墙高的影响。

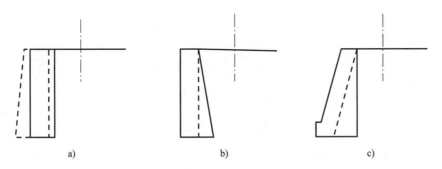

图 4-21　改变胸坡和背坡
a)改变胸坡;b)改陡俯斜墙背;c)改为仰斜墙背

(3)改变墙身断面类型。

当地面横坡较陡时,应使墙胸尽量陡立。这时可改变墙身断面类型,如改用衡重式墙或加设卸荷平台、卸荷板(图 4-22),以减少土压力并增加稳定力矩。

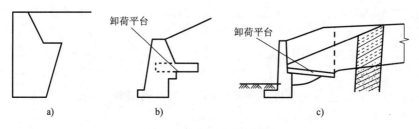

图 4-22 改变墙身类型措施

练习

1. 路基防护与加固的设施主要有哪些？
2. 边坡坡面植物防护有哪些主要方法？各适宜怎样的水流冲刷速度？边坡坡面工程防护有哪些主要形式？石砌护坡是否需要考虑其结构受力？
3. 冲刷的间接防护有哪些种类？如何应用？
4. 公路挡土墙计算中，主要考虑何种压力？为什么？
5. 挡土墙土压力计算中，如何考虑车辆荷载的作用？
6. 挡土墙纵向布置有哪些主要内容？
7. 挡土墙设置排水措施的主要目的及其作用是什么？挡土墙排水措施所包括的主要项目有哪些？挡土墙泄水孔设置要考虑什么要求？为什么干砌挡土墙不设泄水孔？
8. 对土质地基，挡土墙埋置深度一般应满足哪些要求？

讨论1：当挡土墙抗滑稳定、抗倾覆稳定或基底承载力不足时，试讨论采用何种措施可以增加挡土墙稳定性？

讨论2：试讨论沿河路堤坡脚处，应采用哪种挡土墙，并说明理由。

第5章 路面材料

【本章提要】

本章主要介绍粒料类材料、无机结合料稳定材料、沥青混合料和水泥混凝土等路面材料的材料组成、强度构成、物理力学特性和典型材料的设计方法等。

【学习要求】

通过学习本章内容,了解粒料类基层材料的强度构成、应力-应变特性,沥青混合料和水泥混凝土的基本概念、强度构成;理解级配碎石基层特点和组成设计,水泥混凝土的材料组成设计、性能特点;掌握无机结合料稳定基层材料的强度构成、物理力学特性、水泥稳定碎石基层的强度影响因素和组成设计,掌握沥青混合料的材料组成设计、路用性能等。

5.1 路面材料组成

路面材料是路面结构的物质基础。用于修筑路面的材料很多,由于所用的原材料和组成结构不同,其路用性能有较大差异。路面材料的性质和路用性能需满足路面结构使用性能的需求。工程上一般可依据车辆荷载、环境因素、施工条件及所处的层位等进行选用。目前常用的路面混合料主要为粒料类材料、无机结合料稳定类材料、沥青混合料和水泥混凝土。

1)粒料类材料

未使用结合料稳定的各类砂砾、碎石材料称为粒料类材料。由粒料类材料压实后的结构层主要靠颗粒间的摩擦、嵌挤提供强度,因而强度低,在车辆荷载作用下变形大,可用于各级公路底基层及二级以下公路的基层,亦可作中级路面的面层。常用的有水结碎石、泥结碎石、泥灰结碎石、级配碎(砾)石、级配砂砾等。

2)无机结合料稳定类材料

在粉碎的或原状松散的土或碎石(砾石)粒料中掺入一定量的无机结合料(水泥、石灰或工业废渣等)及水,通过物理或化学作用,可使各种土或碎石的工程性质得到改变,成为具有较高强度和稳定性的材料,可做各等级公路的基层或底基层。由于其抗磨性能差,因而不应做路面面层。

3) 沥青混合料

沥青混合料主要是由沥青、粗集料、细集料和矿粉组成,有的还加入一些外掺剂,由这些不同质量和数量的材料混合形成不同的结构,并具有不同力学性质的复合材料。由于沥青具有良好的黏结性能,经拌和压实后的结构层具有较高的强度及优良的路用性能,因此可用作各级公路的面层及基层。

4) 水泥混凝土

水泥混凝土是由水泥、水、粗集料、细集料按预先设计的比例进行掺配,并在必要时加入适量外加剂、掺合料或其他改性材料,经搅拌、成型、养护后而得到的具有一定强度和耐久性的人造石材,常简称混凝土。水泥混凝土主要用于水泥路面面层,也可用于沥青路面基层。

5.2 粒料类材料

以粒料类材料修筑而成的基层称为粒料类路面基层,因其矿料颗粒间的联结强度一般都要比矿料颗粒本身的强度小得多,在外力作用下,首先在颗粒之间产生滑动和位移,使其失去承载能力而导致破坏。

下面主要介绍粒料类材料的强度构成和应力-应变特性,针对常用的级配碎石基层进行介绍,了解其他粒料类材料可参考现行《公路路面基层施工技术细则》(JTG/T F20)。

5.2.1 强度构成

对于这种由松散材料组成的路面结构,其中矿料颗粒本身强度固然重要,但是起决定作用的则是颗粒之间的联结强度。凡在强度特性上具有上述特点的材料,其联结强度为抗剪强度,可用库仑公式表示。因此,由材料的黏结力和内摩擦角表征的内摩擦力所决定的颗粒之间的联结强度,即构成了碎、砾石路面材料的结构强度。

1) 纯碎石材料

纯碎石材料按嵌挤原则产生强度,其抗剪强度主要取决于剪切面上的法向应力和材料内摩擦角。抗剪强度由下列因素构成:

(1) 粒料表面的相互滑动摩擦;

(2) 因剪切时体积膨胀而需克服的阻力;

(3) 因粒料重新排列而受到的阻力。

纯碎石粒料摩阻角的大小主要取决于集料的强度、形状、尺寸、均匀性、表面粗糙度以及施工时的压实程度。当集料强度高、形状接近正立方体、有棱角、尺寸均匀、表面粗糙、压实度高时,内摩擦力就大。

2) 土-碎(砾)石混合料

这类材料含水率小时,按嵌挤原则形成强度;当含水率较大时,则按密实原则形成强度。土-碎(砾)石混合料的强度和稳定性取决于内摩擦力和黏结力的大小。为得到最大强度和稳定性而设计的颗粒材料,应具有高内摩阻力来抵抗荷载作用下的变形。内摩阻力和由此产生的抗剪力的大小在很大程度上取决于密实度、颗粒形状和颗粒大小的分配。在这些因素中,以集料大小的分配,特别是粗细成分比例最为重要。图 5-1 表示土-碎(砾)石混合料的三种物理状态。

第一种[图 5-1a)]:不含或含很少细料(指 0.075mm 以下的颗粒)的混合料,它的强度和稳定性依靠颗粒之间摩擦获得。这类混合料的密实度较低,但透水性好,不易冰冻。由于这种材料没有黏结性,施工时压实困难。

第二种[图 5-1b)]:含有足够的细料来填充颗粒间空隙的混合料,它仍然能够通过颗粒接触而获得强度,其抗剪强度、密实度有所提高,透水性低,施工时较第一种情况易压实。

第三种[图 5-1c)]:含有大量细料,而粗颗粒之间的接触很少,粗集料仅仅是"浮"在细料之中。这类混合料施工时易压实,但其密实度较低,易冰冻,难于透水,强度和稳定性受含水率影响很大。

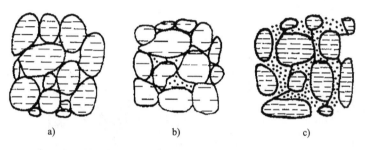

图 5-1 土-碎(砾)石混合料的三种物理状态

图 5-2 表示不同细料含量情况下土-砾石混合料的密度和 CBR 的试验结果,图中 CBR 值为试件浸湿后的测定结果。随压实功增加,密度和 CBR 值均增加,而且都存在一个相应的最佳细料含量。最大密度时的最佳细料含量为 8%~10%,而最大 CBR 值时的最佳细料含量为 6%~8%;前者细料含量的状况可代表图 5-1b)的状态,而最大值左右两侧的曲线部分则代表图 5-1a)和图 5-1c)的两种状态。

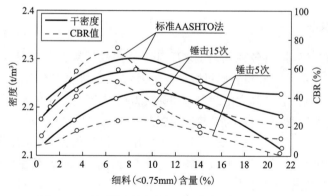

图 5-2 土-砾石混合料密度和 CBR 值随细料含量的变化

因此,只有在已知粒径分布的情况下,密度才可以作为衡量强度和稳定性的依据。细料含量偏多的混合料的强度和稳定性大大低于细料含量偏低的混合料,如图 5-1c)所示,强度和稳定性受细料的影响很大;而在图 5-1a)的情况下,强度和稳定性受细料的影响很小,主要取决于粗颗粒之间的接触情况。

5.2.2 应力-应变特性

粒料类(碎、砾石)材料的显著特点之一是应力-应变的非线性性质,回弹模量在很大程度上受竖向和侧向应力大小的影响。图 5-3 所示为三轴试验轴向应变 ε_1、偏应力 ($\sigma_d = \sigma_1 - \sigma_3$) 与侧向应力 σ_3 的关系。由图 5-3 可看出,在同一侧向应力 σ_3 的作用下,回弹模量 E_r(MPa)随偏应力增大而逐渐减小;不论轴向应变多大,当侧向应力增大时,回弹模量值也增大。根据试验研究结果,回弹模量 E_r(MPa)值可用式(5-1)表示:

$$E_r = K_1 \theta^{K_2} \tag{5-1}$$

式中:K_1、K_2——与材料有关的试验参数;

θ——主应力之和(kPa),即 $\theta = \sigma_1 + 2\sigma_3$。

图 5-4 表示某一轧制集料的回弹模量值同主应力和的关系。试验表明,应力重复次数、荷载作用时间及频率对回弹模量的影响甚小。

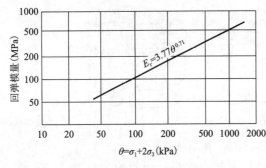

图 5-3 碎、砾石材料应力-应变关系　　图 5-4 干的轧制集料回弹模量随主应力和的变化

颗粒材料的模量取决于材料的级配、形状、表面构造、密实度和含水率等。一般密实度越高,模量值越大;棱角多、表面粗糙者有较高模量;当细料含量不多时,含水率影响甚小。碎石基层材料只能受压不能受拉,且在路面设计中,它与其他结构层(如沥青层)的层间结合按完全滑动看待。

5.2.3 级配碎石基层

级配碎(砾)石基层,是由各种集料(砾石、碎石)按最佳级配原理修筑而成的路面基层。由于级配碎(砾)石是用大小不同的集料按一定比例配合、逐级填充空隙,故经过压实后,能形成密实的结构。级配碎(砾)石的强度由摩阻力和黏结力构成,具有一定的水稳性和力学强度。

级配碎(砾)石所用材料,主要为天然砾石或碎石,应满足现行《公路路面基层施工技术细则》(JTG/T F20)的要求。级配碎石设计主要以 CBR 为设计指标,不同公路等级、交通荷载等级和结构层位的 CBR 强度要求不同。根据级配碎石使用的公路等级和结构层位选择相应的级配范围,构造 3~4 条试验级配曲线,采用重型击实或振动成型试验方法,确定最佳含水率和最大干密度。按确定的级配和最佳含水率,以及现场施工的压实标准成型标准试件,进行 CBR 强度试验和模量试验。选择 CBR 强度最高的级配作为工程使用的目标级配,并确定相应的最佳含水率。混合料生产含水率应依据配合比设计结果确定,可根据施工因素和气候条件增加 0.5%~1.5%。具体配合比设计过程按照现行《公路路面基层施工技术细则》(JTG/T F20)进行。

5.3 无机结合料稳定类材料

以无机结合料稳定材料修筑而成的基层称为无机结合料稳定基层路面。此类路面基层随着时间的延长,强度逐渐提高,板体性增加,同时刚度增大,但一般小于普通水泥混凝土,所以也称为半刚性基层。

下面主要介绍无机结合料稳定类材料的强度构成、物理力学特性,针对常用的水泥稳定基层进行介绍,了解其他无机结合料稳定类材料可参考现行《公路路面基层施工技术细则》(JTG/T F20)。

5.3.1 强度构成

1) 石灰稳定类

在粉碎的土和原状松散的土(包括各种粗、中、细粒土)中掺入适量的石灰和水,按照一定技术要求,经拌和,在最佳含水率下摊铺、压实及养生,其抗压强度符合规定要求的路面基层称为石灰稳定类基层。用石灰稳定细粒土得到的混合料简称石灰土,所做成的基层称石灰土基层(底基层)。

在土中掺入适量的石灰,并在最佳含水率下拌匀压实,使石灰与土发生一系列的物理、化学作用,从而使土的性质发生根本的变化。石灰与土间发生的物理化学作用一般分四个方面,第一是离子交换作用,第二是结晶硬化作用,第三是火山灰作用,第四是碳酸化作用。

2) 水泥稳定类

在粉碎的或原状松散的土(包括各种粗、中、细粒土)中掺入适当水泥和水,按照技术要求,经拌和摊铺,在最佳含水率时压实及养护成型,其抗压强度符合规范要求,以此修建的路面基层称水泥稳定类基层。当用水泥稳定细粒土(砂性土、粉性土或黏性土)时,简称水泥土。

利用水泥来稳定土的过程中,水泥、土和水之间发生了多种非常复杂的作用,从而使土的性能发生了明显的变化。这些作用可以分为:

化学作用:如水泥颗粒的水化、硬化作用,有机物的聚合作用以及水泥水化产物与黏土矿物之间的化学作用等。

物理-化学作用:如黏土颗粒与水泥及水泥水化产物之间的吸附作用,微粒的凝聚作用,水及水化产物的扩散、渗透作用,水化产物的溶解、结晶作用等。

物理作用:如土块的机械粉碎作用,混合料的拌和、压实作用等。

5.3.2 物理力学特性

无机结合料稳定材料的物理力学特性包括应力-应变关系、疲劳特性、收缩(干缩和温缩)特性等。

1) 应力-应变特性

无机结合料稳定材料的强度和模量随龄期的增长而不断增长,逐渐具有一定的刚性性质。一般规定水泥稳定类材料设计龄期为90d,石灰或石灰粉煤灰(简称二灰)稳定材料设计龄期为180d。

无机结合料稳定材料应力-应变特性试验方法有顶面法、侧面法、夹具法和承载板法等,具体试验过程按照现行《公路工程无机结合料稳定材料试验规程》(JTG E51)进行。由于材料的变异性和试验过程的不稳定性,同一种材料采用不同的试验方法、同一种试验方法采用不同的材料及同一种试验方法试件在不同龄期的试验结果存在差异性。

2)疲劳特性

无机结合料稳定材料的抗拉强度远小于其抗压强度,因此,材料的抗拉强度是路面结构设计的控制指标。目前常用的疲劳试验有弯拉疲劳试验和劈裂疲劳试验。

无机结合料稳定材料的疲劳寿命,主要取决于重复应力与极限应力之比(即应力强度比)σ_f/σ_s。

疲劳性能通常用 σ_f/σ_s 与达到破坏时反复作用次数(N_f)所绘制成的散点图来表示。试验证明:σ_f/σ_s 与 N_f 之间的关系用双对数疲劳方程($a\lg N_f + b\lg \sigma_f/\sigma_s$)及单对数疲劳方程($a\lg N_f + b\sigma_f/\sigma_s$)来表示比较合理。

由于材料的不均匀性,无机结合料稳定材料的疲劳方程还与材料试验的变异性有关。不同的存活率(到达疲劳寿命时出现破坏的概率)将得出不同的疲劳方程,如图5-5所示。

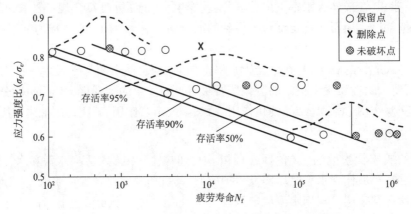

图 5-5 水泥砂砾(小梁)应力强度比与疲劳寿命关系曲线

3)干缩特性

无机结合料稳定材料经拌和压实后,由于水分蒸发和混合料内部的水化作用,混合料的水分会不断减少。由此发生的毛细管作用、吸附作用、分子间力的作用、材料矿物晶体或凝胶体间层间水的作用和碳化收缩作用等会引起无机结合料稳定材料的体积收缩,一般表现为结构的开裂破坏。

描述材料干缩特性的指标主要有干缩应变、干缩系数、干缩量、失水量、失水率和平均干缩系数。干缩应变是水分损失引起的试件单位长度的收缩量(10^{-6});干缩系数是某失水量时,试件单位失水率的干缩应变(10^{-6});干缩量是水分损失时试件的收缩量(10^{-3} mm);失水量是试件失去水分的质量(g);失水率是试件单位质量的失水量(%);平均干缩系数是某失水量时,试件的干缩应变与试件的失水率之比(10^{-6})。

无机结合料稳定材料干缩特性(最大干缩应变和平均干缩系数)的大小与结合料的类型、剂量、被稳定材料的类别、粒料含量、小于0.6mm细集料的含量、试件含水率和龄期等有关。一般对于稳定粒料类,其收缩性能排序为:石灰稳定类 > 水泥稳定类 > 石灰粉煤灰稳定类;对于稳定细粒土类,为:石灰土 > 水泥土和水泥石灰土 > 石灰粉煤灰土;而对于同一类半刚性材料,为:稳定细粒土 > 稳定粒料土 > 稳定粒料。

4)温缩特性

无机结合料稳定材料由固相(组成其空间骨架的原材料的颗粒和其间的胶结物)、液相(存在于固相表面与空隙中的水和水溶液)和气相(存在于空隙中的气体)组成,所以无机结合料稳定材料的外观胀缩性是三相不同温度收缩综合效应的结果。原材料中砂粒以上颗粒的温度收缩系数较小,粉粒以下的颗粒温度收缩性较大。一般气相在综合效应中影响较小,可以忽略。

无机结合料稳定材料的温度收缩与结合料类型和剂量、被稳定材料的类别、粒料含量、龄期和日温差以及季节性温差等有关。试验结果表明:石灰土砂砾(16.7×10^{-6})>悬浮式石灰粉煤灰粒料(15.3×10^{-6})>密实式石灰粉煤灰粒料(11.4×10^{-6})和水泥砂砾(5%~7%水泥剂量为$10 \times 10^{-6} \sim 15 \times 10^{-6}$)。

无机结合料稳定材料基层,成型初期基层内部含水率大,且尚未被沥青面层封闭,基层内部的水分必然要蒸发,从而发生由表及里的干燥收缩。同时,环境温度也存在昼夜温度差,因此,修建初期的无机结合料稳定材料基层同时受到干燥收缩和温度收缩的综合作用,必须注意养护。经验表明,在季节性温差较大的地区,春秋两季修建的无机结合料稳定材料基层,其温缩导致的开裂现象明显少于夏季修建的。

经一定龄期的养生,无机结合料稳定材料基层上铺筑沥青面层后,基层内相对湿度略有增大,使材料含水率趋于平衡,这时变形以温度收缩为主。

5.3.3 水泥稳定碎石基层

在满足一定级配要求的碎石中掺入适量的水泥和水,按照一定技术要求,经拌和,在最佳含水率下摊铺、压实及养生,其抗压强度符合规定要求的路面基层称为水泥稳定碎石基层。

水泥稳定碎石具有良好的整体性,也具有足够的力学强度、抗水性和耐冻性。水泥稳定碎石的初期强度高,并且强度随龄期增长,它的力学强度还可以根据需要而进行调整。因此,水泥稳定碎石可以在各种等级的公路上用作基层或底基层,是我国路面结构的主要基层材料。暴露的水泥稳定碎石易由于干缩和温缩而产生裂缝。

1)影响强度的主要因素

水泥稳定碎石基层的强度受碎石、水泥成分和剂量、含水率、集料级配、施工工艺及养生等影响。级配良好的碎石效果最好,不但强度比较高,而且水泥用量少。对于同一种碎石,一般情况下硅酸盐水泥的稳定效果较好,而铝酸盐水泥的稳定效果较差。水泥硬化条件相似,矿物成分相同时,随着水泥分散度的增加,其活性程度和硬化能力也有所增大,从而使水泥碎石的强度提高。水泥稳定碎石的强度随着水泥剂量的增加而增长,虽然过多的水泥能提高强度,但不经济,且易产生开裂。含水率不足时,水泥不能在混合料中完全水化和水解,不能充分发挥水泥对碎石的固结和稳定作用,影响强度形成,同时不能达到最佳含水率,也将影响压实效果。水泥稳定碎石基层材料强度形成是靠集料间的摩擦力和胶结料的黏结力,经碾压密实联接构成,要保证具有足够的强度,一定要使组成集料具有最佳级配和良好的颗粒形状,经过充分拌和,使各级集料分布均匀,并碾压密实,否则将影响结构层的强度。水泥、碎石和水拌和得均匀,且在最佳含水率下充分压实,使之干密度最大,其强度和稳定性就高。水泥稳定碎石从开始加水拌和到完全压实的延续时间要尽可能最短,一般不应超过3~4h。如果时间过长,则水泥产生凝结,在碾压过程中,不但达不到规定的压实度,而且也会破坏已硬化水泥的胶凝作用,反而使水泥稳定碎石的强度下降。水泥稳定碎石需要湿法养生,以满足水泥水化形成强度的需要。养生的温度越高,水泥稳定碎石的强度增长越快。

2)混合料组成设计

混合料组成设计应按设计要求,选择技术经济合理的混合料类型和配合比。根据公路等级、交通荷载等级、结构形式、材料类型等因素确定材料技术要求。水泥稳定碎石组成设计包括原材料检验、混合料的目标配合比设计、混合料的生产配合比设计和施工参数确定四部分。水泥稳定碎石设计流程如图5-6所示,具体过程根据现行《公路路面基层施工技术细则》(JTG/T F20)进行。

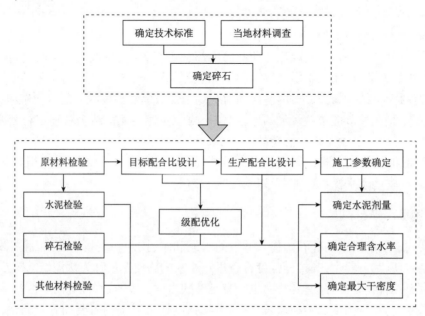

图5-6 水泥稳定碎石设计流程

5.4 沥青混合料

沥青路面是用沥青材料作结合料黏结矿料修筑面层与各类基层(有时含功能层)所组成的路面。由于沥青路面使用沥青结合料,因而增强了矿料间的黏结力,提高了混合料的强度和稳定性,使路面的使用性能和耐久性能都得到较大提高。与水泥混凝土路面相比,沥青路面具有表面平整、无接缝、行车舒适、耐磨性好、噪声较低、施工期短、养护简单、维修方便、适宜分期修建等特点,因此,在路面工程中得到广泛的应用。

下面主要介绍沥青混合料的强度构成、混合料特性、混合料使用性能和组成设计,了解不同沥青混合料的相关知识可参考现行《公路沥青路面施工技术规范》(JTG F40)和《公路沥青路面设计规范》(JTG D50)。

5.4.1 混合料组成

按照强度构成原理的不同,沥青混合料分为密实型和嵌挤型两大类。

密实型沥青混合料要求矿料的级配按最大密实原则设计,其强度和稳定性主要取决于混合料黏聚力和内摩擦力。按空隙率大小,可分为密级配和开级配两种:密级配混合料中含有较多的小于 0.6mm 和 0.075mm 的矿料颗粒,空隙率小于 6%,混合料致密而耐久,但热稳定性比较差;开级配混合料中小于 0.6mm 的矿料颗粒含量较少,其空隙率大于 6%,其热稳定性比较好。

嵌挤型沥青混合料要求采用颗粒尺寸较为均一的矿料,路面的强度和稳定性主要依靠集料颗粒之间相互嵌挤所产生的内摩擦力,而黏聚力则起着次要的作用。按嵌挤原则修筑的沥青路面,与密实类沥青有很大不同,其热稳定性较好,但因空隙率较大,很容易渗水,因而耐久性较差。

按混合料网络结构中"嵌挤成分"和"密实成分"所占的比例不同,沥青混合料的组成结构形态有三种典型类型,即密实悬浮结构、骨架空隙结构、密实骨架结构。

5.4.2 混合料力学特性

1) 沥青混合料强度机理

压实成型的沥青混合料的力学强度主要取决于集料颗粒间的摩擦力和嵌挤力、沥青胶结料的黏结性以及沥青与集料之间的黏附性等。根据沥青混合料的颗粒性特征,沥青混合料的强度构成来源于两个方面:

(1) 由于沥青的存在而产生的黏结力;
(2) 由于集料的存在而产生的内摩擦力。

目前,普遍采用摩尔-库仑(Mohr-Coulomb)理论,并引进两个强度参数——黏结力 c 和内摩擦角 φ 作为强度理论的分析指标。通常认为:纯沥青材料的 $c \neq 0$ 而 $\varphi = 0$;干燥集料的 $c = 0$ 而 $\varphi \neq 0$。但由此形成的沥青混合料,其 $c \neq 0$ 且 $\varphi \neq 0$,沥青混合料在参数 c、φ 值的确定上需要把理论准则与试验结果结合起来。理论准则采用摩尔-库仑理论,而试验结果则可通过三轴试验、简单拉压试验或直剪试验获得。

2) 沥青混合料的黏弹性性质

沥青混合料是一种典型的弹、黏、塑性综合体,在低温小变形范围内接近线弹性体,在高温大变形范围内表现为黏塑性体,而在通常温度的过渡范围内则为一般黏弹性体。

(1) 蠕变与松弛特性。

蠕变与松弛是在恒载下应变与应力随时间变化的现象。对于弹性材料,在一定的加载作用下,响应也为一定值,且为单值函数,不随时间而变化。只有黏弹性材料,在恒定的应变或应力作用下,对应的应力或应变才会随时间变化。

蠕变是当应力为一恒定值时,应变随时间逐渐增加的现象。如图 5-7 所示,在时间 $t_0 \sim t_1$ 内,给定应力 $\sigma = \sigma_0$(应力为常数),则应变会发生从 A 到 B 增大的变化,即为应变蠕变阶段;当在 $t_0 = t_1$ 时,将应力突然卸载至 $\sigma = 0$,应变发生瞬时回弹从 B 变化到 C,然后在 $t > t_1$ 时间内应变又逐渐减小。在 $t > t_1$ 时间内应变发生的变化称为应变恢复(回弹)。蠕变结束后的应变恢复不可能全部完成,而必然会产生残余变形 ε_e。

应力松弛是当应变为一恒定值时,应力随时间而衰减的过程,如图 5-8 所示。在时间 $t_0 \sim t_1$ 内,给定应变 $\varepsilon = \varepsilon_0$(应变为常数),则应力会发生从 A 到 B 的衰减变化,称为应力松弛。当 $t = t_1$ 时,应变突然卸载到 $\varepsilon = 0$,则应力瞬时变化到 C,然后在 $t > t_1$ 时间内,应力逐渐减小($\sigma \to 0$)。在 $t > t_1$ 时间内应力的这种变化,称为应力消除。

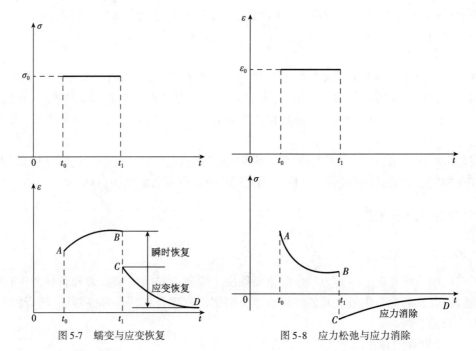

图 5-7 蠕变与应变恢复　　　　图 5-8 应力松弛与应力消除

沥青混合料的应力松弛服从幂指数衰减函数，即 $\sigma(t) = \alpha e^{-\frac{E}{\eta}t}$；而应变蠕变的变化规律按蠕变现象可以分为蠕变迁移、蠕变稳定和蠕变破坏三个阶段（图 5-9）；按蠕变速度又可分为瞬时蠕变、等速蠕变和加速蠕变三个阶段。蠕变稳定或等速蠕变的函数为一直线，该过程占蠕变总过程的主要部分，这个阶段可用直线函数 $\varepsilon(t) = at + b$ 表示。

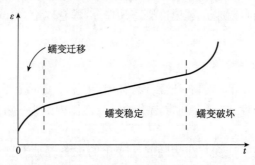

图 5-9 沥青混合料蠕变规律

(2) 黏弹性材料的基本性质。

黏弹性材料力学性能的基本特征表现在以下几个方面：

①应力-应变关系的曲线性及其不可逆性。这类材料不像金属材料具有明显的屈服点（弹性极限）。

②对加载速度（时间效应）和试验温度（温度效应）的依赖性，并服从时间温度换算法则。

③具有十分明显的蠕变与应力松弛特性。

④对于线黏弹性材料，则服从 Boltzmann 线性叠加原理和复数模量（Complex Modulus）原理。

在常温下通过加、卸载及反向加载后的典型曲线如图 5-10 所示。任意一点的切线模量定义为 $E(t) = \mathrm{d}\sigma(t)/\mathrm{d}\varepsilon(t)$，是时间 t 的函数。通过对切线模量的分析可以发现，黏弹性材料的曲线具有以下三个区域：Ⅰ——弹性区域，在加荷初期的极短时间内，应变值较小（$\varepsilon < 10^{-4}$），切线模量 $E(t)$ 为常数，应力与应变具有线性比例关系，材料基本上处于弹性工作状态，如图中 OA 段；Ⅱ——黏弹性区域，随着加载时间的增长，切线模量不再为常数，而是逐渐变小，且减小的速度逐渐加快，σ-ε 具有曲线特征，如图中 AB 段；Ⅲ——黏塑性区域，当加载时间继续延长超过图中 B 点后，应力不再增加，此时切线模量 $E(t) = 0$，$E(t)$ 曲线呈水平直线，如图中 BC 段，材料发生塑性流动，且应力极限值与加载速度有关，在 C 点卸载后会产生较大的永久变形，材料表现为一种塑性性质。

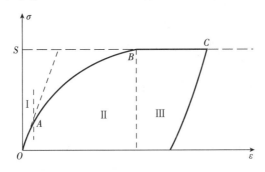

图 5-10 常温下沥青混合料的应力应变曲线

黏弹性材料的力学特性对时间与温度的依赖性如图 5-11 所示，当试验温度 T 一定时，通过不同的加载条件 $\varepsilon(t) = \alpha_i t$ 达到相同的应变水平时，其响应表现为应力随加载速度的加快或加载时间的缩短而增大。当加载速度一定时，给定不同的试验温度，则相同时间内达到同样的应变水平时，黏弹性材料响应的应力水平随温度的升高而降低。事实上，试验温度的升高相当于慢速加载（加载时间的延长），黏弹性材料的这种特性称为时间温度换算法则。

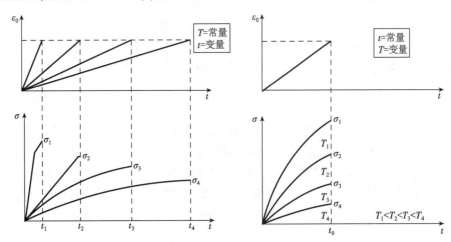

图 5-11 时间与温度对黏弹性材料响应的影响

3）沥青混合料的变形特性

用黏弹性理论研究沥青混合料的变形特性时应遵循如下基本原则：

（1）沥青混合料兼具虎克弹性与牛顿黏性的双重性质。

（2）沥青混合料的力学性质均应作为温度与时间的函数表示。

（3）将沥青混合料的性质作为"某一条件的响应"是比较合理的，宜将其描述为仅在某一条件下才具有的性质。

基于上述原则,在比较宽的温度及时间区域中考察混合料的力学性质,其变化是极有规律的,这种规律性可以用黏弹性理论加以描述,作为温度与时间的函数加以分析。

因为沥青路面工作在时间与温度均较宽的范围内,必须同时采用数种试验方法,才能把拟考察的区域全部包括进去。例如,在处理疲劳破损时,常采用动态试验;在解决车辙问题时,常采用蠕变试验;而在分析低温缩裂时,常采用应力松弛试验。

4)沥青混合料的强度特性

车辆荷载作用下,沥青路面面层处于三向应力状态,正应力可以由正(拉应力)变负(压应力),各点的应力状态不仅随坐标变动,且随车轮荷载的运动而变化。

对于黏弹性物体的破坏分类有超过某一"强度"而引起的破坏、超过某一"变形值"而引起的破坏和超过某一"应力松弛状态"而引起的破坏。

分析沥青路面的实际损坏状态后可以明显看出,沥青混合料抵制破坏的指标主要有三个方面,即剪切强度、断裂强度和临界应变。

(1)剪切强度。

沥青混合料的剪切强度是一项重要的强度指标,沥青路面的推移、拥包、车辙等病害都是剪切变形的结果,而莫尔-库仑公式反映了沥青混合料的强度与混合料内部的黏聚力和摩擦力之间的直接联系。

(2)断裂强度。

断裂强度主要用于分析随气温下降时沥青面层收缩受阻而产生的收缩应力,当收缩应力超过抗拉极限强度时所造成的缩裂问题;也可用于分析车辆紧急制动时,车轮后侧路表受到的拉应力引起的拉裂问题。

(3)临界应变。

临界应变和断裂强度一样随温度和加荷时间而有规律地变化。弯曲试验时,沥青混合料的临界应变值因温度不同而在很大范围内变化。临界应变不仅在每一温度与加载条件下有足够灵敏度的变化,而且对应每一破坏现象都有一个典型的数值。

5.4.3 混合料路用性能

沥青路面直接承受车辆荷载和大气因素的作用,为了保证路面能为车辆提供稳定、耐久的服务,沥青路面必须满足一定性能要求。而与沥青路面的使用性能密切相关的沥青混合料的性能称为路用性能。为保证沥青路面性能要求,结合路面实际环境和荷载条件特点,考虑室内试验的可行性和有效性,对不同工况(主要考虑高温、低温和常温)下的沥青及沥青混合料进行专门测试,所建立的相关试验方法称之为沥青及沥青混合料路用性能试验。

1)高温稳定性

沥青混合料高温稳定性是指高温时沥青混合料在荷载作用下抵抗永久变形的能力。沥青混合料高温稳定问题主要出现在高温、低加荷速率以及抗剪切能力不足时,即沥青混合料劲度较低的情况下,容易引起沥青路面出现车辙、推移、拥包、搓板等现象。

目前评价沥青混合料高温稳定性的方法有:马歇尔试验、三轴试验、蠕变试验、轮辙试验、剪切试验等。其中,轮辙试验是一种模拟实际车轮荷载在路面上行走而形成车辙的工程试验方法,从广义上来说,室内小型往复轮辙试验、旋转轮辙试验、大型环道试验、直道试验等都可认为属于轮辙试验范畴。这些试验原理就是通过采用车轮在板块状试件或路面表面结构上反复行走,观察和检测试块或路面结构的响应。目前我国采用的评价方法为沥青混合料车辙试验,具体试验过程按照现行《公路工程沥青及沥青混合料试验规程》(JTG E20)进行。《公路沥青路面设计规范》(JTG D50)中提出了沥青混合料单轴贯入强度试验方法。

2) 低温抗裂性

沥青混合料的低温抗裂性指沥青混合料抵抗温度应力的能力。沥青路面的低温缩裂与温度下降引起的材料体积收缩有关。由于材料受到约束,随着温度下降材料不能收缩,则立即产生温度应力,当该应力达到材料的抗拉强度时,就会产生裂缝。温度较高时,沥青混合料表现出黏弹性性质,温度略有降低,所产生的温度应力将因应力松弛而消失。但是在低温范围内,沥青混合料主要表现为弹性特性,温度应力不会消失,就有可能产生裂缝。

目前,评价沥青混合料低温抗裂性的方法可以分为三类:预估沥青混合料的开裂温度;评价沥青混合料的低温变形能力或应力松弛能力;评价沥青混合料断裂能。相关的试验主要包括:等应变加载的破坏试验,如间接拉伸试验、直接拉伸试验、弯曲蠕变试验;劈裂蠕变试验;弯曲破坏试验;收缩试验温度应力试验等。目前我国采用的评价方法为沥青混合料弯曲试验,具体试验过程按照现行《公路工程沥青及沥青混合料试验规程》(JTG E20)进行。

3) 水稳定性

沥青混合料的水稳定性主要取决于沥青混合料中沥青与集料之间的黏附程度,水会破坏沥青与集料之间的黏附性,是影响沥青路面耐久性的主要因素之一。无论在冰冻地区,还是在南方多雨地区,水损害都有可能发生。水损坏发生后使得沥青与集料脱离,从而使路面出现松散、剥离、坑洞等病害,严重危害道路的使用性能。沥青混合料的水损坏包括两个过程:首先,水浸入沥青中使沥青黏附性减小,导致混合料的强度和劲度减小;其次,水进入沥青薄膜和集料之间,阻断沥青与集料的相互黏结,由于集料表面对水比对沥青有更强的吸附力,从而使沥青与集料表面的接触面减小,导致沥青从集料表面剥落。

国内外应用较多的方法是沥青与集料的黏附性试验、浸水马歇尔试验、浸水劈裂强度试验、浸水抗压强度试验、真空饱水冻融后劈裂强度试验、浸水车辙试验等。目前我国采用煮沸法检验沥青与集料之间的黏附性,用浸水马歇尔试验和冻融劈裂试验检验沥青混合料的水稳定性,具体试验过程按照现行《公路工程沥青及沥青混合料试验规程》(JTG E20)进行。

4) 抗老化性能

沥青作为高分子材料,在使用过程中,由于受到热、氧、水、光等环境因素的综合作用,化学组成和结构会发生一系列变化,物理力学性能也会相应劣化,如发硬、变脆、变色、失去强度等,这些变化和现象称为老化。沥青混合料的老化本质上是沥青的老化,在沥青混合料的拌和、摊铺、碾压过程中以及沥青路面的使用过程中都存在老化问题。老化过程一般分为两个阶段,即施工过程中的热老化和路面使用过程中的长期老化。沥青路面碾压成型后,沥青混合料的抗老化能力不仅与沥青材料有关,除了与光(含紫外线)、氧等自然气候条件有关外,也与沥青在混合料中所处的形态有关,如混合料空隙率大小、沥青用量等。沥青混合料的老化将导致沥青路面使用性能的降低。

(1) 沥青的老化过程。

路面施工中,沥青始终处于高温状态,受热会产生短期老化和热老化;路面使用期内沥青长期裸露在自然环境中,同时还要受到汽车等机械应力的作用而产生长期老化,即使用期老化。

①沥青的短期老化。

沥青的短期老化可分为以下三个阶段:

a.运输和储存过程的老化。

沥青从炼油厂到拌和厂的热态运输一般170℃左右,进入储油罐或池中,温度有所降低。调查资料表明,这一阶段沥青的技术性能几乎没有变化,因此在运输过程中沥青几乎没有老化。

b.拌和过程的热老化。

加热拌和过程中,沥青是在薄膜状态下受到加热,比运输过程中的老化条件严酷得多。沥青混合料拌和后,沥青针入度降低到拌和前沥青针入度的80%~85%。因此,拌和过程引起的沥青老化是严重的,是沥青短期老化最主要的阶段。

c.施工期的老化。

沥青混合料运到施工现场摊铺、碾压完毕,降温至自然温度,这一过程中裹覆石料的沥青薄膜仍处于高温状态,沥青的热老化有进一步发展。

②沥青的长期老化。

沥青混合料中沥青的长期老化是一个漫长而复杂的过程,具有以下特点:

a.沥青路面在使用的前1~4年针入度急剧变小,随后变化缓慢。

b.沥青老化主要发生在路表与大气接触部分,在深度0.5cm左右处的沥青针入度降低幅度相当大。

c.沥青混合料的空隙率是影响沥青老化的主要因素。

d.当路面中的沥青针入度减小至35~50(0.1mm)之间时,路面容易产生开裂;针入度小于25(0.1mm)时,路面容易产生龟裂。

(2)沥青老化试验方法。

室内模拟沥青混合料老化的试验方法主要针对沥青进行,分为短期老化试验和长期老化试验两种。

①短期老化的试验方法。

短期老化的试验方法应体现松散沥青混合料在拌和、储存和运输中受热而挥发和氧化的效应,以模拟沥青混合料施工阶段的老化效果。SHRP根据以往研究,提出了烘箱老化法、延时拌和法、微波加热法三种方法。

②长期老化的试验方法。

沥青混合料长期老化的试验方法应着重体现沥青混合料压实成型试件持续氧化效应,以模拟使用期内沥青路面的老化效果。SHRP提出了加压氧化处理(三轴仪压力室内)、延时烘箱加热、红外线、紫外线处理三种方法。

目前我国采用的评价方法为沥青薄膜加热试验和沥青旋转薄膜加热试验,具体试验过程按照现行《公路工程沥青及沥青混合料试验规程》(JTG E20)进行。

5.4.4 抗疲劳性能

沥青混合料的抗疲劳性能指沥青混合料抵抗重复荷载作用的能力。使用期间,路面经受车轮荷载的反复作用,长期处于应力应变交叠变化状态,致使路面结构强度逐渐下降。当荷载重复作用超过一定次数以后,在荷载作用下路面内产生的应力就会超过强度下降后的结构抗力,使路面出现裂纹,产生疲劳断裂破坏。

疲劳试验的方法很多,归纳起来可以分为四类:第一类是实际路面在真实汽车荷载作用下的疲劳破坏试验,如 AASHTO(美国各州公路及运输工作者协会)试验路;第二类是足尺路面结构在模拟汽车荷载作用下的疲劳试验研究,包括环道试验、加速加载试验;第三类是试板试验法;第四类是试验室小型试件的疲劳试验研究。由于前三类试验研究方法耗资大、周期长,因此大量采用的还是周期短、费用少的室内小型疲劳试验。

室内小型疲劳试验的方法很多,如三分点小梁弯曲试验、中点加载小梁弯曲试验、悬臂梁试验、单轴压缩试验、间接拉伸试验、旋转悬臂试验等。目前我国采用的评价方法为沥青混合料三分点弯曲疲劳寿命试验,具体试验过程按照现行《公路工程沥青及沥青混合料试验规程》(JTG E20)进行。

疲劳试验可采用常应力和常应变两种加载模式。常应力控制方式是指在反复加载过程中所施加荷载(或应力)的峰谷值始终保持不变,随着加载次数的增加最终导致试件断裂破坏。常应变控制方式是指在反复加载过程中始终保持挠度或试件底部应变峰谷值不变。在这种控制方式下,试件通常不会出现明显的断裂破坏,一般以混合料劲度下降到初始劲度 50% 或更低作为疲劳破坏标准。

5.4.5 混合料组成设计

沥青混合料组成设计包括三个阶段:目标配合比设计阶段、生产配合比设计阶段、生产配合比验证即试验路试铺阶段。后两个设计阶段是在目标配合比的基础上进行的,需借助于施工单位的拌和设备、摊铺和碾压设备完成。通过三个阶段的配合比设计过程,可以确定沥青混合料中组成材料品种、矿质集料级配和沥青用量。

1) 目标配合比设计

目前我国采用马歇尔法进行设计,以密级配沥青混合料目标配合比设计为例,设计流程如图 5-12 所示,具体设计过程按照现行《公路沥青路面施工技术规范》(JTG F40)进行。

2) 生产配合比设计

对于间歇式拌和机,应按规定方法取样测试各热料仓的材料级配,确定各热料仓的配合比,供拌和机控制室使用。同时选择适宜的筛孔尺寸和安装角度,尽量使各热料仓的供料大体平衡,并取目标配合比的最佳沥青用量 OAC、OAC ± 3% 三个沥青用量进行马歇尔(或旋转压实)试验和试拌,通过室内试验及从拌和机取样试验综合确定生产配合比的最佳沥青用量,由此确定的最佳沥青用量与目标配合比设计的结果的差值不宜大于 ± 0.2%。对连续式拌和机,可省略生产配合比设计步骤。

3) 生产配合比验证

拌和机按生产配合比结果进行试拌、铺筑试验段,并取样进行马歇尔试验,同时从路上钻取芯样观察空隙率的大小,由此确定生产用的标准配合比。标准配合比的矿料合成级配中,至少应包括 0.075mm、2.36mm、4.75mm 及公称最大粒径筛孔的通过率接近优选的工程设计级配范围的中值,并避免在 0.3 ~ 0.6mm 处出现"驼峰"。对确定的标准配合比,宜再次进行车辙试验和水稳定性检验。

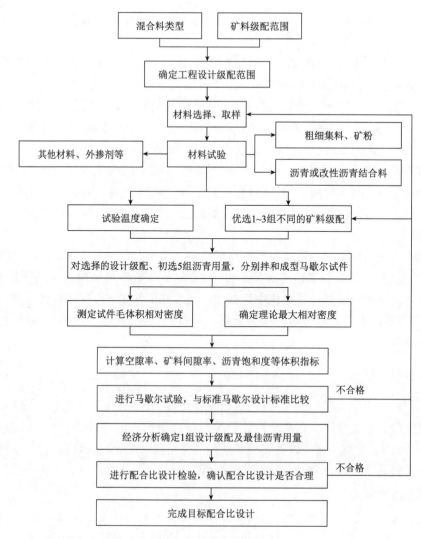

图 5-12 密级配沥青混合料目标配合比设计流程

5.5 水泥混凝土

本节主要介绍水泥混凝土的强度构成、工作特性、力学特性和组成设计,了解水泥混凝土的相关知识可参考现行《公路水泥混凝土路面施工技术细则》(JTG F30)。

5.5.1 强度构成

水泥混凝土主要由水泥、水及砂石集料配制而成,其中以水泥和水组成的水泥浆体为黏结料,将不同粒径的粗、细集料胶结起来,在一定条件下,硬化成为具有一定力学性能的复合材料。其中,水泥和水起胶结作用,集料起填充作用。通常在混凝土中还要添加各种化学外加剂或掺合料,来改善混凝土的某些技术性能。

5.5.2 工作特性和力学特性

水泥混凝土路面为刚性路面,是因其在车辆荷载作用下变形微小,混凝土板工作在弹性阶段,即在汽车荷载作用下,板内产生的最大应力不超过水泥混凝土的比例极限应力,同时,由于板体处于弹性工作状态,在荷载作用下,基层和路基所承受的荷载单位压力及产生的挠度(变形)也较小,它们也都处于弹性阶段。

水泥混凝土与沥青混合料相比,其特性主要有:

(1)混凝土面板的弹性模量与力学强度远大于基层和路基的相应模量与强度。

(2)混凝土的抗拉强度远小于抗压强度,抗拉强度为抗压强度的1/6~1/7,因此,其设计强度指标是极限抗弯拉强度。

(3)由于混凝土板与基层或路基之间的摩阻力一般不大,所以在力学图式上可把水泥混凝土路面结构看作是弹性地基板,在进行有关计算时,采用弹性地基板理论。

(4)在车辆荷载作用下,混凝土板产生弯曲。当荷载作用于板中部时,板顶面出现压应力,而板底面承受弯拉应力;当荷载作用于板角时,板底面承受压应力,而板顶面出现弯拉应力。可见,在重复荷载作用下,混凝土板反复承受弯拉应力与压应力的作用。因此,其破坏是由于疲劳引起的损坏。由于混凝土的抗拉强度比抗压强度低得多,在车辆荷载作用下,当弯拉应力超过混凝土板极限抗弯拉强度时,将使板产生断裂破坏。

(5)由于板顶面和底面的温度变化,致使在板体内产生温度翘曲应力,板的平面尺寸越大,翘曲应力越大,这种温度疲劳应力是导致混凝土板破坏的原因之一。因此,在设计中是考虑荷载疲劳应力与温度疲劳应力的综合作用来进行计算的。

(6)水泥混凝土是一种脆性材料,它在断裂时的相对拉伸变形很小,在弯曲断裂时的表面相对拉伸变形只有1/10000~3/10000,所以在荷载作用下,路基、基层的变形情况对混凝土面板的影响很大。不均匀的变形会导致面板与基层脱空,板体由此而产生断裂。因此,要求板下的路基和基层不但要有足够的强度,更要注意其均匀性和水稳性,同时要求基层要有相当好的平整度。

5.5.3 混凝土组成设计

公路面层水泥混凝土的配合比设计应满足其弯拉强度、工作性、耐久性要求,兼顾经济性。各级公路面层水泥混凝土配合比设计宜采用正交试验法,二级及二级以下公路可采用经验公式法。混凝土配合比设计应包括目标配合比设计和施工配合比设计两个阶段。目标配合比设计应确定混凝土的水泥用量、集料用量、水灰(胶)比、外加剂掺量,纤维混凝土还应确定纤维掺量。施工配合比设计应通过拌和楼(机)试拌确定拌和参数。

1)目标配合比

目标配合比设计按下列步骤进行:

(1)根据原材料、路面结构及施工工艺要求,通过计算或正交试验拟定混凝土配合比的控制性参数。

(2)按拟定配合比进行实验室试拌,实测各项性能指标,选择混凝土的弯拉强度、工作性、耐久性满足要求,且经济合理的配合比作为目标配合比。

(3)根据拌和楼(机)试拌情况,对试拌配合比进行性能检验和调整,直至符合目标配合比要求。

2)施工配合比

施工配合比应符合目标配合比的实测数据,按下列步骤进行:

（1）施工配合比中的水泥用量可根据拌和过程中的损耗情况,较目标配合比适当增加 5 ~ 10kg/m³。

（2）根据目标配合比计算各种原材料用量,按照实际生产要求进行试拌。

（3）进行混凝土的弯拉强度、工作性和耐久性检验,确定是否满足要求。

（4）总结试验数据,提出施工配合比,确定设备参数,明确施工中根据集料实际含水率调整拌和楼(机)上料参数和加水量的有关要求。

水泥混凝土设计具体过程根据现行《公路水泥混凝土路面施工技术细则》(JTG F30)进行。

练习

1. 粒料类材料强度形成机理是什么？常用的粒料类基层有哪些？
2. 当采用无机结合料稳定材料基层时,如何减少沥青面层的反射裂缝？
3. 沥青混合料有哪些特性和路用性能？我国使用的评价方法是什么？
4. 试用沥青混合料的"高温稳定性"解释沥青路面上重复停车地段出现的波浪、推挤等现象。
5. 沥青混合料的疲劳试验试件加载方式有哪两种？区别是什么？
6. 沥青混合料配合比设计分为几个阶段？如何进行目标配合比设计？
7. 水泥混凝土路面与沥青混合料路面有什么区别？

讨论1:基层可用的材料种类众多,针对不同道路等级应如何选择？基层与沥青面层间采取何种措施,可以保证路面的结构安全、耐久？

讨论2:无机结合料稳定基层沥青路面在通车运营过程中可能出现的主要病害类型有哪些？请提出具体防治措施。

第6章 交通荷载与交通分析

【本章提要】

本章主要介绍交通荷载的类型及其对路面的作用特点、交通数据调查、轴载换算原则与方法。

【学习要求】

通过学习本章内容,了解交通荷载的类型及其对路面的作用特点、交通数据调查的要求;理解标准轴载及轴载换算原则;掌握不同路面类型对应的轴载换算方法、轴数和轮组对路面结构的影响、交通荷载分级标准。

6.1 交通荷载及其对路面的作用

汽车是路基路面的服务对象,路基路面的主要作用是长期保证车辆安全、快速、平稳地通行。汽车荷载也是造成路基路面结构损伤和损坏的主要原因。因此,为了保证路基路面结构达到预定的功能,具有良好的结构性能,应调查交通荷载状况,包括汽车轮重与轴重的大小与特性;不同车型车轴的布置;设计期限内,汽车轴型的分布以及车轴通行量逐年增长的规律等。

6.1.1 车辆的种类

按照《汽车和挂车类型的术语和定义》(GB/T 3730.1—2001),道路上通行的汽车车辆分为乘用车和商用车。乘用车(不超过9座)分为普通乘用车、高级乘用车、小型乘用车、旅行车、多用途乘用车、越野乘用车、专用乘用车等,共11类。商用车分为客车、货车和半挂牵引车,共3类。客车细分为小型客车、城市客车、长途客车、旅游客车、越野客车、专用客车等。货车细分为普通货车、全挂牵引车、专用作业车、专用货车等。

乘用车自身重量与满载总重都比较轻,但车速高,一般可达120km/h,有的高档小车可达200km/h以上;中型客车一般包括6~20个座位的客车;大型客车一般是指20个座位以上的客车,包括铰接车和双层客车,主要用于长途客运与城市公共交通。

整车货车的货厢与汽车发动机为一整体;牵引式拖车的牵引车与拖车是分离的,牵引车提供动力,牵引后挂的拖车,有时可以拖挂两辆以上的拖车;牵引式半拖车的牵引车与拖车也是分离的,但是通过铰接相互连接,牵引车的后轴也担负部分货车的重量,货车厢的后部有轮轴系统,而前部通过铰接悬挂在牵引车上。

需要注意的是,在公路工程中针对不同设计需求的车辆分类方法并不一致。在确定公路技术等级时,将设计车辆按照外廓尺寸分为小客车、大型客车、铰接客车、载重汽车和铰接列车五大类,并采用小客车作为标准车型进行交通量换算,而在路面结构设计时,更注重车辆的轴重和作用次数。

6.1.2 汽车的轴型

由于路面设计主要考虑轴载对路面的重复作用次数,同时无论是客车还是货车,车身的全部重量都通过车轴上的轮胎传给路面,因此,对于路面结构设计而言,更加重视汽车的轴载。由于轴载的大小直接关系到路面结构的响应。为了统一设计标准和便于交通管理,各个国家对于轴载的最大限值均有明确的规定。

整车形式的客、货车车轴分前轴和后轴。绝大部分车辆的前轴为两个单轮组成的单轴,轴载约为汽车总重量的三分之一。极少数汽车的前轴由双轴单轮组成,双前轴的轴载约为汽车总重量的一半。汽车的后轴有单轴、双轴和三轴三种,大部分汽车后轴由双轮组组成,只有少量轻型货车后轴由单轮组组成。每一根后轴的轴载大约为前轴轴载的两倍。目前,在我国公路上行驶的货车后轴轴载,一般在 60~130kN 范围内。

为了满足各个国家对汽车轴限的规定,货车趋向于增加轴组分散总重,因此出现了各种多轴的货车。有些运输专用设备的平板拖车,采用多轴多轮,以减轻对路面的作用。路面设计中车辆轴型根据轮组和轴组类型可分为 7 类,见表 6-1;车辆类型根据轴型组合可分为 11 类,见表 6-2。

车辆轮组和轴组类型　　　　　　　　　　　　　　　　　表 6-1

编号	轴型说明	编号	轴型说明
1	单轴(每侧单轮胎)	5	双联轴(每侧双轮胎)
2	单轴(每侧双轮胎)	6	三联轴(每侧单轮胎)
3	双联轴(每侧单轮胎)	7	三联轴(每侧双轮胎)
4	双联轴(每侧各一单轮胎、双轮胎)		

车辆类型分类　　　　　　　　　　　　　　　　　表 6-2

编号	说明	典型车型及图式	其他主要车型
1 类	2 轴 4 轮车辆	11 型车	—
2 类	2 轴 6 轮及以上客车	12 型客车	15 型客车

续上表

编号	说　　明	典型车型及图式		其他主要车型
3 类	2 轴 6 轮整体式货车	12 型货车		—
4 类	3 轴整体式货车 （非双前轴）	15 型		—
5 类	4 轴及以上整体式货车 （非双前轴）	17 型		—
6 类	双前轴整体式货车	112 型 115 型		117 型货车
7 类	4 轴及以下半挂货车 （非双前轴）	125 型		122 型货车
8 类	5 轴半挂货车 （非双前轴）	127 型 155 型		—
9 类	6 轴及以上半挂货车 （非双前轴）	157 型		—
10 类	双前轴半挂式货车	1127 型		1122 型货车 1125 型货车 1155 型货车 1157 型货车
11 类	全挂货车	1522 型 1222 型		—

6.1.3　汽车对道路的静态作用

汽车对道路的作用力可分为停驻状态和行驶状态两种状态下的作用力。当汽车处于停驻状态时，对路面的作用力为静态压力，主要是由轮胎传给路面的垂直压力 P，它的大小受以下因素的影响：

(1) 汽车轮胎的内压力 p_i。

(2) 轮胎的刚度和轮胎与路面接触的形状。

(3) 轮载的大小。

货车轮胎的标准静内压力 p_i 一般在 0.4~0.7MPa 范围内。通常轮胎与路面接触面上的压力 p 略小于内压力 p_i，为 $(0.8~0.9)p_i$。车轮在行驶过程中，内压力会因轮胎充气温度升高而增加，因此，滚动的车轮，其接触压力也有所增加，为 $(0.9~1.1)p_i$。

轮胎的刚度随轮胎的新旧程度而有所不同，接触面的形状和轮胎的花纹也会影响接触压力的分布，一般情况下，接触面上的压力分布不均匀。不过在路面设计中，通常会忽略上述因素的影响，而直接取内压力作为接触压力，并假定压力在接触面上均匀分布。

轮胎与路面的接触面形状如图 6-1 所示，它的轮廓近似于椭圆形，因其长轴与短轴的差别不大，在工程设计中以圆形接触面积来表示。将车轮荷载简化成当量的圆形均布荷载，并采用轮胎内压力作为轮胎接触压力 p。接触面当量圆半径 δ 可按式 (6-1) 确定：

$$\delta = \sqrt{\frac{P}{\pi p}} \tag{6-1}$$

式中：P——作用在车轮上的荷载 (kN)；

p——轮胎接触压力 (kPa)；

δ——接触面当量圆半径 (m)。

对于双轮组车轴，若每一侧的双轮用一个圆表示，称为单圆荷载，如用两个圆表示则称为双圆荷载，如图 6-1 所示。单圆荷载的当量圆直径 D 和双圆荷载的直径 d，分别按式 (6-2)、式 (6-3) 计算：

$$D = \sqrt{\frac{8P}{\pi p}} = \sqrt{2}d \tag{6-2}$$

$$d = \sqrt{\frac{4P}{\pi p}} \tag{6-3}$$

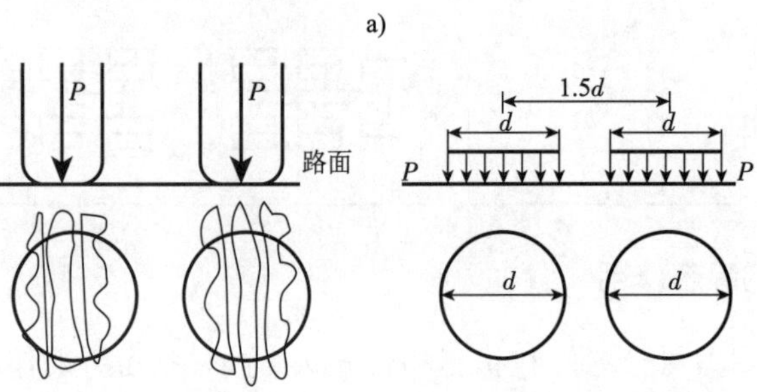

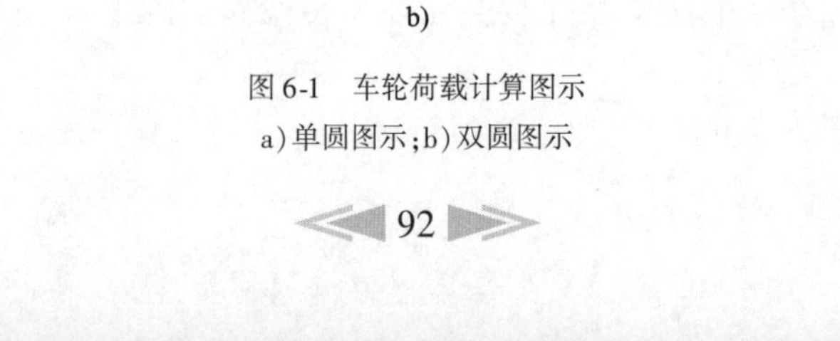

图 6-1 车轮荷载计算图示

a) 单圆图示；b) 双圆图示

我国路面设计规范中规定的标准轴载 BZZ-100 的 $P = 25(100/4)$ kN,$p = 700$kPa,用式(6-2)、式(6-3)计算,可分别得到相应的当量直径为:$D = 0.302$m,$d = 0.213$m。

6.1.4 运动车辆对道路的动态影响

当汽车处于行驶状态时,除了施加给路面垂直压力之外,还给路面施加水平力。此外,由于汽车以较快的速度通过,这些动力影响还有瞬时性的特征。

汽车在道路上匀速行驶,车轮受到路面给它的滚动摩阻力,路面也相应受到车轮施加于它的一个与行驶方向相反的水平力;汽车在上坡行驶或者加速行驶过程中,为了克服重力与惯性力,需要给路面施加向与行驶方向相反的水平力,相应在下坡行驶或者在减速行驶过程中,为了克服重力与惯性力的作用,需要给路面施加与行驶方向相同的水平力。汽车在弯道上行驶,为了克服离心力,保持车身稳定不产生侧滑,需要给路面施加侧向水平力。特别是在汽车起动和制动过程中,施加于路面的水平力相当大。车轮作用于路面的垂直压力与水平力如图 6-2 所示。

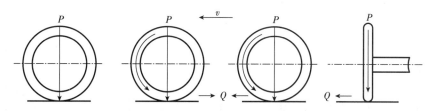

图 6-2 车轮作用于路面的垂直压力与水平力

车轮施加于路面的各种水平力 Q 值与车轮的垂直压力 P 以及路面与车轮之间的附着系数 φ 有关,其最大值 Q_{max} 不会超过 P 与 φ 的乘积,即式(6-4):

$$Q_{max} \leq P\varphi \tag{6-4}$$

若以 q 和 p 分别表示单位接触面上的水平力和垂直接触压力测最大水平力,q_{max} 应满足式(6-5):

$$q_{max} \leq p\varphi \tag{6-5}$$

表 6-3 所列的 φ 值为实地测量的资料。由表列 φ 值可以看出,φ 的最大值一般为 0.7~0.8,同路面类型和湿度以及行车速度有关,相同的路面结构类型,干燥状态的 φ 值比潮湿状态高;路面结构类型与干燥状态相同的情况下,车速越高,φ 值越小。

纵向滑移路面附着系数 φ 表 6-3

路面状况	路面类型	车速(km/h)		
		12	32	64
干燥	碎石	—	0.60	—
	沥青混合料	0.70~1.00	—	0.50~0.65
	水泥混凝土	0.70~0.85	—	0.60~0.80
潮湿	碎石	—	0.40	—
	沥青混合料	0.40~0.65	—	0.10~0.50
	水泥混凝土	0.60~0.70	—	0.35~0.55

路面表面必须保持足够的附着系数,这是保证正常行车的重要条件。但是从路面结构本身来看,附着系数的大小直接关系结构层承受的水平荷载。在水平荷载的作用下,结构层产生

复杂的应力状态,特别是面层结构,直接承受水平荷载作用,若面层抗剪强度不足,将会导致推挤、拥包、波浪、车辙等破坏现象。

汽车在道路上行驶,由于车身自身的振动和路面的不平整,其车轮实际上是以一定的频率和振幅在路面上跳动,作用在路面上的轴载时而大于静态轴载,时而小于静态轴载。图6-3所示即为轴载变化的实例。

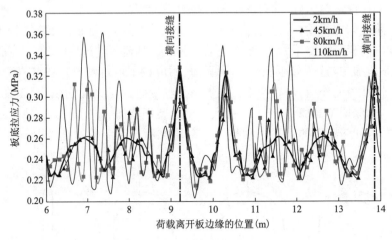

图6-3 轴载的动态变化

轴载变化,可近似地看作为正态分布,其变异系数(标准差与轴载静载之比)主要随以下三个因素而变化:

(1)行车速度。车速越高,变异系数越大。
(2)路面的平整度。平整度越差,变异系数越大。
(3)车辆的振动特性。轮胎的刚度越低,减振装置的效果越好,变异系数越小。

正常情况下,变异系数一般均小于0.3。

振动轮载的最大峰值与静载之比称为冲击系数。在较平整的路面上,行车速度不超过50km/h时,冲击系数不超过1.30。车速增加,或路面平整性不良,则冲击系数还要增大。在设计路面时,有时以静轮载乘以冲击系数作为设计荷载。

行驶的汽车对路面施加的荷载有瞬时性,车轮通过路面上任一点,路面承受荷载的时间是很短的,只有0.01~0.10s。在路面以下一定深度处,应力作用的持续时间略长一点,但仍然十分短暂。由于路面结构中应力传递是通过相邻的颗粒来完成的,若应力出现的时间很短,则来不及传递分布,其变形特性便不能像静载那样呈现得比较完全。美国各州公路及运输工作者协会(AASHTO)曾对不同车速下沥青路面和水泥混凝土路面的变形进行量测,结果如图6-4所示。结果表明,当行车速度由3.2km/h提高到56km/h时,沥青路面的表面竖向变形(弯沉)减少36%;当行车速度由3.2km/h提高到96.7km/h时,水泥混凝土路面的板角挠度和板边应变量减少29%左右。

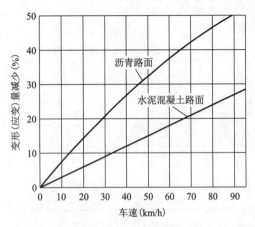

图6-4 车速与路面变形的关系

动荷载作用下路面变形量的减小,可以理解为路面结构刚度的相对提高,或者是路面结构强度的相对增大。

6.1.5 交通荷载对路面的重复作用

汽车荷载对路面的多次重复作用也是一项重要的动态影响。在车流量大的道路上,路面结构每天将承受上千次甚至数万次车轮荷载的作用,在路面的整个使用期限内承受的轮载作用次数更为可观。路面承受一次轮载作用和承受多次重复轮载作用的效果并不一样。对于弹性材料,在重复荷载作用下,呈现出材料的疲劳性质,也就是材料的强度将随荷载重复次数的增加而降低。对于弹塑性或黏弹性材料,如路基和柔性路面,在重复荷载作用下,将呈现出变形的逐渐增大,称为变形的累积。所以对于路面设计,不仅要重视静轴载与动轴载的量值,道路通行的各类轴载的数量也是重要的因素。

道路上通行的车辆不仅具有不同的类型和轴重,而且通行的交通量也是变化的。因此,交通量与交通荷载组成均是随机变量,随着时间、地点以及年限不同都在变化。路面结构设计中为了准确衡量交通量,使交通量具有可比性,并准确考虑和计算车辆荷载对路面的综合累计损伤作用,必须分车型和轴型调查,确定各车型和轴型间的关系,寻求其换算系数,并通过适当的方式将不同车型和轴型换算成标准车型与轴型。

6.2 交通数据调查

道路路面设计所用的交通量与交通工程中的交通量有很大的区别。交通工程中将混合交通量换算成为以小汽车或中型载重汽车为标准的交通量。而道路路面设计中,首先调查获取不同车辆类型的混合交通量,接着确定其轴型和轴载组成,一般选用一种轴载作为路面结构设计的标准轴载,其他各种轴载按照一定的原则换算为标准轴载,从而获得当量设计轴载累计作用次数。为了进行轴载换算,交通数据调查应包括交通量及其增长率、方向系数、车道系数、车辆类型组成、轴型组成和轴重等。

6.2.1 调查方法

路面设计的交通量调查方法与交通工程用于规划与道路可行性研究的交通量调查方法完全不同,后者主要关心某一路段或横断面的交通数量,而前者不仅要关心某一路段或横断面的交通数量,还要十分重视各类车型的轴载质量。进行车辆轴载称量的方法有多种,包括人工千斤顶称重、地磅静态称重和桥涵感应式车辆称重。人工千斤顶称量由于劳动强度高、称重精度低、称重过程不安全等因素,一般不能作为常规的轴载质量称量方法。地磅静态称重要求车辆静止停放在称重设备上,因而会影响到正常的交通,只能指定对象进行,无法保证获得数据的连续性和客观性。桥涵感应式车辆称重法通过事先的标定来测定车辆以一定速度运动时的质量,但是其精度相对较低,同时与车辆运动的速度有关。

1952年美国最先研究开发出WIM(Weigh In Motion)技术,该技术在称重过程中可以不影响路上的正常交通,能够实现自动记录,得到较为准确的动态轴载数据,人为干扰因素少,提高了车辆和调查人员的安全性。WIM设备大多采用应力应变原理,以钢筋混凝土或钢板做成称重平台,在平台四周或底部埋设应变片和传感器。WIM设备可以分成固定式和移动式两类。

6.2.2 交通量

在道路路面设计中,交通量是指一定时间间隔(如设计年限)内各类车辆通过某一道路横断面的数量(双向)。为了获得设计年限内的总交通量,通常需要首先确定设计道路的初始年平均日交通量,也即通车第一年的年平均日交通量,按式(6-6)进行计算:

$$AADT = \frac{1}{365}\sum_{i=1}^{365} Q_i \tag{6-6}$$

式中:AADT——初始年平均日交通量;

Q_i——规定时间(365d)内的每日实际交通量。

可通过现有交通量观测站的调查资料,得到该道路设计的初始年平均日交通量,也可以根据需要,临时设站进行观测。当然这种观测只是短期的,仅为若干天,并且每天可能只观测若干小时。对此,可利用当地长期观测所得的时间分布规律,即月分布不均匀系数、日分布不均匀系数和小时分布换算系数,将临时观测结果按相应的换算系数换算成年平均日交通量。

在我国现行《公路沥青路面设计规范》(JTG D50)中,一般是将获取的初始年平均日交通量(双向)及其车辆类型组成数据(AADT),剔除2轴4轮及以下的客货运车辆交通量,得到2轴6轮及以上车辆(也即包括大型客车在内的货车)的交通量,作为设计用双向初期年平均日交通量(AADTT)。双向初期年平均日交通量乘以方向系数(DDF)和车道系数(LDF),即为设计车道的年平均日货车交通量,见式(6-7)。

$$Q_1 = AADTT \times DDF \times LDF \tag{6-7}$$

式中:Q_1——设计车道的年平均日货车交通量;

AADTT——2轴6轮及以上车辆的双向初期年平均日交通量;

DDF——方向系数;

LDF——车道系数。

方向系数宜根据不同方向上实测交通量数据确定,无实测数据时可在0.5~0.6范围内选取。沥青路面的车道系数可以按下列三个水平确定:①水平一,根据现场交通量观测资料统计设计方向不同车道上车辆的数量,确定车道系数;②水平二,采用当地的经验值;③采用表6-4的推荐值。改建路面设计应采用水平一,新建路面设计可采用水平二或水平三。水泥混凝土路面的车道系数可以直接按表6-4确定。

车 道 系 数　　　　　　　　　　　表6-4

单向车道数	1	2	3	≥4
高速公路	—	0.70~0.85	0.45~0.60	0.40~0.50
其他等级公路	1.00	0.50~0.75	0.50~0.75	—

注:交通受非机动车和行人影响严重时取低限,反之取高值。

道路路面承受的年平均日交通量是逐年增大的,要确定路面设计年限内的总交通量,还需要预估设计年限内交通量的发展。通常,可根据最近若干年内连续观测的交通量资料,通过整理得出交通量的变化规律,然后,利用它外延得到所需年份的平均日交通量。表6-5所列为根据我国25条国道1980—1989年间的交通量观测资料整理出的不同年限内交通量年平均增长率的变化范围,可供参考。但是,交通量的产生和增长,与公路沿线的经济状况、生产布局、发展规划、运输系统结构以及公路网密度等诸多因素密切相关。选用时,还需考虑公路所在地区人口、经济和交通的发展趋势,做适当调整。

交通量年平均增长率 γ 变化范围(%)　　　　表6-5

公路等级	年限(年)				
	10	15	20	30	40
高速公路	5~9	4~7	4~7	3~6	2~4
一级公路	6~11	4~9	3~9	2~6	2~4
二级公路	5~12	3~8	2~6	2~4	1~3
三级公路	3~24	2~18	2~13	1~8	1~6

注：初始交通量大的取下限，反之取上限。

现有的交通量预估公式一般认为交通量逐年递增且大致符合几何级数增长规律。即在设计年限内，以固定的增长率 γ 逐年增加，t 年后的年平均日交通量计算见式(6-8)。

$$Q_t = Q_1(1+\gamma)^{t-1} \tag{6-8}$$

由于这种计算方法受初年和 t 年的年平均日交通量 Q_1 和 Q_t 的偶然性影响较大，即没有计入各中间年交通量的影响，所得增长率用来计算累计交通量误差较大，有时可通过数值解法获得 t 年内的平均增长率，见式(6-9)。

$$\sum_{i=1}^{t} Q_i = Q_1 \frac{(1+\gamma)^t}{\gamma} \tag{6-9}$$

在路面结构设计中，需要通过调查研究、分析论证来确定交通量年平均增长率 γ。γ 值的变化幅度很大，不同地区、不同经济条件、不同时间 γ 值都不一样。通常在发达国家、大城市附近，由于经济基础已具相当规模，交通量的基数较大，所以增长率 γ 较小。对于发展中国家、新开发的经济区，一般 γ 值较大，若干年之后又逐步下降，趋向稳定。确定交通量年平均增长率 γ 后，设计年限内设计车道累计交通量 Q 可以按式(6-10)或式(6-11)预估。

$$Q = \frac{365 Q_1 [(1+\gamma)^t - 1]}{\gamma} \tag{6-10}$$

$$Q = \frac{365 Q_t [(1+\gamma)^t - 1]}{\gamma(1+\gamma)^{t-1}} \tag{6-11}$$

式中：Q——设计年限内设计车道的累计交通量；

Q_1——设计的初始年平均日交通量；

Q_t——设计的末年年平均日交通量；

γ——设计年限内交通量年平均增长率；

t——设计使用年限或设计基准期。

6.2.3　车型与轴载组成

不同车型具有不同的轴组与轴重，而不同轴组和轴重给路面结构带来的损伤程度是不同的。对路面结构设计，除了设计期限内的累计交通量之外，另一个重要的交通因素便是各级轴载作用次数与总作用次数之比，即轴载组成或轴载谱。根据实测的通过轴载次数和相应的轴重，整理成图6-5所示的直方图，作为该道路通行的各级轴载的典型轴载谱。由交通调查得到不同车型的组成分布，进而获取每种车型每日通行的轴载数，乘以相应的轴载谱百分率，即可推算出所有车辆各级轴载的作用次数。

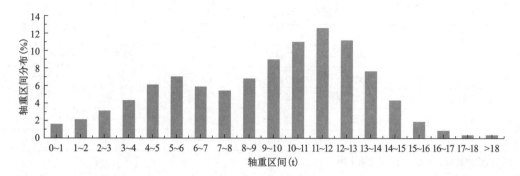

图 6-5 轴载谱

可通过实地设立站点进行各类车辆的轴型调查和轴重测定,或者利用该地区或相似类型公路已有称重站的车型、轴型和轴重测定统计资料,获取设计公路的车辆类型、轴型和轴重组成数据。对于水泥路面,还需要获取最重轴载和货车中占主要份额的特重车型轴载。对于沥青路面,车辆类型分布系数可按三个水平确定:①水平一,根据交通观测资料分析 2~11 类车型所占的百分比,得到车辆类型分布系数;②水平二,根据交通历史数据或经验数据,按照表 6-6 确定公路 TTC 分类,采用该 TTC 分类车辆类型分布系数当地经验值;③水平三,根据交通历史数据或经验数据,按表 6-6 确定公路 TTC 分类,采用表 6-7 规定的车辆类型分布系数。在确定轴载谱时,分别针对 2~11 类车辆,统计不同轴型在不同轴重区间所占的百分比,得到每类车辆不同轴型的轴重分布系数,即轴载谱。单轴单胎、单轴双胎、双联轴和三联轴应分别间隔 2.5kN、4.5kN、9.0kN 和 13.5kN 划分轴重区间。

公路 TTC 分类标准(%)　　　　　　　　　　　　　表 6-6

TTC 分类	整体式货车比例	半挂式货车比例
TTC1	<40	>50
TTC2	<40	<50
TTC3	40~70	>20
TTC4	40~70	<20
TTC5	>70	—

注:表中整体式货车为表 6-2 中 3~6 类车,半挂式货车为表 6-2 中 7~10 类车。

不同 TTC 分类车辆类型分布系数　　　　　　　　　　　表 6-7

车辆类型	2 类	3 类	4 类	5 类	6 类	7 类	8 类	9 类	10 类	11 类
TTC1	6.4	15.3	1.4	0.0	11.9	3.1	16.3	20.4	25.2	0.0
TTC2	22.0	23.3	2.7	0.0	8.3	7.5	17.1	8.5	10.6	0.0
TTC3	17.8	33.1	3.4	0.0	12.5	4.4	9.1	10.6	8.5	0.7
TTC4	28.9	43.9	5.5	0.0	9.4	2.0	4.6	3.4	2.3	0.1
TTC5	9.9	42.3	14.8	0.0	22.7	2.0	2.3	3.2	2.5	0.2

对于水泥混凝土路面,重点是获得单轴轴载谱,可采用以轴型为基础和以车辆类型为基础两种方法获得单轴轴载谱。以轴型进行称重和统计时,随机统计 3000 辆 2 轴 6 轮及以上车辆中单轴、双联轴和三联轴等不同轴型出现的单轴次数,并分别称取其单轴轴重,可按单轴轴重级位统计整理后得到轴载谱。以车辆类型为基础进行各种轴型的轴载称重和统计时,可将 2 轴 6 轮及以上车辆分为整车、半挂和多挂三大类,调查获取车辆类型组成比例,每类车再按轴

数细分,分别按车型称重后得到单轴轴载谱。

6.2.4 轮迹横向分布

车辆在道路上行驶时,车轮的轨迹总是在横断面中心线附近一定范围内左右摆动。由于轮迹的宽度远小于车道的宽度,因而总的轴载通行次数既不会集中在横断面上某一固定位置,也不可能平均分配到每一点上,而是按一定的规律分布在车道横断面上。因此,把某点通行次数与总通行次数之比称为轮迹的横向分布。图 6-6 所示为单向行驶时一个车道内的轮迹横向分布频率曲线,图 6-7 所示为混合行驶时双车道内轮迹横向分布频率曲线。

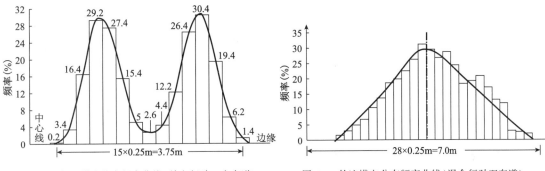

图 6-6 轮迹横向分布频率曲线(单向行驶一个车道)　　图 6-7 轮迹横向分布频率曲线(混合行驶双车道)

分布频率曲线中的直方图条带宽为 25cm,大约接近轮迹宽度,以条带上受到的车轮作用次数除以车道上受到的作用次数作为该条带的频率。由图 6-6 可见,在单向行车的一个车道上,由于行车的渠化,频率曲线出现两个峰值,达到 30%,而车道边缘处频率很低。由图 6-7 可见,混合行驶的双车道,车辆集中在双车道中央,频率曲线出现一个峰值,约为 30%,两侧边缘频率很低。

轮迹横向分布频率曲线图形随许多因素而变化,如交通量、交通组成、车道宽度、交通管理规则等。需分别根据各种不同情况,通过实地调查,才能确定。

在路面结构设计中,用横向分布系数 η 来反映轮迹横向分布频率的影响。测试时通常取宽度为两个条带的宽度,即 50cm,因为双轮组每个轮宽 20cm,轮隙宽 10cm。这时的两个条带频率之和称为轮迹横向分布系数。

轮迹横向分布系数一般仅在水泥混凝土路面设计中使用,用于考虑设计车道上车轮荷载在水泥混凝土板临界荷位处的作用。表 6-8 列出了水泥混凝土路面轮迹横向分布系数的建议值。

水泥混凝土路面轮迹横向分布系数　　表 6-8

公　路　等　级		纵缝边缘处
高速公路、一级公路、收费站		0.17～0.22
二级及二级以下公路	行车道宽>7m	0.34～0.39
	行车道宽≤7m	0.54～0.62

注:车道、行车道较宽或者交通量较大时,取大值;反之,取小值。

6.3 标准轴载及轴载换算

为了量化考虑交通量以及不同车辆类型对路面结构的综合累积损伤作用,路面结构设计中一般选用一种轴载作为路面结构设计的标准轴载,其他各种轴载按照一定的原则换算成标准轴载,从而将交通量转换为结构设计用的当量设计轴载累计作用次数。

6.3.1 标准轴载

标准轴载一般要求对路面的响应较大,同时又能反映本国公路运输营运车辆的总体轴载水平。我国根据公路运输营运车辆的实际水平,规定公路与城市道路路面设计采用轴重为100kN 的单轴-双轮组轴载为设计轴载,其计算图式如图 6-1b)所示,计算参数见表6-9。其他国家的设计标准轴载为美国80kN、德国100kN、法国130 kN、英国 80 kN、印尼50kN、南非 80 kN、黎巴嫩140kN。联合国141 个成员国的比例如下:小于100kN 占67.36%、101~110kN 占11.56%、111~120kN 占5.44%、大于121kN 占15.64%。

设计轴载的参数　　　　　　　　　　　表 6-9

设计轴载 (kN)	轮胎接地压强 (MPa)	单轮接地当量圆直径 (mm)	两轮中心距 (mm)
100	0.70	213.0	319.5

轴重的大小直接关系到路面结构的设计承载力与结构强度,标准轴载问题涉及运输经济和路面结构经济性两个方面。国外目前有货车重型化、载客汽车小型化的趋势,使公路运输承受的轴载增加,路面的损坏问题日趋严重。在我国,由于市场经济的逐步建立,公路货运的经济性为货运部门主要考虑的因素,重轴载车辆的比例越来越大。路面结构的早期破坏与超出规定的重轴载车辆有很大的关系。因此,必须加强管理,尽可能限制超出规定的重轴载车辆的运行。

车辆超载和超限是两个不同的概念。超载运输是指车辆所装载的货物(或人员)超过车辆额定的载货质量(或人员数)。公路超限运输是指在公路上行驶的车辆、工程机械,其总质量、轴载质量、外形尺寸三者之一超过法定的限值标准。其中总质量和轴载质量超限是直接关系道路结构破坏的因素。超载但不超限的车辆对路面的使用寿命有一定的影响,超载且超限的车辆对路面的使用寿命有很大的影响,有的甚至超过路面或桥梁结构的极限承载力,使路面出现结构性破坏,或使桥梁结构出现整体性破坏,引发严重的安全事故。对超载条件下路面结构的设计问题,公路设计技术人员应十分重视。

6.3.2 轴载换算基本原则

不同轴载在同一路面结构上重复作用不同次数后,可使结构层永久变形量或疲劳破坏达到相同极限状态。因此,在一定轴载范围内,不同轴载对路面的作用效果可以互相换算。在进行换算时,应该遵循两项原则:第一,换算以达到相同临界状态为标准;第二,对某一种交通组成,不论以哪种轴载标准进行换算,由换算所得轴载作用次数计算的路面厚度相同。我国现行沥青路面设计方法采用沥青混合料层疲劳寿命、无机结合料稳定层疲劳寿命、沥青混合料层永久变形和路基永久变形为主要设计标准,因此,轴载换算时考虑了沥青混合料层层底拉应变、无机结合料稳定层层底拉应力、沥青混合料层永久变形量和路基顶面竖向压应变为指标的轴载换算方法。我国现行水泥混凝土路面设计方法则采用水泥混凝土面板底面的弯拉应力为指标进行轴载换算。

6.3.3 沥青路面的轴载换算方法

采用 6.2 节交通数据调查方法,获得交通量及其增长率、方向系数、车道系数、车辆类型组成、轴型组成和轴重等。各类车辆当量设计轴载换算系数可以按三个水平确定,高速公路和一级公路的改建设计应采用水平一,其他情况可采用水平二或水平三。

1) 水平一

(1) 采用称重设备连续采集设计车道上车辆类型、轴型组成和轴重数据,按下列步骤分析各类车辆当量换算系数。

分别统计 2~11 类车辆单轴单胎、单轴双胎、双联轴和三联轴的数量,除以各类车辆总量,按式(6-12)计算各类车辆中不同轴型平均轴数。

$$\text{NAPT}_{mi} = \frac{\text{NA}_{mi}}{\text{NT}_m} \qquad (6\text{-}12)$$

式中:NAPT_{mi}——m 类车辆中 i 种轴型的平均轴数;
NA_{mi}——m 类车辆中 i 种轴型总数;
NT_m——m 类车辆总数;
i——单轴单胎、单轴双胎、双联轴和三联轴;
m——表 6-2 所列 2~11 类车。

(2) 按式(6-13)计算 2~11 类车辆不同轴型在不同轴重区间所占的百分比,得到不同轴型的轴重分布系数,即轴载谱。确定轴载谱时,单轴单胎、单轴双胎、双联轴和三联轴应分别间隔 2.5kN、4.5kN、9.0kN 和 13.5kN 划分轴重区间。

$$\text{ALDF}_{mij} = \frac{\text{ND}_{mij}}{\text{NA}_{mi}} \qquad (6\text{-}13)$$

式中:ALDF_{mij}——m 类车辆中 i 种轴型在 j 级轴重区间的轴重分布系数;
ND_{mij}——m 类车辆中 i 种轴型在 j 级轴重区间的数量;
NA_{mi}——m 类车辆中 i 种轴型的数量。

(3) 按式(6-14)计算 2~11 类车辆各种轴型在不同轴重区间的当量设计轴载换算系数,计算时取各轴重区间中点值作为该轴重区间代表轴重。按式(6-15)计算各类车辆当量设计轴载换算系数。

$$\text{EALF}_{mij} = c_1 c_2 \left(\frac{P_{mij}}{P_s}\right)^b \qquad (6\text{-}14)$$

式中:P_s——设计轴载(kN);
P_{mij}——m 类车辆中 i 种轴型在 j 级轴重区间的单轴轴载(kN),对双联轴和三联轴,为平均分配到每根单轴的轴载;
c_1——轴组系数,前后轴间距大于 3m 时,分别按单个轴计算 $c_1 = 1$;轴间距小于 3m 时,按表 6-10 取值;
c_2——轮组系数,双轮组为 1.0,单轮时取 4.5;
b——换算系数,以沥青混合料层层底拉应变为设计指标分析沥青混合料层疲劳和以沥青混合料永久变形量为设计指标分析沥青混合料层永久变形时,$b = 4$;以路基顶面压应变为设计指标分析路基永久变形时,$b = 5$;以无机结合料稳定层层底拉应力为设计指标分析无机结合料稳定层疲劳时,$b = 13$。

轴组系数取值   表 6-10

设 计 指 标	轮-轴型	c_1
沥青混合料层层底拉应变	双联轴	2.1
沥青混合料层永久变形量	三联轴	3.2
路基顶面竖向压应变	双联轴	4.2
	三联轴	8.7
无机结合料稳定层层底拉应力	双联轴	2.6
	三联轴	3.8

$$EALF_m = \sum_i \left[NAPT_{mi} \sum_j \left(EALF_{mij} \times ALDF_{mij} \right) \right] \quad (6-15)$$

式中：$EALF_m$——m 类车辆的当量设计轴载换算系数；

$NAPT_{mi}$——m 类车辆中 i 种轴型的平均轴数；

$ALDF_{mij}$——m 类车辆中 i 种轴型在 j 级轴重间的轴重分布系数；

$EALF_{mij}$——m 类车辆中 i 种轴型在 j 级轴重区间当量设计轴载换算系数，根据式(6-14)计算确定。

2）水平二和水平三

按式(6-16)确定各类车辆的当量设计轴载换算系数，式(6-16)中非满载车和满载车的比例和当量设计轴载换算系数，水平二时取当地经验值，水平三时取表 6-11 和表 6-12 所列全国经验值。

$$EALF_m = EALF_{ml} \times PER_{ml} + EALF_{mh} \times PER_{mh} \quad (6-16)$$

式中：$EALF_{ml}$——m 类车辆中非满载车的当量设计轴载换算系数；

$EALF_{mh}$——m 类车辆中满载车的当量设计轴载换算系数；

PER_{ml}——m 类车辆中非满载车所占的百分比；

PER_{mh}——m 类车辆中满载车所占的百分比。

2~11 类车辆非满载车与满载车比例   表 6-11

车 型	非满载车比例	满载车比例
2 类	0.80~0.90	0.10~0.20
3 类	0.85~0.95	0.05~0.15
4 类	0.60~0.70	0.30~0.40
5 类	0.70~0.80	0.20~0.30
6 类	0.50~0.60	0.40~0.50
7 类	0.65~0.75	0.25~0.35
8 类	0.40~0.50	0.50~0.60
9 类	0.55~0.65	0.35~0.45
10 类	0.50~0.60	0.40~0.50
11 类	0.60~0.70	0.30~0.40

2～11类车辆当量设计轴载换算系数   表6-12

车型	沥青混合料层层底拉应变、沥青混合料层永久变形量		无机结合料稳定层层底拉应力		路基顶面竖向压应变	
	非满载车	满载车	非满载车	满载车	非满载车	满载车
2类	0.8	2.8	0.5	35.5	0.6	2.9
3类	0.4	4.1	1.3	314.2	0.4	5.6
4类	0.7	4.2	0.3	137.6	0.9	8.8
5类	0.6	6.3	0.6	72.9	0.7	12.4
6类	1.3	7.9	10.2	1505.7	1.6	17.1
7类	1.4	6.0	7.8	553.0	1.9	11.7
8类	1.4	6.7	16.4	713.5	1.8	12.5
9类	1.5	5.1	0.7	204.3	2.8	12.5
10类	2.4	7.0	37.8	426.8	3.7	13.3
11类	1.5	12.1	2.5	985.4	1.6	20.8

3）当量设计轴载累计作用次数

根据前述确定的车辆当量设计轴载换算系数,结合6.2节的交通量调查数据,按式(6-17)确定初始年设计车道日平均当量轴次 N_1。

$$N_1 = AADTT \times DDF \times LDF \times \sum_{m=2}^{11}(VCDF_m \times EALF_m) \tag{6-17}$$

式中：AADTT——2轴6轮及以上车辆的双向年平均日交通量(辆/日)；

DDF——方向系数；

LDF——车道系数；

m——车辆类型编号；

$VCDF_m$——m类车辆类型分布系数；

$EALF_m$——m类车辆的当量设计轴载换算系数。

根据初始年设计车道日平均当量轴次 N_1、设计使用年限等,按式(6-18)计算设计车道上的当量设计轴载累计作用次数 N_e。

$$N_e = \frac{[(1+\gamma)^t - 1] \times 365}{\gamma} N_1 \tag{6-18}$$

式中：N_e——设计使用年限内设计车道上的当量设计轴载作用次数(次)；

t——设计使用年限(年)；

γ——设计使用年限内交通量的年平均增长率；

N_1——初始年设计车道日平均当量轴次(次/d)。

6.3.4 水泥混凝土路面的轴载换算方法

水泥混凝土路面结构设计也以100kN的单轴-双轮组荷载作为标准设计轴载,并以水泥混凝土面板底面的弯拉应力为指标进行轴载换算。

1）以轴型为基础的换算方法

各类车辆按轴型称重和统计时,可采用以轴型为基础的轴载当量换算系数法计算分析设计车道使用初期的设计轴载日作用次数。随机统计3000辆2轴6轮及以上车辆中单轴、双联轴和三联轴等不同轴型出现的单轴次数,并分别称取其单轴轴重。可按单轴轴重级位统计整理后得到轴载谱,并按式(6-19)计算确定不同轴重级位的设计轴载当量换算系数。

$$k_{p,i} = \left(\frac{P_i}{P_s}\right)^{16} \tag{6-19}$$

式中:$k_{p,i}$——不同单轴轴重级位i的设计轴载当量换算系数;

P_i——单轴,单轮、单轴-双轮组、双轴-双轮组或三轴-双轮组轴型中单轴级位i的轴重(kN);

P_s——设计轴载的轴重(kN)。

依据单轴轴载谱和相应的设计轴载当量换算系数,可按式(6-20)计算得到设计车道使用初期的设计轴载日作用次数。

$$N_s = \text{ADTT} \frac{n}{3000} \sum_i (k_{p,i} \cdot p_i) \tag{6-20}$$

式中:N_s——设计车道的设计轴载日作用次数[轴次/(车道·d)];

ADTT——设计车道的年平均日货车交通量[辆/(车道·d)];

n——随机调查3000辆2轴6轮以上车辆中出现的单轴总轴数;

p_i——单轴轴重级位i的频率(以分数计)。

2)以车辆类型为基础的换算方法

以车辆类型为基础进行各种轴型的轴载称重和统计时,可采用车辆当量轴载系数法计算分析设计车道使用初期的设计轴载日作用次数。

可将2轴6轮及以上车辆分为整车、半挂和多挂三大类,每类车再按轴数细分,分别按车型称重后得到单轴轴载谱。可由式(6-19)和式(6-21)计算得到各类车辆的设计轴载当量换算系数。

$$k_{p,k} = \sum_i k_{p,i} \cdot p_i \tag{6-21}$$

式中:$k_{p,k}$——k类车辆的设计轴载当量换算系数;

p_i——k类车辆单轴轴重级位i的频率(以分数计)。

依据调查所得的车辆类型组成数据,可按式(6-22)计算确定设计车道使用初期的设计轴载日作用次数。

$$N_s = \text{ADTT} \times \sum_k (k_{p,k} \cdot p_k) \tag{6-22}$$

式中:p_k——k类车辆的组成比例(以分数计)。

3)当量设计轴载累计作用次数

设计基准期内水泥混凝土路面设计车道临界荷位处所承受的设计轴载累计作用次数,可按照式(6-23)计算确定。

$$N_e = \frac{N_s \cdot [(1+g_r)^t - 1] \times 365}{g_r} \cdot \eta \tag{6-23}$$

式中:N_e——设计基准期内设计车道所承受的设计轴载累计作用次数(轴次/车道);

t——设计基准期(年);

g_r——基准期内货车交通量的年平均增长率(以分数计);

η——临界荷位处的车辆轮迹横向分布系数,按表 6-8 选用。

6.3.5 交通荷载分级

由于不同等级的道路承受不同的交通荷载作用,为了判别道路承受荷载的轻重,现行《公路沥青路面设计规范》(JTG D50)和《公路水泥混凝土路面设计规范》(JTG D40)分别对交通荷载等级进行了划分。

沥青路面结构设计采用多项设计指标,不同设计指标分别采用不同的轴载换算参数,从而对应不同的当量设计轴载累计作用次数。如采用当量设计轴载累计作用次数划分交通荷载等级,需针对各设计指标分别提出划分标准,应用不便。此外,不同等级公路设计使用年限不同,日平均交通量无法反映设计使用年限内累计交通量。因此,沥青路面以设计使用年限内累计大型客车和货车交通量之和划分交通荷载等级,见表 6-13。

沥青路面设计交通荷载分级　　表 6-13

设计交通荷载等级	极重	特重	重	中等	轻
设计使用年限内设计车道累计大型客车和货车交通量($\times 10^6$ 辆)	≥50.0	50.0~19.0	19.0~8.0	8.0~4.0	<4.0

注:大型客车和货车为表 6-2 中所列 2~11 类车。

水泥混凝土路面设计车道在设计基准期内所承受的交通荷载作用,按设计基准期内设计车道临界荷位处所承受的设计轴载累计作用次数分为 5 级(表 6-14)。

水泥混凝土路面交通荷载分级　　表 6-14

交通荷载等级	极重	特重	重	中等	轻
设计基准期内设计车道承受设计轴载(100kN)累计作用次数 N_e($\times 10^4$)	$>1\times 10^6$	1×10^6~2000	2000~100	100~3	<3

练习

1. 为什么要进行车辆类型和轴载类型的分类?路面设计采用的交通量和道路等级确定的交通量有何差别?
2. 荷载对路面的作用有哪些?什么情况下用哪种荷载作用方式?
3. 什么是标准轴载?我国用什么作为标准轴载?其他国家为什么用不同的标准轴载?
4. 为什么要进行轴载换算?水泥混凝土路面与沥青路面如何进行轴载换算?
5. 何谓当量设计轴载累计作用次数 N_e?怎样确定?它在路面设计中有何用处?
6. 不同轴载通行次数是按不同指标进行换算的,请说明按不同指标进行轴载换算的主要原则。

讨论1：交通荷载是路面设计最主要参数，请组成小组，进行路段交通量调查，统计轴载作用次数。调查时请注意：如何获取轴载数据和轴载类型，如何进行轴载分类统计。

讨论2：超载是我国道路交通的重要问题，分析超载对路面的影响。对矿区重载道路，请说明应该选择沥青路面还是水泥混凝土路面。

第7章 自然因素

【本章提要】

本章主要介绍了在自然因素的影响下路基路面结构的温度和湿度状况、温度和水共同作用下导致的路基土冻胀现象、公路自然区划和沥青路面使用性能气候分区等。

【学习要求】

通过学习本章内容,了解自然影响因素特点及路面温度场预测方法、路基湿度的来源;理解路面温度变化基本特点;掌握路基干湿类型划分方法、路基土冻胀机理和影响因素、公路自然区划和沥青路面使用性能分区的意义和主要依据。

路基路面修筑完成后即暴露于自然环境中,在长期服役过程中,经受着各种自然因素的影响,如风吹、日照、雨雪、气温变化等,路基路面的性质与状态也会随之变化,当这种变化趋于严重,即便没有受到车轮荷载的破坏作用,路基路面也可能会在自然因素的影响下逐渐损坏,或者在车轮荷载的叠加影响下加速损坏。为此,在路基路面规划、设计、施工和养护过程中,要考虑自然因素的影响。

自然环境因素对路基路面的作用大致可分为温度影响和湿度(水)影响两个方面。温度的基本影响体现在温度升降导致材料的胀缩,在胀缩受到约束时会产生约束应力,往往导致相应的损坏。同时部分路用材料力学性质对温度敏感,如沥青作为黏弹性材料,其力学性质受温度影响极大,进而影响了沥青混合料和沥青路面的性能。湿度的影响主要体现在一方面水是导致某些病害的基本因素,如沥青混合料水损害、路面唧浆、路基冻胀破坏等;另一方面路用材料的性质受含水率的影响,如路基土和粒料类材料这两类材料的力学性质对含水率较为敏感,潮湿和干燥状态下无机结合料稳定类材料的力学性质也存在显著差别等。

7.1 路面的温度状况

7.1.1 路面温度变化

决定路面结构内温度状况的因素,可分为外部因素和内部因素两类。外部因素主要为气候条件,如气温、太阳辐射、风速、降水量和蒸发量等,其中气温对路面温度场的影响最为显著。太阳辐射仅出现在白天,是促使路面温度在白天升高的重要因素,也是除气温之外最主要的影响因素。内部因素为路面各结构层的热导率、热容量(比热)和对辐射热的吸收能力等。热导率与材料的结构、空隙率和湿度有关。

大气的温度在年内和日内发生着周期性的变化,而同大气直接接触的路面温度也相应地在年内和日内发生着周期性变化。图 7-1 和图 7-2 分别显示了夏季晴天的情况下沥青类面层和水泥混凝土面层温度的日变化观测结果。

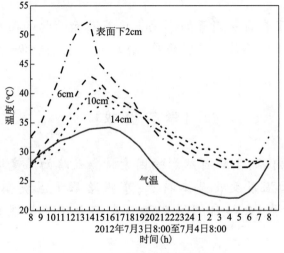

图 7-1　沥青面层日变化曲线

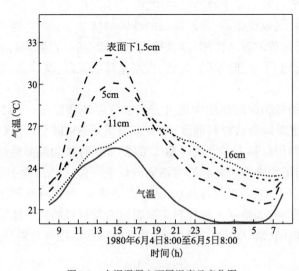

图 7-2　水泥混凝土面层温度日变化图

由图 7-1 和图 7-2 可知,路表温度的周期性起伏,同气温的变化几乎完全同步。由于部分太阳辐射热被路面所吸收,路面的温度较气温高。沥青面层的最高温度要高出气温 20℃ 左右,水泥混凝土面层温度则高出气温 14℃ 左右。面层结构内不同深度处的温度同样随气温的变化而呈现出周期性变化,但变化的幅度则随深度的增加而减小。同时,由于热量沿深度传递需要一定时间,其峰值也随深度的增加而越来越滞后出现。类似地,除了日变化外,一年四季面层不同深度处的温度还随气温的变化而经历着年变化,平均气温最高和最低时,面层的平均气温也相应为最高和最低值。

7.1.2 温度状况的预测

路面结构内的温度状况,可通过在外部和内部影响因素之间建立联系的方法来预估,这种方法有两类,即统计方法和理论方法。

统计方法就是在路面结构层的不同深处埋设测温元件,连续观测年循环内不同时刻的温度变化。同时收集当地的气象资料,包括对应的气温和太阳辐射等。对记录的路面温度和气象因素进行逐步回归分析。选择符合显著性检验要求的因素,分别建立不同深度处各种路面温度指标的回归方程式。式(7-1)为路面不同深度最高温度常见统计模型形式:

$$T_{\max} = a + b \cdot T_{a \cdot \max} + c \cdot Q \tag{7-1}$$

式中:$T_{\max}$——路面某一深度处的最高温度(℃);

$T_{a \cdot \max}$——相应的日最高气温(℃);

Q——相应的太阳日辐射(J/m^2);

a、b、c——回归常数。

由于统计方法不可能包含所有的复杂因素,所以计算的精确度有地区局限性,其结果可以在条件相似的地区参考使用。

理论法是应用热传导理论方程,推演出各项气象资料和路面材料热物理特性参数组成的温度预估方程。通常,由于参数确定的难度大和理论假设的理想化,预估的结果与实测结果有一定的差距。

7.2 路基的湿度状况

7.2.1 路基湿度的来源

路基在使用过程中,受到各种外界因素的影响,使湿度发生变化。路基湿度的来源可分为以下几个方面:

(1)大气降水:大气降水通过路面、路肩、边坡和边沟渗入路基;

(2)地面水:边沟的流水、地表径流水因排水不良,形成积水渗入路基;

(3)地下水:地下水可以通过渗流或水位升高渗入路基,也可通过毛细管作用浸湿路基;

(4)水蒸气凝结水:在土的空隙中流动的水蒸气,遇冷凝结成水;

(5)薄膜移动水:在土的结构中水以薄膜的形式从含水率较高处向较低处流动,或由温度较高处向温度较低处流动。

根据具体情况不同,其中的一种或者几种同时存在并影响路基湿度,如图7-3所示。

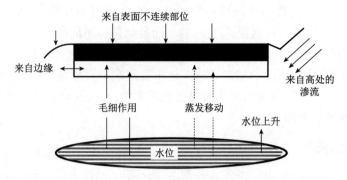

图7-3　路基湿度来源示意图

7.2.2　路基平衡湿度及干湿类型

1) 路基平衡湿度及干湿类型

路基的强度与稳定性同路基的干湿状态有密切关系,并在很大程度上影响路面结构设计,路基的干湿状态可用路基工作区的平衡湿度来表征。大量研究表明,公路建成通车后,路基在地下水、降雨、蒸发、冻结和融化等因素作用下,其含水率难以保持路基土压实时对应的最佳含水率,并在几年后与周围环境达到相对稳定的平衡状态,此时路基的含水率称为平衡湿度。由于受大气环境因素的波动性和周期性影响,平衡湿度在一年中随季节变化也发生变动,但是变化的幅度不大,一般不超过2%。

路基的平衡湿度状况可依据路基工作区湿度来源分为干燥、中湿、潮湿三类。对于干燥类路基,地下水位很低,路基工作区处于地下水毛细润湿面之上,平衡湿度由气候因素控制;中湿类型路基的湿度则兼受地下水和气候因素的影响,路基工作区被地下水毛细润湿面分为上、下两部分,下部受地下水毛细润湿的影响,上部则受气候因素的影响,如图7-4所示。对于潮湿类路基,地下水或地表积水位高,路基工作区均处于地下水毛细润湿的影响之下,平衡湿度由地下水或地表长期积水的水位升降控制。

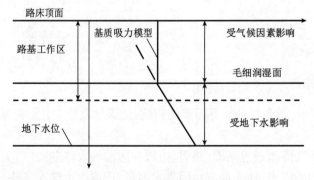

图7-4　中湿类路基的湿度状况

我国现行《公路路基设计规范》(JTG D30)采用饱和度指标表征路基土湿度,按式(7-2)计算。

$$S = \frac{w_V}{1 - \frac{\gamma_S}{G_S \gamma_W}} \text{ 或 } S = \frac{w}{\frac{\gamma_W}{\gamma_S} - \frac{1}{G_S}} \tag{7-2}$$

式中：S——饱和度(%)；

w——土的质量含水率(%)；

γ_w、γ_s——土的干密度和水的密度(kg/m³)；

G_s——土的相对密度。

路基土在平衡湿度状态下长期处于非饱和状态，其湿度状况可以通过土的基质吸力计算。土的基质吸力定义为土中孔隙气压力与孔隙水压力之差，如式(7-3)所示。

$$h_m = u_a - u_w \tag{7-3}$$

式中：h_m——基质吸力(kPa)；

u_a——孔隙气压力(kPa)；

u_w——孔隙水压力(kPa)。

《公路路基设计规范》(JTG D30—2015)采用湿度指数(Thornthwaite Moisture Index, TMI)和基质吸力关系模型确定基质吸力。湿度指数值包括各月降雨量及降雨天数、蒸发量、温度、典型土组参数、纬度等因素，而且包含地理位置因素，从而能量化一个地区干旱或者潮湿的程度。获得土的基质吸力后，通过土-水特性曲线(非饱和状态土的含水率与基质吸力的关系)预估路基的饱和度。土-水特性曲线可参见非饱和土相关的文献。

2) 路基平衡湿度预估

干燥路基的平衡湿度可根据道路所在自然区划的湿度指数和路基土的类别确定，湿度指数可用式(7-4)计算。

$$\text{TMI} = \frac{100 \cdot R - 60 \cdot \text{DF}}{\text{PE}} \tag{7-4}$$

式中：TMI——某年度的湿度指数；

R——某年度的径流量(cm)；

DF——某年度的缺水量(cm)；

PE——某年度的蒸发蒸腾总量(cm)。

《公路路基设计规范》(JTG D30—2015)通过大量计算，给出了不同自然区划的TMI值，可参考查取。

由式(7-4)计算或由规范查得的TMI值和由表7-1查得的路基土的类别即可获得该地区的路基饱和度。

各路基土组在不同TMI时的饱和度(%)　　　　表7-1

土 组	TMI					
	-50	-30	-10	10	30	50
砂(S)	20~50	—	—	—	—	—
粉土质土(SM)	45~48	62~68	73~80	80~86	84~89	87~90
黏土质土(SC)						
低液限粉土(ML)	41~46	59~64	75~77	84~86	91~92	82~93
低液限黏土(CL)	39~41	57~64	75~76	86	91	82~94
高液限粉土(MH)	41~42	61~62	76~79	85~88	90~92	92~95
高液限黏土(CH)	39~51	58~69	74~85	86~92	91~95	94~97

中湿类路基的平衡湿度参考图 7-4。路基工作区分上部和下部,分别确定其平衡湿度。地下水毛细润湿面以上的路基工作区上部,按路基土的类别和 TMI 值确定其平衡湿度,地下水毛细润湿面以下的路基工作区下部,按路基土组类别和距地下水位的距离确定其平衡湿度(表 7-2)。最后加权平均作为整个路基的平衡湿度。

潮湿路基的平衡湿度可根据路基土类别和地下水位高度,由表 7-2 确定其平衡湿度。

各土组距地下水位不同高度处的饱和度(单位:%)　　　　　表 7-2

土 组	计算点距地下水或地表水长期积水水位的距离(m)						
	0.3	1.0	1.5	2.0	2.5	3.0	4.0
粉土质砾(GM)	69~84	55~69	50~65	49~62	45~59	43~57	—
黏土质砾(GC)	79~96	64~83	60~79	56~75	54~73	52~71	—
砂(S)	95~80	70~50	—				
粉土质砂(SM)	79~93	64~77	60~72	56~68	54~66	52~64	
黏土质砂(SC)	90~99	77~87	72~83	68~80	66~78	64~76	
低液限粉土(ML)	94~100	80~90	76~86	83~73	71~81	69~80	
低液限黏土(CL)	93~100	80~93	76~90	73~88	70~86	68~85	66~83
高液限粉土(MH)	100	90~95	86~92	83~90	81~89	80~87	
高液限黏土(CH)	100	93~97	90~93	88~91	86~90	85~89	83~87

7.3 路基冻胀现象

路基湿度变化除了水的来源之外,另一个重要因素是受温度的影响。沿路基深度出现较大的温度梯度时,水分在温差的影响下以液态或气态由热处向冷处移动,并积聚在该处。这种现象特别是在季节性冰冻地区尤为严重。

季节性冰冻地区的路基在秋末冬初冻结的过程中会在负温的影响下出现水分积聚现象。气温下降到零度以下时,路面和路基结构内的温度也随之由上而下地逐渐降到零下。在负温度区内,自由水、毛细水和弱结合水随温度降低而相继冻结,于是土粒周围的水膜减薄,剩余了许多自由表面能,增加了土的吸湿能力,促使水分由高温处向低温处移动。因此,负温度区的水分移动一般发生在 0~-3℃ 等温线之间。在正温度区内,因零度等温线附近土中自由水和毛细水的冻结,形成了与深层次土层之间的温度坡差,从而促使下面的水分向零度等温线附近移动。而这部分上移的水分便又成了负温度区水分移动的补给来源,这就造成了上层路基水分的大量积聚。

积聚的水冻结后体积增大,使路基隆起而造成面层开裂,即冻胀现象。春融时节,路面和路基内部由上而下逐渐融化,积聚在路基上层的水分先融解,水分难以迅速排除,造成路基上层的湿度增大,路面结构的承载能力便大大降低。若是在交通繁重的地区,经重车反复作用,路基路面结构会产生较大的变形,严重时,路基土以泥浆的形式从胀裂的路面缝隙中冒出,形成了翻浆。冻胀和翻浆的出现,使路面结构遭受严重损坏。

当然,并不是在季节性冰冻地区所有的道路都会产生冻胀与翻浆。对于渗透性较高的砂性土以及渗透性很低的黏性土,水分都不容易积聚,因此不易发生冻胀与翻浆。而相反,对于粉性土和极细砂则由于毛细水活动力强,极易发生冻胀与翻浆。周边的水文条件和气候条件亦是重要原因。地面排水不良、地下水位高、路基湿度大、水源充足、初冬时正负温度反复交替、路基冻结缓慢,这些都是产生冻胀与翻浆的重要自然条件。

7.4 公路自然区划

我国地域辽阔,从北向南分处于寒带、温带和热带。我国又是一个多山国家,从青藏高原到东部沿海高程相差 4000m 以上。自然因素的纬度、经度和垂直地带性差异显著,变化极为复杂。不同地区自然条件的差异同公路建设密切相关。因此,应根据自然地理、气候等因素对公路路基路面造成损坏的原因和影响,做较为适应的区划,以便在对公路建设过程中的共性问题加以考虑。

为区分不同地理区域自然因素对公路工程影响的差异性,并在路基路面的规划、设计、施工和养护中采取适当的技术措施和采用合适的设计参数,以保证路基路面的性能需求,我国在1986年从分析自然综合情况与公路工程的实际关系出发,选出具有分区意义的主导标志,并通过地理相关分析对区界进行修正,制定了《公路自然区划标准》(JTJ 003)。

为使自然区划便于在实践中应用,结合我国地理、气候特点,将全国的公路自然区划分为三个等级。一级区划首先将全国划分为多年冻土、季节冻土和全年不冻三大地带,二级区划是在一级区划的基础上以潮湿系数为主进一步划分。三级区划是在二级区划内划分更低一级的区域或类型单元。

7.4.1 一级区划

为使自然区划便于在实践中应用,根据我国地理、地貌、气候等因素,以均温等值线和三阶梯的两条等高线作为一级区划的主导标志。

(1)全年均温 −2℃ 等值线。在一般情况下,地面大气温度达到 −2℃ 时,地面土开始冻结。它大体上是区分多年冻土区和季节冻土区的界限。

(2)1月均温 0℃ 等值线,是区分季节冻土区和全年不冻区的界限。

(3)我国地势的三级阶梯的两条等高线。

①1000m 等高线:走向北偏东,自大兴安岭,南下太行山、伏牛山、武当山、雪峰山、九万山、大明山至友谊关而达国境。

②3000m 等高线:走向自西向东,后折向南。西起帕米尔,沿昆仑山、阿尔金山、祁连山,南下西倾山、岷山、邛崃山、夹金山、锦屏山、雪山、云岭而达国境。

由于三级阶梯的存在,通过地形的高度和阻隔,使其气候具有不同的特色。再根据水热平衡和地理位置,划分为冻土、温润、干湿过渡、湿热、潮暖、干旱和高寒七个大区。

我国一级区划的自然条件和对公路设计的要求明细如下。

1) Ⅰ区——北部多年冻土区

此区域纬度高、气温低,多年冻土层夏季上部融为无法下渗的层上水,降低路基强度。秋季层上水由下至上冻结,形成冻结层之间的承压水。冬季产生冻胀,夏季有热融发生。此区域路基设计要注重维持其冻稳性,保护冻土上限不致下降,以防路基热融沉陷。在路基设计中宁填勿挖。原地面植被不应破坏,露地土质应为冻稳性良好的土或砂砾,必须采用路堑时,应有保证边坡和基层稳定的措施。沥青面层因导热系数高,应相应抬高路基。结构组合中如设砂砾垫层,只能按蓄水不能按排水设计。

2) Ⅱ区——东部湿润季冻区

此区域是我国主要的季节性冻土区,除黑黏性土、软土和粉土外,路基强度较好。主要矛盾是冬季冻胀,春季翻浆。此地区路面结构组合设计时,应使路基填土高度符合要求,采取隔温、排水、阻断毛细水上升,以防止冻胀翻浆。在水文土质不良的路段,应设置排水层,促进水排出,提高路基路面整体强度。

3) Ⅲ区——黄土高原干湿过渡区

此区域为东部温润季冻区向西北干旱区和西南潮暖区的过渡区,主要分布着黄土和黄土状土,地下水位深,路基强度较好。公路面临的主要问题是粉质大孔性黄土的冲蚀和遇水湿陷。此区域路面结构必须选择不透水的面层或上封闭层,潮湿地段需注意排水以保护路基。

4) Ⅳ区——东南湿热区

此区域为我国最湿热的地区,台风暴雨时节较多,气温较高,易引起路面泛油。梅雨和夏雨时节是本区的明显不利季节。此地区应注重路面的抗滑性能以及路面材料的黏聚力。路基设计中,应加强排水系统的设计。

5) Ⅴ区——西南潮暖区

此区域为东南湿热区向青藏高寒区的过渡区,同时受东南季风及西南季风影响,由于地势原因,水分以渗透为主,路基较湿。此区域岩溶现象发达,地形高差大,地震病害较多。在进行路基路面结构设计时,必须首先保证其湿稳性,此区土质结构稳定,强度较好,利于在设计中就地取材。

6) Ⅵ区——西北干旱区

此区域气候干燥,道路受水文条件的影响小,许多地区缺少黏土和水。绿洲灌区地下水位高,冻融翻浆严重。结构层应充分利用就近所产的砂砾、石料进行处理。在路基路面结构设计时,还需注意风蚀和沙埋的防治。

7) Ⅶ区——青藏高寒区

此区域主要为海拔高、气温低的高寒高原,分布有高原多年冻土和现代冰川,地震强烈,公路滑坡、崩塌和泥石流现象严重,路基路面结构设计必须针对自然条件和工程病害,采取有效措施保证路基的整体稳定性。由于昼夜温差大,紫外线辐射强,在沥青路面施工时需采取措施防治沥青老化。

7.4.2 二级区划的主要指标

在公路路基、路面设计中,面临的问题随着自然区的划分越来越细化,公路二级区划从路基、路面受水热影响的角度出发,将路面的结构和厚度设计赋予了区域特征。其主要指标是潮湿系数 K,K 是衡量气候、热量、水分状况的综合指标,其值为年降雨量 R(mm)与年蒸发量 Z(mm)之比,见式(7-5)。

$$K = \frac{R}{Z} \tag{7-5}$$

$K > 2.0$,1级,过湿;

$2.0 > K > 1.5$,2级,中湿;

$1.5 > K > 1.0$,3 级,润湿;

$1.0 > K > 0.5$,4 级,润干;

$0.5 > K > 0.25$,5 级,中干;

$0.25 > K$,6 级,过干。

除了这 6 个潮湿等级外,还结合各个大区的地理、气候特征(如雨季、冰冻深度)、地貌类型、自然病害等因素,在全国 7 个一级自然区划内又分为 33 个二级区和 19 个副区(亚区),共有 52 个二级自然区。

7.4.3 三级区划的主要指标

三级区划是二级区划的进一步划分。三级区划的方法有两种,一种是按照地貌、水温和土质类型将二级区进一步划分为若干类型单位的类型区别;另一种是继水热、地理和地貌等为标志将二级区进一步划分为若干更低级区域的区域。三级自然区划应具体地服务于公路工程建设的全过程。

7.5 沥青路面使用性能气候分区

由于我国幅员辽阔,自然环境因素变化大,各地区对路面性能要求有很大差别。针对沥青路面,我国"八五"国家重点科技项目"道路沥青及沥青混合料路用性能的研究"在对国内广泛使用的 7 种代表性道路沥青的路用性能进行了深入研究的基础上,提出了道路沥青路用性能气候分区。在此基础上,现行《公路沥青路面施工技术规范》(JTG F40)中提出了我国"沥青路面使用性能气候分区指标"及相应的"分区图",详见规范,其目的是根据不同气候分区合理选择沥青结合料等级、进行沥青混合料配合比设计和检验提供依据。

1) 高温指标

使用最近 30 年内最热月平均日最高气温作为高温指标和气候分区的一级指标。将全国划分为高于 30℃、20～30℃、低于 20℃ 三个区。30℃ 线基本上是沿燕山、太行山、四川盆地及云贵高原边缘走向,与自然的地形、地貌走向一致。

2) 低温指标

使用年极端最低气温(30 年一遇预期最低气温)作为低温指标和气候分区的二级指标,将全国分为高于 -9℃、-21.5～-9℃、-37～-21.5℃、低于 -37℃ 四个区。

3) 雨量指标

使用最近 30 年内的年降水量的平均值量作为气候分区的三级指标,将全国分为大于 1000mm、500～1000mm、250～500mm、小于 250mm 四个区。1000mm 分界线基本上位于淮河秦岭域。

沥青路面气候分区(表 7-3)按最热月平均最高气温和年极端最低气温把全国分为三大区、九种气候型。每个气候型用两个数字来表示:第一个数字代表最热月平均最高气温的分级(① >30℃、② 20～30℃、③ <20℃);第二个数字代表年极端最低气温的分级(① < -37℃、② -37～-21.5℃、③ -21～-9℃、④ > -9℃)。

沥青路面气候分区指标　　　　　表 7-3

气候区名		温度(℃)	
		最热月平均最高气温	年极端最低气温
1-1	夏炎热冬严寒	>30	< -37
1-2	夏炎热冬寒	>30	-37 ~ -21.5
1-3	夏炎热冬冷	>30	-21.5 ~ -9
1-4	夏炎热冬温	>30	> -9
2-1	夏热冬严寒	20 ~ 30	< -37
2-2	夏热冬寒	20 ~ 30	-37 ~ -21.5
2-3	夏热冬冷	20 ~ 30	-21.5 ~ -9
2-4	夏热冬温	20 ~ 30	> -9
3-2	夏凉冬寒	<20	-37 ~ -21.5

沥青及沥青混合料气候分区(表 7-4)是在沥青路面气候分区的基础上再增加一级雨量分级,即每个气候型用 3 个数字表示。第三个数字代表年降水量分级(①>1000mm、②500~1000mm、③250~500mm、④<250mm)。

沥青及沥青混合料气候分区指标　　　　　表 7-4

气候区名		温度(℃)		雨量(mm)
		最热月平均最高气温	年极端最低气温	年平均降水量
1-1-4	夏炎热冬严寒干旱	>30	< -37	<250
1-2-2	夏炎热冬寒湿润	>30	-37 ~ -21.5	500 ~ 1000
1-2-3	夏炎热冬寒半干	>30	-37 ~ -21.5	250 ~ 500
1-2-4	夏炎热冬寒干旱	>30	-37 ~ -21.5	<250
1-3-1	夏炎热冬冷潮湿	>30	-21.5 ~ -9	>1000
1-3-2	夏炎热冬冷湿润	>30	-21.5 ~ -9	500 ~ 1000
1-3-3	夏炎热冬冷半干	>30	-21.5 ~ -9	250 ~ 500
1-3-4	夏炎热冬冷干旱	>30	-21.5 ~ -9	<250
1-4-1	夏炎热冬温潮湿	>30	> -9	>1000
1-4-2	夏炎热冬温湿润	>30	> -9	500 ~ 1000
2-1-2	夏热冬严寒湿润	20 ~ 30	< -37	500 ~ 1000
2-1-3	夏热冬严寒半干	20 ~ 30	< -37	250 ~ 500
2-1-4	夏热冬严寒干旱	20 ~ 30	< -37	<250
2-2-1	夏热冬寒潮湿	20 ~ 30	-37 ~ -21.5	>1000
2-2-2	夏热冬寒湿润	20 ~ 30	-37 ~ -21.5	500 ~ 1000
2-2-3	夏热冬寒半干	20 ~ 30	-37 ~ -21.5	250 ~ 500
2-2-4	夏热冬寒干旱	20 ~ 30	-37 ~ -21.5	<250
2-3-1	夏热冬冷潮湿	20 ~ 30	-21.5 ~ -9	>1000
2-3-2	夏热冬冷湿润	20 ~ 30	-21.5 ~ -9	500 ~ 1000
2-3-3	夏热冬冷半干	20 ~ 30	-21.5 ~ -9	250 ~ 500
2-3-4	夏热冬冷干旱	20 ~ 30	-21.5 ~ -9	<250

续上表

气候区名		温度(℃)		雨量(mm)
		最热月平均最高气温	年极端最低气温	年平均降水量
2-4-1	夏热冬温潮湿	20~30	>-9	>1000
2-4-2	夏热冬温湿润	20~30	>-9	500~1000
2-4-3	夏热冬温半干	20~30	>-9	250~500
3-2-1	夏凉冬寒潮湿	<20	-37~-21.5	>1000
3-2-2	夏凉冬寒湿润	<20	-37~-21.5	500~1000

三个数字综合定量地反映了某地的气候特征,每个因素的数字越小,表示气候因素的影响越严重。

因此,根据高温、低温、雨量三个主要因素的 30 年气象统计资料,按照概率大体相等的原则提出了分区指标的界限及气候分区图。

> 练习
>
> 1. 路面温度场的时空规律是什么？
> 2. 路面温度场的影响因素有哪些？
> 3. 路基湿度的来源有哪些？什么是平衡湿度？路基的干湿类型是如何划分的？
> 4. 路基冻胀发生的原因是什么？
> 5. 什么是公路自然区划？分区的依据是什么？
> 6. 什么是沥青路面的使用性能气候分区？分区的依据是什么？

讨论 1:结合本章学习内容,讨论沥青路面温度场分布的特点及原因,并思考如何降低温度对沥青路面结构的影响。

讨论 2:结合本章学习内容,讨论公路自然区划和沥青路面使用性能气候分区的差别和原因。

第 8 章 沥青路面设计

【本章提要】

本章概述了沥青路面的基本特性和设计的内容与方法,阐述了沥青路面使用性能要求及从材料和结构等方面的设计控制准则,详细介绍了我国沥青路面设计方法,简要介绍了长寿命沥青路面设计。

【学习要求】

通过学习本章内容,了解长寿命沥青路面的设计;理解沥青路面的基本特性和设计内容;掌握沥青路面使用性能的内涵、典型沥青路面病害的发生基本机理及设计控制原则、我国沥青路面结构组合设计和结构设计验算方法。

8.1 概述

8.1.1 沥青路面的基本特性

沥青路面是用沥青材料作为结合料黏结矿料修筑面层、各类基层和功能层所组成的路面结构。在我国,沥青路面被广泛用于公路和城市道路,是我国主要的路面结构形式。

设计良好的沥青路面具有下列技术特点:
(1)足够的力学强度,能承受车辆荷载施加到路面上的各种作用力。
(2)一定的弹性和塑性变形能力,能承受一定应变而不破坏。
(3)与汽车轮胎的附着力较好,有利于行车安全。
(4)无接缝,有良好的减震性,可使汽车快速平稳行驶且低噪声。
(5)不扬尘,且容易清扫和冲洗。
(6)施工期较短、养护相对简便。

8.1.2 沥青路面设计的内容、方法

沥青路面设计内容广泛,包括原材料的调查与选择、沥青混合料配合比以及基层材料配合

比设计、各项设计参数的测试与选定、路面结构组合设计、路面结构层验算以及路面结构方案的比选等。对于高速公路和一级公路，除了行车道路面外，路面设计还包括路缘带、匝道、硬路肩、加减速车道、紧急停车带、收费站和服务区场面的设计以及路面排水系统设计等。此外，沥青路面设计过程中应充分考虑环境保护、资源循环利用、降低碳排放和全寿命周期成本等因素。本章主要介绍路面结构组合设计和路面结构层验算的基本内容。

沥青路面设计方法可分为经验法和力学-经验法两大类。

经验法主要通过对试验路或服役道路的长期观测，积累数据，然后直接采用统计方法建立路面结构（结构层组合、厚度和材料性质）、车辆荷载（轴载大小及作用次数）和路面使用性能指标三方面数据之间的数量关系模型，并作为路面结构的设计依据，如美国的加州承载比（CBR）法和美国各州公路及运输工作者协会（AASHTO）法。经验法能够对那些条件与该方法建立时相似的路面进行较好的设计。但由于交通、环境和材料等设计条件的不断变化，若将经验法的设计结果外延，其可靠性将变差，需对经验法进行不断修正或重新建立，这是一个费用和时间消耗巨大的过程。

针对经验法的缺点，力学-经验法逐渐发展并成为主流。力学-经验法应用力学原理分析路面结构在荷载与环境作用下的力学响应量（应力、应变、位移），结合路面结构损伤破坏机理的认识，采用统计方法建立力学响应量与路面使用性能指标之间的关系方程作为路面性能的控制模型，并作为路面结构的设计依据。我国现行的沥青路面设计方法、美国的沥青学会（AI）法、美国的 MEPDG 法和壳牌（Shell）法均为力学-经验法。但由于路面问题的复杂性，经验仍在路面设计中起着重要作用。

8.2 沥青路面使用性能要求及设计控制

路面直接承受车辆荷载和大气因素的作用，为了保证路面为车辆提供稳定耐久的服务，必须满足一定性能要求，一般称为使用性能要求，这是路面设计的基本目标。路面的使用性能涵盖了两个方面，一方面是路面的功能性，描述了路面的使用功能，如路面的行驶质量（行驶舒适性）和行驶安全性；另一方面是路面的结构性，描述了路面的结构状况，如路面的损坏状况、结构的力学响应等。沥青路面的使用性能内涵丰富，可分为高温稳定性、低温抗裂性、水稳定性、抗疲劳性能、抗老化性能和抗滑性能等。

沥青路面使用性能不足体现为多种路面病害形式，一般分为路面裂缝、变形和表面病害三大类。路面裂缝包括纵向裂缝（与道路中线大致平行的长直裂缝）、横向裂缝（与道路中线大致垂直的贯穿部分或整个路幅宽度的单根裂缝）、块状裂缝（交错的、将路面分割成近似矩形块的裂缝）和龟裂（近似龟背花纹的锐角多边形网状裂缝）。变形病害包括车辙（沿轮迹带的狭长凹槽）、波浪（有规律的纵向起伏）、拥包（局部拥起）及沉陷（局部凹陷）。表面病害包括磨光（路面原有粗构造衰退或丧失、路表光滑）、松散（集料散失，表面出现较多微坑）、泛油（路表呈现沥青膜）和坑槽（路面集料局部脱落而产生的坑洼）。

高温稳定性对应的病害类型为车辙和拥包等；低温抗裂性对应的病害主要为横向裂缝，严重时也可能出现纵缝和块裂；水稳定性对应的病害为松散和坑槽等；抗疲劳性能对应的病害为块裂、网裂和龟裂等，高压轮胎引起的行车轮迹带边缘的纵缝也属于一种沥青路面表层疲劳开裂；抗老化性能主要指沥青的抗老化能力，若表面层沥青老化过快，则会对其他性能存在显著影响，可表现为表面层沥青过早开裂、出现松散的问题；抗滑性能主要对应表面层沥青混合料抗滑性能不足,磨光、泛油属于抗滑性能不足的表现。

沥青路面各方面使用性能相互之间并不独立,甚至存在冲突且影响因素复杂。沥青路面使用性能总体上取决于路面承受的土基支撑、荷载和环境条件、路面原材料及混合料的物理力学性质、结构组合和厚度、路面施工和养护质量等。对于不同方面的使用性能需求,工程上采取的措施不尽相同。如对于沥青路面抗滑性能,一般通过表面层集料性质和混合料级配控制;对于水稳定性,一般通过集料与沥青的黏附性和沥青混合料的水稳定性测试进行控制;对于与路面行驶质量密切相关的平整度,主要通过施工压实过程中的平整度质量控制和设计及养护阶段控制路面的永久变形及表面破损不超过一定程度间接保证;对于路面疲劳开裂和永久变形,则是从沥青选择、沥青混合料力学和路用性能、路面结构组合形式及厚度方面进行设计。总体而言,路面使用性能的控制包括原材料选择、混合料组成设计、路面结构优化、施工质量保证和养护策略等多个方面。本节主要对与沥青路面材料设计、结构组合和厚度设计关系密切的高温稳定性、低温抗裂性和抗疲劳性能进行论述。

8.2.1　沥青路面的高温稳定性

沥青路面高温稳定性通常是指高温时沥青混合料在荷载作用下抵抗永久变形的能力,主要出现在高温、低加载速率以及抗剪切能力不足时,即沥青路面劲度较低的情况下,车辙、推移、拥包、搓板等现象均为沥青路面高温稳定性不足的表现。

1)车辙的形成机理及影响因素

车辙主要发生在高温季节,尤其是渠化交通的重交通道路上。当沥青路面采用无机结合料稳定层基层时,车辙主要发生在沥青面层。当沥青路面采用粒料类基层时,除沥青面层外,基层本身的塑性变形也对车辙产生贡献。根据车辙形成的起因,可分为三种类型。

(1)失稳型车辙。

这类车辙是由于沥青路面结构层在交通荷载作用下,内部材料流动,产生横向位移而发生,通常集中在轮迹处。

(2)结构型车辙。

这类车辙是由于路面结构在交通荷载作用下产生整体永久变形而形成,主要是由于路基变形传递到面层而产生。

(3)磨耗型车辙。

这类车辙是由于沥青路面结构表层的材料在车轮磨耗和自然环境因素作用下持续不断地损失而形成,尤其是汽车使用了防滑链和突钉(胶钉)轮胎后,这种车辙更易产生。

三种类型车辙中以失稳型车辙最为普遍,其次为磨耗型车辙。在软土地区、路基路面结构整体承载力不足时产生结构型车辙的可能性较大。

考察失稳型车辙形成过程,可简单地分为三个阶段。

(1)初始阶段的压密过程。

沥青混合料经碾压后,在高温下处于半流态的沥青及由沥青与矿粉组成的胶浆被挤进矿料间隙中,同时集料被强力排列成具有一定骨架的结构。交付使用后,在交通荷载作用下,密实过程进一步发展,在轮辙位置产生局部沉陷。

(2)沥青混合料的侧向流动。

高温下的沥青混合料在轮胎荷载作用下,沥青及沥青胶浆产生流动,除部分填充混合料空隙外,还将促使沥青混合料产生侧向流动,从而使路面轮迹处下沉,轮迹处两侧向上隆起形成马鞍形车辙。

(3)矿质集料的重新排列及矿质骨架的破坏。

高温下处于半固态的沥青混合料,由于沥青及胶浆在荷载作用下首先流动,混合料中粗、细集料组成的骨架逐渐成为荷载主要承担者,促使沥青及胶浆向富集区流动,加速了混合料骨架结构的破坏,特别是当沥青及胶浆过多时,这一过程会更加明显。

由此可见,车辙形成的最初原因是压密及沥青高温下的流动,最后导致骨架的失稳,从本质上讲就是沥青混合料的结构特征发生了变化。除高温和车辆荷载等外在因素外,沥青路面的高温稳定性与原材料性质、混合料性质和路面结构形式均存在密切关系。

2)沥青混合料高温稳定性要求

为了保证沥青路面的高温稳定性,应根据气候分区差别,合理选择沥青类型,并应考虑沥青混合料自身结构的影响。同时,我国《公路沥青路面设计规范》(JTG D50—2017)规定,沥青混合料应满足表8-1所示的动稳定度技术要求。

沥青混合料车辙试验动稳定度技术要求(单位:次/mm)　　表8-1

气候条件与技术指标		相应于以下气候分区所要求的动稳定度技术要求						
七月平均最高气温(℃)及气候分区		>30			20~30			<20
		1. 夏炎热区			2. 夏热区			3. 夏凉区
		1-1	1-2	1-3	1-4	2-1	2-2	2-3	2-4	3-2
普通沥青混合料,不小于		800	1000			600	800		600
改性沥青混合料,不小于		2800	3200			2000	2400		1800
SMA混合料,不小于	普通沥青	1500							
	改性沥青	3000							
OGFC混合料,不小于		1500(中等、轻交通荷载等级)、3000(重及以上交通荷载等级)							

3)沥青路面结构抗变形能力设计模型

《公路沥青路面设计规范》(JTG D50—2017)建立了包含荷载作用次数、温度、竖向压应力、层厚和车辙试验永久变形量等参数的沥青混合料层永久变形预估模型,利用该模型可从混合料抗变形能力、结构组合和厚度的角度,对沥青路面的高温稳定性进行控制。

8.2.2 沥青路面的低温抗裂性

沥青路面的低温开裂有两种形式:一种是由于气温骤降使面层收缩,在有约束的沥青层内产生的温度应力超过沥青混合料的抗拉强度造成开裂。此类裂缝多从路表面自上向下发展。另一种形式是温度疲劳裂缝,沥青混合料经受长时间的温度循环,应力松弛性能下降,极限拉应变变小,结果在温度应力小于抗拉强度的情况下产生开裂。这种裂缝主要发生在温度变化频繁地区。

1)沥青路面低温开裂的机理

沥青路面的低温缩裂与温度下降引起的材料体积收缩有关。由于材料受到约束,故材料不能随着温度下降而收缩,则立即产生温度应力,当该应力达到材料的抗拉强度时,就会产生裂缝。温度较高时,沥青混合料表现出黏弹性性质,温度略有降低,所产生的温度应力将因应力松弛而消失。但是在低温范围内沥青混合料主要表现为弹性特性,温度应力不会消失,就有可能产生裂缝。除低温作用外,沥青路面低温开裂主要与材料性质和结构形式有关,与交通荷载的关系不大。

2)沥青及沥青混合料低温抗裂性要求

为降低沥青路面的低温开裂,除根据气候分区差别确定沥青类型外,《公路沥青路面设计规范》(JTG D50—2017)规定,季节性冻土地区高速公路和一级公路表面层沥青低温性能宜满足下列指标要求,相应试验要求见《公路沥青及沥青混合料试验规程》(JTG E20—2011)中 T0627 和 T0629。

(1)分析连续 10 年年最低气温平均值,作为路面低温设计温度。路面低温设计温度提高 10℃的试验条件下,沥青弯曲梁流变试验蠕变劲度 S_t 不宜大于 300MPa,且蠕变曲线斜率 m 不宜大于 0.30。

(2)当蠕变劲度 S_t 在 300~600MPa 范围内,且蠕变曲线斜率 m 大于 0.30 时,增加沥青直接拉伸试验,其断裂应变不宜小于 1%。

(3)以上都不满足时,采用弯曲梁流变试验和直接拉伸试验确定沥青临界开裂温度,临界开裂温度不宜高于路面低温设计温度。

同时要求,二级及二级以上公路公称最大粒径不大于 19.0mm 的沥青混合料宜在温度为 -10℃、加载速率为 50mm/min 条件下进行小梁弯曲试验。沥青混合料的破坏应变宜符合表 8-2 的规定。

沥青混合料低温弯曲试验破坏应变技术要求 表 8-2

气候条件与技术指标	相应于下列气候分区所要求的破坏应变($\mu\varepsilon$)								试验方法
年极端最低气温(℃)及气候分区	< -37.0		-37.0 ~ -21.5			-21.5 ~ -9.0		> -9.0	—
	1. 严冬寒区		2. 冬寒区			3. 冬冷区		4. 冬湿区	
	1-1	2-1	1-2	2-2	3-2	1-3	2-3	1-4 2-4	
普通沥青混合料,不小于	2600		2300			2000			T0715
改性沥青混合料,不小于	3000		2800			2500			—

3)沥青路面结构低温开裂设计模型

《公路沥青路面设计规范》(JTG D50—2017)采用经验法,参考加拿大 Haas 模型,建立了路面低温开裂指数预估模型,综合考虑了沥青性质、沥青层厚度、基层厚度和路基类型对路面低温开裂的影响,用于验算结构的低温抗开裂性能。

8.2.3 沥青路面的抗疲劳性能

路面在整个使用过程中,随着车轮荷载的不断作用,长期处于应力(应变)重复循环变化的状态。由于材料内部不可避免地存在缺陷,在重复荷载作用下,材料内部的缺陷会逐渐扩大,从而导致开裂产生并加剧,称为疲劳现象。

在移动车轮荷载作用下,对于柔性基层沥青路面,在沥青混合料层底部,对于半刚性基层沥青路面,在半刚性基层底部,重复出现较大的拉应力或应变。路面材料的抗压强度远大于抗拉强度,在荷载重复作用下路面裂缝通常从沥青混合料层或半刚性基层底部拉应力或应变最大的位置开始发生,逐渐向上发展为路表的网裂和龟裂。因此,路面疲劳设计大多数以沥青混合料层底部或半刚性基层底部最大拉应力或拉应变作为控制指标。路面疲劳也是大多数路面设计方法控制的主要路面病害形式。

控制路面的疲劳性能应注重材料与结构两个方面技术措施的协调。一是合理的材料设计，使疲劳位置的混合料具有足够的抗疲劳作用能力；二是合理的结构设计，包括结构组合和厚度设计，使得不同混合料处于合理的位置，保证在车辆荷载作用下，疲劳层所受到应力或应变处于控制范围以内。

对于柔性基层沥青路面，《公路沥青路面设计规范》(JTG D50—2017)建立了基于沥青混合料层层底拉应变的沥青混合料层疲劳开裂寿命计算模型。对于采用无机结合料稳定类材料的半刚性基层，一般采用层底拉应力计算和控制无机结合料稳定层的疲劳开裂寿命。规范在归纳水泥稳定砂砾、水泥稳定碎石、水泥稳定土和石灰粉煤灰稳定碎石四种常用混合料大量疲劳开裂试验结果的基础上，建立了无机结合料稳定粒料和稳定土的疲劳开裂计算模型。

8.3 结构组合设计

沥青路面通常由沥青面层、基层、底基层以及必要的功能层等多层结构组成。路面结构组合设计应根据道路的交通荷载等级与气象、水文等自然因素，依据路面结构的使用性能要求和设计理念(如绿色、环保和低碳，低养护或零养护，长寿命等)，合理选择与安排路面结构各个层次，包括结构层次数量、各结构层次的功能和材料类型等，确保在设计使用期内，路面能够在满足设计目标前提下承受行车荷载与自然因素的共同作用，并充分发挥各结构层的最大效能，使整个路面结构满足技术经济合理的要求。不同材料组成的路面结构或相同材料类型对应的不同结构组合，其性能、造价和养护费用也会有较大差别。由于路面性能控制的复杂性和难度不同，往往不同结构组合均能通过力学验算，但实际性能表征和工程造价差别巨大。因此，结构组合设计对最终设计结果的成败或合理性具有重要意义。根据大量理论分析和长期实践经验，沥青路面结构组合设计应遵循以下原则：

(1)结构层数适当。结构层次数量应根据设计目标、成本、当地经验和施工要求等合理确定，并不是结构层数越多或结构厚度越大越好，避免过度设计。

(2)功能匹配。各结构层材料性质与其层位功能要求相匹配，在保证材料基本性能的基础上，提升层位功能的针对性。如在一定使用期内，表面层抗滑安全性能、平整性等各项功能指标均稳定在允许范围之内；直接经受温度、湿度等自然因素变化而造成强度、稳定性下降的结构层次应提高其抵御能力。

(3)力学性能匹配。路面各结构层的强度、抗变形能力应与各层次的力学响应相匹配，满足路面的结构性能。

(4)相邻结构层协调。应控制相邻结构层的模量比，尽量避免相邻结构层次材料模量差别过大或采取专门措施。应采取措施保证层间结合等。

(5)便于施工。考虑施工质量控制要求和当地经验、习惯、材料供应以及施工水平。

8.3.1 路面结构组合

沥青路面结构类型可按照基层材料性质分为无机结合料稳定类基层沥青路面、粒料类基层沥青路面、沥青结合料类基层沥青路面和水泥混凝土基层沥青路面四类。应结合交通荷载等级和路基状况等因素，结合路面材料特性和结构特性，选择路面结构类型。总体而言，无机结合料稳定类基层沥青路面适用于各种交通荷载等级，粒料类基层沥青路面适用于重及以下交通荷载等级，沥青结合料类基层沥青路面适用于各种交通荷载等级，水泥混凝土基层沥青路面适用于重及以上交通荷载等级。路基湿度状态为中湿或潮湿时,宜采用粒料类底基层或设置粒料类路基改善层。

路面结构组合的选择需要充分考虑各种路面结构组合的材料特性和结构特性、主要损坏类型及性能衰变规律。不同结构组合的沥青路面主要损坏类型见表8-3。

沥青路面主要损坏类型 表8-3

结构类型	粒料基层沥青路面、底基层采用粒料的沥青结合料类基层沥青路面			无机结合料稳定类基层沥青路面、底基层采用无机结合料稳定材料的沥青结合料类基层沥青路面	
沥青混合料层厚度（mm）	≥150	150~50	≤50	≥150	<150
主要损坏类型	沥青混合料层永久变形、沥青混合料层疲劳开裂	沥青混合料层疲劳开裂、沥青混合料层永久变形	车辙	车辙、基层疲劳开裂、面层反射裂缝	基层疲劳开裂、面层反射裂缝
季冻地区	面层低温开裂				

无机结合料稳定类基层沥青路面承载能力高,适应于各种交通荷载等级,主要病害是无机结合料稳定层疲劳开裂、面层反射裂缝和沥青面层的永久变形。无机结合料稳定类基层由于干缩和温缩的作用,自身会不可避免地出现裂缝,主要以横向裂缝为主。沥青路面建成后,在交通荷载应力与温度应力的共同作用下,在基层开裂处的沥青面层底部或表面产生应力集中而导致面层开裂,形成反射裂缝。反射裂缝大部分也表现出横缝的形式,但其发生原理与温缩裂缝不同。我国沥青路面设计规范对反射裂缝的控制主要通过材料性能和结构组合优化进行,目前并没有对应的设计模型。选用抗裂性能好的无机结合料稳定材料,增加沥青混合料层厚度、设置具有吸收应力或加筋作用的功能层可以起到减少或延缓反射裂缝的作用。多雨地区的无机结合料稳定类基层和水泥混凝土基层沥青路面,路面出现反射裂缝后易发展为唧泥、脱空等,从而加速路面状况恶化。有必要采取如在无机结合料稳定类基层或水泥混凝土基层下方铺设粒料排水层或设置粒料类路基改善层等措施,减少唧泥、脱空损坏。

粒料类基层沥青路面无反射裂缝问题,但沥青面层承受更大的弯拉作用,沥青面层疲劳是主要损坏指标。此外,此类结构沥青面层、粒料层和路基都可能产生永久变形,需关注路面车辙问题。

沥青结合料类基层沥青路面适用各种交通荷载等级,底基层采用无机结合料稳定类材料时,性能类似于无机结合料稳定类基层沥青路面,由于沥青混合料层较厚,路面承载能力更强,且具有更好的延缓反射裂缝能力,底基层采用粒料类材料时,性能类似于粒料类基层沥青路面。

水泥混凝土基层沥青路面具有较高承载能力,适用于重及重以上交通荷载等级公路。除水泥混凝土路面常见损坏外,此类路面结构主要病害是水泥混凝土板接缝处沥青面层反射裂缝和沥青面层永久变形。

选定结构组合类型后,可根据交通荷载等级,参照表8-4~表8-9初选各结构层厚度。结构层厚度应根据交通荷载等级、路基承载能力等因素选择。交通荷载等级高、路基承载能力弱时宜取靠近高限的厚度或参照高一个交通荷载等级的路面厚度范围,反之可靠近低限取值或参照第一个交通荷载等级的路面厚度范围。

无机结合料稳定类基层(粒料类底基层)**路面厚度范围**(单位:mm)　　表8-4

交通荷载等级	极重、特重	重	中等	轻
面层	250~150	250~150	200~100	150~20
基层(无机结合料稳定类)	600~350	550~300	500~250	450~150
底基层(粒料类)	200~150			

无机结合料稳定类基层(无机结合料稳定类底基层)**路面厚度范围**(单位:mm)　　表8-5

交通荷载等级	极重、特重	重	中等	轻
面层	250~150	250~150	200~100	150~20
基层(无机结合料稳定类)	500~250	450~200	400~150	150~200
底基层(粒料类)	200~150			

粒料类基层(粒料类基层底基层)**路面厚度范围**(单位:mm)　　表8-6

交通荷载等级	重	中等	轻
面层	350~200	300~150	200~100
基层(无机结合料稳定类)	450~350	400~300	350~250
底基层(粒料类)	200~150		

沥青结合料稳定类基层(沥青结合料稳定类底基层)**路面厚度范围**(单位:mm)　　表8-7

交通荷载等级	重	中等	轻
面层	150~120	120~100	80~40
基层(沥青结合料稳定类)	250~200	220~180	200~120
底基层(粒料类)	400~300	400~300	350~250

沥青结合料稳定类基层(无机结合料稳定类底基层)**路面厚度范围**(单位:mm)　　表8-8

交通荷载等级	极重、特重	重	中等	轻
面层	120~100	120~100	100~80	80~40
基层(沥青结合料稳定类)	180~120	150~100	150~100	100~80
底基层(粒料类)	600~300	600~300	550~250	450~200

沥青结合料稳定类基层(粒料+无机结合料稳定类底基层)**路面厚度范围**(单位:mm)　　表8-9

交通荷载等级	极重、特重	重	中等	轻
面层	120~100	120~100	100~80	80~40
基层(沥青结合料稳定类)	240~260	180~120	160~100	100~80
底基层(粒料类)	200~150	200~150	200~150	250~150
底基层(无机结合料类)	400~200	400~200	350~200	250~150

8.3.2 沥青面层组合

沥青面层直接经受车轮荷载反复作用和各种自然因素影响,并将荷载传递到基层以下的结构层。因此,沥青面层应满足功能性和结构性的使用性能要求,常见的沥青面层可进一步分为单层、双层、三层。双层结构分为表面层(磨耗层)、下面层,三层结构分为表面层(磨耗层)、中面层、下面层。

表面层应具有平整、抗滑、稳定耐久等服务功能,同时应具有高温抗车辙、低温抗开裂、抗老化、抗剥离等性能。中、下面层应具有一定的密水性、高温抗车辙等性能。下面层应具有良好的抗疲劳性能和兼顾其他性能要求。面层材料类型可根据交通荷载等级和层位选用,见表8-10。

各沥青面层材料的交通荷载等级和层位 表8-10

材料类型	适应交通荷载等级和层位
连续级配沥青混合料	各交通荷载等级的表面层、中面层和下面层
沥青玛碲脂碎石混合料	极重、特重和重交通荷载等级的表面层,对抗滑有特殊要求的表面层
厂拌热再生沥青混合料	各交通荷载等级的表面层、中面层和下面层
上拌下贯沥青碎石	中等、轻交通荷载等级的面层
沥青表面处治	中等、轻交通荷载等级的表面层

高速公路、一级公路一般选用三层沥青面层结构。为满足上述要求,应精心选择沥青面层混合料。通常认为密实型中粒式或细粒式沥青混合料(如 AC-13、AC-16)宜用于表面层,它的空隙率一般为 3%~5%。在这个范围内,可以防止水害及冻害,又由于它保留一定的空隙率,炎热季节不会泛油。此外,密级配沥青混合料的抗裂性、疲劳强度和耐久性均较优越。对于重交通和特重交通荷载等级,普通热拌沥青混合料不能满足使用要求时,可从材料和沥青混合料结构上改善,如采用改性沥青和 SMA-10、SMA-13 等混合料。对抗滑、排水和降噪有特殊要求的表面层可采用 OGFC 等开级配沥青混合料,表面层下应设置防水层,防水层可采用改性乳化沥青或改性沥青等。

沥青路面中面层和下面层经受着与沥青路面表面层相似的不利工作环境,只是对平整性和抗滑性两个指标要求略低。因此,对沥青混合料的选择同样有较高的要求,特别是在密实防水和抗剪切变形等方面的要求也很高,通常选用密实型中粒式和粗粒式混合料(如 AC-20、AC-25)。对于特重交通荷载等级或者炎热地区,胶结料常采用改性沥青。

二级、三级以下等级公路一般采用双层式沥青面层。双层即表面层与下面层。除了沥青混合料之外,也可选用热拌沥青碎石(ATB)或沥青贯入式结构,再加上表面封层。三级公路、四级公路一般可采用双层沥青表面处治结构。

沥青面层在路面结构层中价格最高,一般情况下对沥青面层厚度应有所控制,但是也不宜过薄。从压实效果来看,各种类型的沥青层最小压实厚度与它的公称最大粒径相关,连续级配沥青混合料和沥青玛碲脂碎石混合料的结构层厚度不宜小于集料公称最大粒径的2.5倍,开级配沥青混合料的结构层厚度不宜小于集料公称最大粒径的2.0倍,若小于最小厚度,则压实效果不好。《公路沥青路面设计规范》(JTG D50—2017)对不同粒径沥青混合料的最小层厚规定见表 8-11。结合大量工程经验,从技术经济合理的角度考虑,表 8-12 所列的适宜厚度可供参考。

不同粒径沥青混合料层厚 表8-11

沥青混合料类型	以下集料公称最大粒径沥青混合料的层厚(mm),不小于					
	4.75	9.5	13.2	16.0	19.0	26.5
连续级配沥青混合料	15	25	35	40	50	75
沥青玛碲脂碎石	—	30	40	50	60	—
开级配沥青混合料	—	20	25	30	—	—

沥青混合料压实最小厚度与适宜厚度　　　　表 8-12

沥青混合料类型		最大粒径（mm）	公称最大粒径（mm）	符号	压实最小厚度（mm）	适宜厚度（mm）
密级配沥青混合料（AC）	砂粒式	9.5	4.75	AC-5	15	15~30
	细粒式	13.2	9.5	AC-10	20	25~40
		16	13.2	AC-13	35	40~60
	中粒式	19	16	AC-16	40	50~80
		26.5	19	AC-20	50	60~100
	粗粒式	31.5	26.5	AC-25	70	80~120
密级配沥青碎石（ATB）	粗粒式	31.5	26.5	ATB-25	70	80~120
		37.5	31.5	ATB-30	90	90~150
	特粗式	53	37.5	ATB-40	120	120~150
开级配沥青碎石（ATPB）	粗粒式	31.5	26.5	ATPB-25	80	80~120
		37.5	31.5	ATPB-30	90	90~150
	特粗式	53	37.5	ATPB-40	120	120~150
半开级配沥青碎石（AM）	细粒式	16	13.2	AM-13	35	40~60
	中粒式	19	16	AM-16	40	50~70
		26.5	19	AM-20	50	60~80
	粗粒式	31.5	26.5	AM-25	80	50~120
	特粗式	53	37.5	AM-40	120	120~150
沥青玛琋脂碎石混合料（SMA）	细粒式	13.2	9.5	SMA-10	25	25~50
		16	13.2	SMA-I3	30	35~60
	中粒式	19	16	SMA-16	40	40~70
		26.5	19	SMA-20	50	50~80
开级配沥青磨耗层（OGFC）	细粒式	13.2	9.5	OGFC-10	20	20~30
		16	13.2	OGFC-I3	30	30~40

沥青贯入碎石层的厚度宜为 40~80mm,乳化沥青贯入式路面的厚度不宜超过 50mm；上拌下贯式路面的拌和层厚度不宜小于 25mm；沥青表面处治可分为单层、双层和三层，单层表面处治厚度宜为 10~15mm,双层表面处治厚度宜为 15~25mm,三层表面处治厚度宜为 25~30mm。

8.3.3 基层组合

沥青路面的基层承担着沥青面层向下传递的全部荷载，还承受着由于路基水温状况多变而发生的地基支承能力变化的敏感性，使之不致影响沥青面层的正常工作。基层结构是承上启下保证路面结构耐久、稳定的承重结构层，因此要求基层具有较高的强度、稳定性和耐久性。与沥青面层相比，由于基层不直接与车轮和大气接触，相对于路面表面性能有关的材料性能指标（如抗滑性能、抗剪切变形等）可以略为放宽。

沥青路面的基层按材料和力学特性的不同可以分为柔性基层（粒料类或沥青混合料类）、半刚性基层（无机结合料稳定类）和刚性基层（水泥混凝土）三种。各种基层有不同的特点，各有适用的场合。

选择基层类型关系到路面结构的耐久性和长期使用性能,首先应根据路面结构所承受的交通荷载等级进行比选,同时应考虑地基支承的可靠性以及当地水温状况和路基排水与路基稳定的可靠程度做不同方案,比较后择优选定。我国沥青路面设计规范给出的基层材料类型选用见表8-13。水泥混凝土基层还应符合现行《公路水泥混凝土路面设计规范》(JTG D40)的有关规定。

基层和底基层材料的使用交通荷载等级和层位类型　　　　表8-13

类型	材料类型	适用交通荷载等级和层位
无机结合料稳定类	水泥稳定级配碎石、水泥粉煤灰稳定级配碎石或砾石、石灰粉煤灰稳定级配碎石和砾石	各交通荷载等级的基层和底基层
	水泥稳定未筛分碎石和砾石、石灰粉煤灰稳定未筛分碎石或砾石、石灰稳定未筛分碎石和砾石	轻交通荷载等级的基层、各交通荷载等级的底基层
	水泥稳定土、石灰稳定土、石灰粉煤灰稳定土	轻交通荷载等级的基层、各交通荷载等级的底基层
粒料类	级配碎石	重及重以下交通荷载等级的基层、各交通荷载的底基层
	级配砾石、为筛分碎石、天然砂砾、填隙碎石	中等和轻交通荷载等级的基层、各交通荷载等级的底基层
沥青结合料类	密级配沥青碎石、半开级配沥青碎石、开级配沥青碎石	极重、特重和重交通荷载等级的基层
	沥青贯入碎石	重及重以下交通荷载等级的基层
水泥混凝土	水泥混凝土或贫混凝土	极重、特重交通荷载等级的基层

在交通、环境各方面工作条件都十分恶劣的情况下,可以考虑各种基层组合使用。如地基承载力不佳、交通特别繁重、雨水集中、路基排水不良,可以考虑无机结合料稳定基层和柔性基层组合应用,一方面提高结构承载力,减轻沥青面层荷载应力;另一方面可发挥柔性基层变形协调,利于渗水排水的优势,使路面始终保持良好工作状态,还可避免横向裂缝反射到面层。对于严重超载的沥青路面,除了采用组合基层之外,也可以采用配钢筋的混凝土板或连续配筋混凝土板作基层的沥青路面。为了减少或延缓反射裂缝,在无机结合料稳定层与沥青结合料类材料层间可设置级配碎石层、半开级配层或开级配沥青碎石层,设置级配碎石层后,需注意验算沥青混合料层疲劳开裂寿命。

基层结构的厚度主要应满足强度与刚度的设计要求。除此之外,还应考虑施工的可实施性和材料规格对厚度的影响。一般情况下,基层的厚度应大于混合料最大粒径的4倍,同时还应考虑压实机具的性能,通常取能一次压密的最佳厚度。若基层厚度超过最佳厚度,可分几层铺筑,每层厚度接近最佳厚度。不同材料基层和底基层厚度宜符合见表8-14。

基层和底基层厚度(单位:mm)　　　　表8-14

材料种类	集料公称最大粒径	厚度,不小于
密级配沥青碎石 半开级配沥青碎石 开级配沥青碎石	19.0	50
	26.5	80
	31.5	100
	37.5	120

续上表

材 料 种 类	集料公称最大粒径	厚度,不小于
沥青贯入碎石	—	40
贫混凝土	31.5	120
无机结合料稳定类	19.0、26.5、31.5、37.5	150
	53.0	180
级配碎石 级配砾石未筛分碎石、天然砂砾	26.5、31.5、37.5	100
	53.0	120
填隙碎石	37.5	75
	53.0	100
	63.0	120

8.3.4 功能层

1）路基改善层

为提高路基顶面回弹模量或改善路基湿度状态而设置的粒料层或无机结合料稳定层,一般将其归类为路基,称为路基改善层。

2）垫层

沥青路面垫层结构位于基层以下,主要用于路基状况不良的路段,以确保路面结构不受路基中滞留的自由水的侵蚀以及冻融的危害。

当路基处于潮湿、过湿状态,土质不良、粉土的含量高,在毛细水作用下水分将自下而上渗入底基层和基层结构的情况下,为隔断地下水源应设置防水垫层。防水垫层应不含粉土、黏土的成分,主要采用粗砂、砂砾、矿渣等粗粒材料铺筑。在垫层以下应铺设不透水层(如透水系数低的黏土层及土工织物反滤层),防止自下而上的渗透和污染。

排水不良的土质路堑,有裂隙水、泉眼等水文不良的岩石挖方路段应设置排水垫层。排水垫层的功能主要是排除通过路基顶面渗入的浅水、泉水和毛细上升水。排水垫层的材料规格、要求、排水能力和结构层厚度均应满足路面结构排水设计的规定与要求,通过设计计算确定。排水垫层与路基路面排水系统的衔接、出口的设置等都应按照设计要求选定。排水垫层以下应设置土工织物反滤层,严防路基土通过地下水进入排水垫层,污染结构降低排水功能。若排水垫层同时也承担着排除地面渗入路面结构雨水的功能,则排水层与底基层交界面上亦应设置反滤层,以防止基层材料的有害成分污染排水层,影响其排水功能的发挥。

对于地处软土地带的潮湿路段,为了防止路基土侵入路面污染结构,可设置防污垫层作为隔离层,以保护路面结构。通常采用土工合成材料与粒料分多层间隔铺筑,即可达到防污的效果。有时将防污垫层设置在防水垫层及排水垫层以下,两种垫层同时使用,可取得良好效果。

在季节性冰冻地区,当冻深较大,不能满足防冻层验算要求时,在这种路段应设置防冻垫层,以保护路面结构不受冻胀和翻浆的危害。防冻层应采用隔温性能良好、导热系数低的材料,如级配碎石等。防冻厚度与路基干湿类型路基土类、道路冻深以及路面结构材料的热物理性能有关。

3）结合层

沥青路面各结构层之间应紧密结合,不因层间滑动或松散而丧失结构的整体效应。

（1）沥青结合料类材料层间应设置黏层。在铺上层之前彻底清扫下层表面的灰尘、泥土、油污等有可能破坏层间结合的有害物质，然后设黏层沥青。极重、特重和重交通荷载等级路面的黏层宜采用改性乳化沥青、基质沥青或改性沥青；中等和轻交通荷载等级路面的黏层可选用乳化沥青；水泥混凝土板与沥青面层间的黏层宜采用改性沥青。

（2）在沥青结合料类材料层与其他材料层间应设置封层，宜设置透层。无机结合料稳定类或冷再生类材料结构层与沥青结合料类结构层之间宜设置封层，封层可采用单层沥青表面处治或稀浆封层等，单层表面处治封层的结合料可采用改性沥青、道路石油沥青或乳化沥青；当设置改性沥青应力吸收层时，可不再设封层，改性沥青应力吸收层中改性沥青宜采用橡胶沥青。粒料类基层和无机结合料稳定类基层顶面宜设置透层，透层沥青应具有良好的渗透性，可采用稀释沥青和乳化沥青等。

（3）透层沥青、黏层沥青、单层表处下封层、稀浆封层下封层的材料规格、用量应根据地区气候特点、施工季节和结构类型的不同，按现行《公路沥青路面施工技术规范》（JTG F40）的要求选定。

8.4 新建沥青路面结构设计验算

8.4.1 可靠度和设计使用年限

路面使用性能存在显著的变异性，这种变异性受多种客观因素变化的影响，主要包括原材料性能天然的差异、混合料的性能差异、设计参数的不确定性、设计分析模型导致的模型误差等。为了使设计更加合理，并能反映实际情况，以及满足设计使用年限内的要求，对路面性能的变异性必须加以控制。依据《公路沥青路面设计规范》（JTG D50—2017），不同等级公路沥青路面结构的目标可靠度和目标可靠度指标不应低于表8-15的规定值，新建沥青路面结构设计使用年限不应低于表8-16的规定值。

目标可靠度和目标可靠指标　　　　　　　　　表8-15

公路等级	高速公路	一级公路	二级公路	三级公路	四级公路
目标可靠度（%）	95	90	85	80	75
目标可靠指标 β	1.65	1.28	1.04	0.84	0.52

路面结构设计使用年限　　　　　　　　　表8-16

公 路 等 级	设计使用年限	公 路 等 级	设计使用年限
高速公路、一级公路	15	三级公路	10
二级公路	12	四级公路	8

8.4.2 沥青路面结构设计指标与标准

设计指标主要是从力学响应的角度提出的性能控制指标，应尽可能涵盖路面结构的主要病害类型，设计控制标准是指路面结构根据设计指标的破坏过程和破坏机理所达到的极限状态。路面结构设计中结构组合若满足了控制指标的极限状态，就能保证路面结构在设计使用期内正常工作,不出现破坏的极限状态。

1) 设计指标

沥青路面结构在车轮荷载作用下各结构层的应力分布十分复杂,理论计算和大量的试验验证表明:

(1) 层位较高的刚性基层和半刚性基层,由于刚性板体结构效应,极限拉应力一般出现在刚性基层或半刚性基层板的底部,产生初始裂缝并进一步发展形成断裂裂缝,从而诱发沥青面层的应力重分布,裂缝向上反射引起面层破坏。

(2) 对于设置半刚性底基层的路面结构,通常在底基层底部产生初始裂缝,然后向上逐渐扩展到基层和沥青面层。

(3) 对于柔性基层沥青路面,当柔性基层材料以沥青结合料为主时,沥青结合料基层底部会承受主要的拉应力;当柔性基层材料以粒状结构为主时,粒料基层不承受拉应力,沥青面层会承受较大的拉应力。因此,柔性基层沥青路面,整个路面结构极限状态主要出现在沥青混合料层底部,形成初始裂缝并逐步扩展,最终沥青面层形成断裂裂缝。

(4) 对于沥青混合料层以及路基,在轮迹荷载的竖向压应力和剪应力作用下,会产生不可恢复的永久变形;当使用刚性或者半刚性基层时,永久变形主要发生在沥青混合料层;当使用柔性基层时,永久变形可能会在包括路床在内的整个结构范围内累积。

设计指标的选取应当与沥青路面结构层的主要力学响应相对应,并用于控制其主要病害的发生。经过国内外工程界长期观察和研究,路面结构在车轮荷载作用下结构层极限拉应力一般发生在层底,某一结构层的拉应力(一般为第一主应力)达到并超过该层材料的抗拉极限强度时,首先在轮载下方产生初始裂缝,随着车轮的反复多次作用,初始裂缝逐步延伸,并在垂直方向扩展,导致路面表面产生各种裂缝,进一步发展则成为局部范围或大面积的损坏。与此同时,对于沥青路面结构,即使每次行车荷载作用产生的残余变形量很小,但多次重复作用累积起来的残余变形总和也会很大,足以影响车辆的正常行驶。因此,我国沥青路面结构设计选用沥青混合料层层底拉应变、无机结合料稳定层层底拉应力、沥青混合料层永久变形量以及路基顶面竖向压应变作为结构设计的重要控制指标,以控制沥青混合料层的疲劳开裂、无机结合料稳定层的疲劳开裂以及路面结构的永久变形。

对于季节性冻土地区,为了降低路面结构的低温开裂和防止冻融病害,沥青面层的低温开裂指数以及路面结构的防冻厚度也是重要性能控制指标。低温开裂指数 CI 是指沥青路面竣工验收时 100m 调查单元内横向裂缝条数,贯穿全幅的裂缝按 1 条计,未贯穿且长度超过一个车道宽度的裂缝按 0.5 条计,不超过一个车道宽度的裂缝不计入。

《公路沥青路面设计规范》(JTG D50—2017)规定路面结构验算时应根据路面结构组合,参照表 8-17 选择设计指标。选择单轴-双轮 100kN 作为标准轴载,基于双圆均布垂直荷载作用下的弹性层状连续体系理论进行力学计算,如图 8-1 所示。图中,h_1、E_1、μ_1,h_2、E_2、μ_2,…,h_{n-1}、E_{n-1}、μ_{n-1} 分别为第一层,第二层,…,第 $n-1$ 层结构的厚度、弹性模量和泊松比;p 为单位面积上的垂直荷载,$p=0.7\text{MPa}$;δ 为荷载作用面半径,$\delta=10.65\text{cm}$,E_0 为路基模量。应用弹性力学方法引入如下一些假设求解弹性层状体系的应力、变形和位移等分量:

(1) 各层完全弹性、均质、各向同性以及位移和形变是微小的。

(2) 最下一层在水平方向和垂直向下方向为无限大,其上各层厚度为有限、水平方向为无限大。

(3) 各层在水平方向无限远处及最下一层向下无限深处,其应力、形变和位移为零。

(4)层间假定完全连续、完全光滑、不完全连续与滑动。

(5)不计自重。

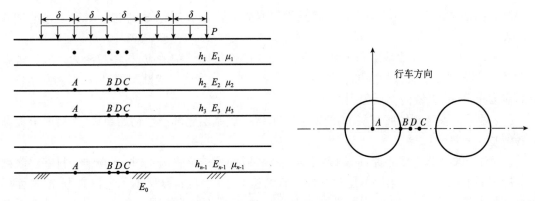

图 8-1 力学响应计算点位置图示

不同结构组合路面的设计指标 表 8-17

基层类型	底基层类型	设计指标
无机结合料稳定类	粒料类	无机结合料稳定层层底拉应力、沥青混合料层永久变形量
	无机结合料稳定类	
沥青结合料类	粒料类	沥青混合料层层底拉应变、沥青混合料层永久变形量、路基顶面竖向压应变
	无机结合料稳定类	沥青混合料层永久变形量、无机结合料稳定层层底拉应力
粒料类	粒料类	沥青混合料层层底拉应变、沥青混合料层永久变形量、路基顶面竖向压应变
	无机结合料稳定类	沥青混合料层层底拉应变、沥青混合料层永久变形量、无机结合料稳定层层底拉应力
水泥混凝土	—	沥青混合料层永久变形量

注:1. 季节性冻土地区应增加沥青面层低温开裂验算和防冻层验算。
    2. 在沥青混合料层与无机结合料稳定层间设置粒料层时,应验算沥青混合料层疲劳开裂寿命。
    3. 水泥混凝土路基层应按现行《公路水泥混凝土路面设计规范》(JTG D40)设计。

各设计指标应选用见表 8-18 规定的竖向位置处的力学响应,并按图 8-1 所示计算点位置,选取 A、B、C 和 D 四点位置计算的最大力学响应量。

各设计指标对应的力学响应及其竖向位置 表 8-18

设计指标	力学响应	竖向位置
沥青混合料层层底拉应变	沿行车方向的水平拉应变	沥青混合料层底
无机结合料稳定层层底拉应力	沿行车方向的水平拉应力	无机结合料稳定层层底
沥青混合料层永久变形量	竖向压应力	沥青混合料层各分层顶面
路基顶面竖向压应变	竖向压应变	路基顶面

2)设计标准

沥青路面在车轮反复多次作用之下,沥青面层和刚性、半刚性材料层的层底拉应力超过极限,形成初始裂缝并逐步扩展至断裂的过程,属疲劳断裂损伤。因此,针对主要的沥青路面结构,我国《公路沥青路面设计规范》(JTG D50—2017)规定以沥青混合料层层底拉应变和无机结合料层层底拉应力为设计指标,以沥青混合料层和无机结合料层的疲劳开裂寿命为设计标准。沥青混合料层疲劳寿命以轮迹带开裂面积达到10%或者裂缝密度达到$1.0m/m^2$为标准。基于沥青混合料层层底拉应变计算的沥青混合料层疲劳开裂寿命应小于基于沥青混合料层层底拉应变换算得到的设计年限内当量设计轴载累计作用次数。基于无机结合料稳定层层底拉应力计算的无机结合料稳定层疲劳开裂寿命应小于基于无机结合料稳定层层底拉应力换算得到的设计年限内当量设计轴载累计作用次数。

沥青路面结构车辙出现在行车轮迹处,其表现为路面的纵向带状凹陷。当车辙达到一定深度时,辙槽容易积水,极易导致交通事故。此外,车辙也是导致路面平整度下降的主要因素。因此,从控制沥青路面结构永久变形,保证行车安全和舒适性角度,《公路沥青路面设计规范》(JTG D50—2017)要求沥青混合料永久变形量应不大于表8-19所列容许永久变形量。同时,路基顶面竖向压应变不应大于基于设计年限内当量设计轴载累计作用次数计算获得的容许竖向压应变。

沥青混合料层容许永久变形量(单位:mm)　　　　　　　　　　表8-19

基层类型	沥青混合料层容许永久变形量	
	高速公路、一级公路	二级公路、三级公路
无机结合料稳定类基层、水泥混凝土基层和底基层为无机结合料稳定类的沥青混合料基层	15	20
其他基层	10	15

对于季节性冻土地区的沥青路面结构,竣工时沥青面层低温开裂指数不宜大于表8-20所列数值。

低温开裂指数要求　　　　　　　　　　表8-20

公路等级	高速公路、一级公路	二级公路	三级公路、四级公路
低温开裂指数CI,不大于	3	5	7

除了对上述路面使用性能设计指标的要求,高速公路、一级公路以及山岭重丘区二级公路和三级公路的路面在交工验收时,其抗滑技术指标应满足表8-21的技术要求,路基顶面和路表的实测代表弯沉值应不超过其各自的验收弯沉值。

抗滑技术要求　　　　　　　　　　表8-21

年平均降雨量(mm)	交工检测指标值	
	横向力系数 SFC_{60} [a]	构造深度 TD(mm) [b]
>1000	≥54	≥0.55
500~1000	≥50	≥0.50
250~500	≥45	≥0.45

注:a. 横向力系数 SFC_{60} ——用横向力系数测试车,在(60 ± 1)km/h下测定。
　　b. 构造深度 TD——用铺砂法测定。

8.4.3 路面材料设计参数

路面设计时需用路面结构层的材料参数,这些参数取值正确与否,将直接影响路面结构设计的正确性和合理性。因为不同测试和取值方法会得出不同的数值,路面材料应根据公路等级、交通荷载等级、气候条件、各结构层功能要求和当地材料特性等,在技术经济论证基础上进行设计并确定材料设计参数。同时,各结构层的原材料性质要求和混合料组成与性质要求,应符合现行《公路沥青路面施工技术规范》(JTG F40)和《公路路面基层施工技术细则》(JTG/T F20)的有关规定,并应结合工程特点和当地经验确定。

路面结构层材料设计参数的确定可分为下列三个水平:①水平一,通过室内试验实测确定;②水平二,利用已有经验关系式确定;③水平三,参照典型数值确定。高速公路和一级公路的施工图设计阶段宜采用水平一,其他设计阶段可采用水平二或水平三;二级及二级以下公路可采用水平二或水平三。

粒料层材料用于路面基层、底基层时,以回弹模量作为路面结构设计的设计参数,在结构验算时应采用粒料回弹模量乘以湿度调整系数后得到,湿度调整系数可在 1.6~2.0 范围内选取。粒料回弹模量应取用最佳含水率和与压实度要求相应的干密度条件下的试验值。在最佳含水率和与压实度要求相应的干密度条件下的粒料回弹模量应依据相应的水平确定:水平一,采用重复加载三轴压缩试验测定,取回弹模量试验结果的均值;水平三,按粒料类型和层位参照表 8-22 确定粒料回弹模量取值。

粒料回弹模量取值范围(单位:MPa) 表 8-22

材料类型和层位	最佳含水率和与压实度要求相应的干密度条件下	经湿度调整后
级配碎石基层	200~400	300~700
级配碎石底基层	180~250	190~440
级配砾石基层	150~300	250~600
级配砾石底基层	150~220	160~380
未筛分碎石层	180~220	200~400
天然砂砾层	105~135	130~240

注:材料性能好、级配好或压实度大时取高值,反之取低值。

无机结合料稳定类材料的弯拉强度和弹性模量在水平一条件下,采用中间段法单轴压缩试验测定。弯拉强度和弹性模量的测定应符合《公路工程无机结合料稳定材料试验规程》(JTG E51—2009)中 T0851 的有关规定。测试时水泥稳定类、水泥粉煤灰稳定类测试试件的龄期应为 90d,石灰稳定类、石灰粉煤灰稳定类材料试件的龄期应为 180d。弯拉强度和弹性模量应取用测试数据的平均值。在水平三条件下,可参照表 8-23 确定弯拉强度和弹性模量。

无机结合料稳定类材料的弯拉强度和弹性模量取值范围(单位:MPa) 表 8-23

材料	弯拉强度	弹性模量
水泥稳定粒料、水泥粉煤灰稳定粒料、石灰粉煤灰稳定粒料	1.5~2.0	18000~28000
	0.9~1.5	14000~20000
水泥稳定土、水泥粉煤灰稳定土、石灰粉煤灰稳定土	0.6~1.0	5000~7000
石灰土	0.3~0.7	3000~5000

注:结合料用量高、材料性能好、级配好或压实度大时取高值,反之取低值。

路面结构验算时,无机结合料稳定类材料弹性模量应乘以结构层模量调整系数0.5。

沥青混合料采用动态压缩模量结构设计参数。水平一条件下,沥青混合料动态压缩模量的测定应符合现行《公路工程沥青及沥青混合料试验规程》(JTG E20)的有关规定,取平均值,试验温度选用20℃,面层沥青混合料加载频率采用10Hz,基层沥青混合料加载频率采用5Hz。水平二条件下,采用规范指定的预估模型计算确定沥青混合料动态压缩模量。水平三条件下,参照表8-24确定沥青混合料动态压缩模量。

常用沥青混合料20℃条件下动态压缩模量取值范围(单位:MPa) 表8-24

沥青混合料类型	沥青种类			
	70号道路石油沥青	90号道路石油沥青	110号道路石油沥青	SBS改性沥青
SMA-10、SMA-13、SMA-16	—	—	—	7500~12000
AC-10、AC-13	8000~12000	7500~11500	7000~10500	8500~12500
AC-16、AC-20、AC-25	9000~13500	8500~13000	7500~12000	9000~13500
ATB-25	7000~11000	—	—	—

注:1. ATB-25为5Hz条件下动态压缩模量,其他沥青混合料为10Hz条件下动态压缩模量。
2. 沥青黏度大、级配好或空隙率小时取高值,反之取低值。

8.4.4 路面结构验算

1) 温度调整系数和等效温度

气温条件是影响路面性能的重要外部因素。尤其是沥青混合料,其模量对温度具有典型的依赖性。我国当前沥青路面结构设计中,路面结构验算时,沥青混合料结构层模量取用的是20℃标准试验温度条件下的固定值。根据自然因素对路面结构的影响可知,同一路面结构在相同交通荷载和不同温度条件下的使用性能并不一致,甚至差别较大。为了考虑温度的影响,基于路面温度场的研究,《公路沥青路面设计规范》(JTG D50—2017)根据所在地区的气温条件、路面结构类型和结构层厚度,采用温度调整系数表征不同地区气候条件对路面结构层疲劳开裂和路基顶面竖向压应变的影响,根据所在地区的气候条件采用等效温度表征对沥青混合料层永久变形的影响。

一般分两个步骤确定温度调整系数和等效温度,首先确定基准路面结构温度调整系数和等效温度,然后进行结构层厚度和模量修正,得到不同结构路面的温度调整系数和等效温度。

基准路面结构是指面层、基层与路基组成的三层路面结构,一般分为粒料基层沥青路面和无机结合料稳定类基层沥青路面两种结构形式,结构层的标准厚度和模量参数如下:沥青面层厚度 $h_a = 180$mm,粒料基层或无机结合料稳定类基层厚度 $h_b = 400$mm。沥青混合料动态模量 $E_a = 8000$MPa,粒料层回弹模量 $E_b = 400$MPa,无机结合料稳定层弹性模量 $E_b = 7000$MP,路基回弹模量 $E_0 = 100$MPa。

不同气温状况下基准路面结构的损坏,转换成标准温度(20℃)条件下基准路面结构的等效破坏,得到基准路面结构温度调整系数。部分地区各类路面结构设计指标的基准结构温度调整系数以及沥青混合料层的等效温度,可参照表8-25取用。其他地区的基准结构温度调整系数和沥青混合料层的等效温度,可按气温条件相近地区的系数值取用,气温资料取连续10年的平均值。

各地气温统计资料及相应的基准路面结构温度调整系数和等效温度　　　表 8-25

地名	省（自治区、直辖市）	最热月平均气温（℃）	最冷月平均气温（℃）	年平均气温（℃）	温度调整系数 沥青混合料层层底拉应变、无机结合料稳定层层底拉应力	温度调整系数 路基顶面竖向压应变	基准等效温度（℃）
北京	北京	26.9	-2.7	13.1	1.23	1.09	20.1
济南	山东	28.0	0.2	15.1	1.32	1.17	21.8
日照	山东	26.0	2.0	12.7	1.21	1.06	19.4
太原	山西	23.9	-5.2	10.5	1.12	0.98	17.3
大同	山西	22.5	-10.4	7.5	1.01	0.89	15.0
侯马	山西	26.8	-2.3	13.0	1.23	1.08	19.9
西安	陕西	27.5	0.1	14.3	1.28	1.13	20.9
延安	陕西	23.9	-5.3	10.5	1.12	0.98	17.3
安康	陕西	27.3	3.7	15.9	1.35	1.19	21.7
上海	上海	28.0	4.7	16.7	1.38	1.23	22.5
天津	天津	26.9	-3.4	12.8	1.22	1.08	20.0
重庆	重庆	28.3	7.8	18.4	1.46	1.31	23.6
台州	浙江	27.7	6.9	17.5	1.42	1.26	22.8
杭州	浙江	28.4	4.5	16.9	1.40	1.25	22.8
合肥	安徽	28.5	2.9	16.3	1.37	1.22	22.6
黄山	安徽	27.5	4.4	16.6	1.38	1.23	22.3
福州	福建	28.9	11.3	20.2	1.55	1.40	24.9
建瓯	福建	28.2	8.9	19.1	1.49	1.35	24.1
敦煌	甘肃	25.1	-8.0	9.9	1.10	0.97	17.6
兰州	甘肃	22.9	-4.7	10.5	1.12	0.98	17.0
酒泉	甘肃	22.2	-9.1	7.8	1.02	0.90	15.0
广州	广东	28.7	14.0	22.4	1.66	1.52	26.5
汕头	广东	28.6	14.4	22.1	1.64	1.50	26.1
韶关	广东	28.5	10.3	20.4	1.56	1.42	25.2
河源	广东	28.4	13.1	21.9	1.63	1.49	26.1
连州	广东	27.6	11.0	20.3	1.55	1.40	24.8
南宁	广西	28.4	13.2	22.1	1.64	1.51	26.3
桂林	广西	28.0	8.1	19.1	1.49	1.35	24.2
贵阳	贵州	23.7	4.7	15.3	1.31	1.15	20.1
郑州	河南	27.4	0.6	14.7	1.30	1.15	21.2
南阳	河南	27.3	1.7	15.2	1.32	1.17	21.4
固始	河南	28.1	2.6	16.0	1.36	1.21	22.3
黑河	黑龙江	21.5	-22.5	1.0	0.80	0.77	10.7
漠河	黑龙江	18.6	-28.7	-3.9	0.67	0.73	6.4

续上表

地名	省 (自治区、 直辖市)	最热月 平均气温 (℃)	最冷月 平均气温 (℃)	年平均气温 (℃)	温度调整系数		基准等效温度 (℃)
					沥青混合料层 层底拉应变、 无机结合料稳定 层层底拉应力	路基顶面竖向 压应变	
齐齐哈尔	黑龙江	23.0	-19.7	3.5	0.88	0.81	13.0
沈阳	辽宁	24.9	-11.2	8.6	1.06	0.94	16.9
大连	辽宁	24.8	-3.2	11.6	1.16	1.02	18.2
朝阳	辽宁	25.4	-8.7	9.8	1.10	0.97	17.7
二连浩特	内蒙古	24.0	-17.7	4.8	0.92	0.84	14.2
东胜	内蒙古	21.7	-10.1	6.9	0.98	0.87	14.2
额济纳旗	内蒙古	27.4	-10.3	9.5	1.10	0.97	18.2
海拉尔	内蒙古	20.5	-24.1	0.0	0.77	0.76	9.8
科右前旗	内蒙古	20.8	-16.7	3.0	0.86	0.79	11.4
通辽	内蒙古	24.3	-12.5	7.3	1.01	0.90	15.7
锡林浩特	内蒙古	21.5	-18.5	3.3	0.87	0.80	12.2
石家庄	河北	26.9	-2.4	13.3	1.24	1.10	20.3
塔城	新疆	23.3	-10.0	7.7	1.02	0.90	15.3
吐鲁番	新疆	32.3	-6.4	15.0	1.34	1.21	24.1
乌鲁木齐	新疆	23.9	-12.4	7.4	1.01	0.90	15.7
焉耆	新疆	23.4	-11.0	8.9	1.06	0.94	16.8
伊宁	新疆	23.4	-8.3	9.4	1.08	0.95	16.8
昆明	云南	20.3	8.9	15.6	1.30	1.13	18.7
腾冲	云南	19.9	8.5	15.4	1.29	1.12	18.5
蒙自	云南	23.2	12.7	18.S	1.46	1.29	21.9
丽江	云南	18.7	6.2	12.8	1.18	1.02	16.1
景洪	云南	26.3	17.2	22.7	1.66	1.51	25.6
海口	海南	28.9	18.4	24.6	1.77	1.65	27.9
三亚	海南	29.1	22.0	26.2	I.55	1.74	28.8
西沙	海南	29.3	23.6	27.0	1.89	1.79	29.3

当路面结构沥青面层或基层(含底基层)由两层或两层以上不同材料结构层组成时,可以按式(8-1)和式(8-2)分别换算成当量沥青面层和当量基层,从而简化为由当量沥青面层、当量基层和路基构成的三层路面结构。对采用沥青结合料类基层的路面,将基层换算至当量沥青面层,超过2层时,重复利用式(8-1)和式(8-2)自上而下逐层换算,简化为由当量沥青面层、当量基层和路基构成的三层路面结构。

$$h_i^* = h_{i1} + h_{i2} \tag{8-1}$$

$$E_i^* = \frac{E_{i1}h_{i1}^3 + E_{i2}h_{i2}^3}{(h_{i1}+h_{i2})^3} + \frac{3}{h_{i1}+h_{i2}}\left(\frac{1}{E_{i1}h_{i1}} + \frac{1}{E_{i2}h_{i2}}\right)^{-1} \tag{8-2}$$

式中：h_i^*、E_i^*——当量层厚度(mm)和模量(MPa)，下标 $i=a$ 为沥青面层，$i=b$ 为基层。

路面结构的温度调整系数应根据式(8-3)计算。

$$K_{Ti} = A_h A_E \hat{k}_{Ti}^{1+B_h+B_E} \tag{8-3}$$

式中：K_{Ti}——温度调整系数，下标 $i=1$ 对应沥青混合料层疲劳开裂分析，$i=2$ 对应无机结合料稳定层疲劳开裂，$i=3$ 对应路基顶面竖向压应变分析；

$\hat{k}_{Ti}$——基准路面结构温度调整系数，按所在地查表8-23取用；

A_h、B_h、A_E、B_E——面层、基层厚度和模量有关的函数，按式(8-4)～式(8-15)计算。

沥青混合料层疲劳开裂：

$$A_E = 0.76\lambda_E^{0.09} \tag{8-4}$$

$$A_h = 1.14\lambda_h^{0.17} \tag{8-5}$$

$$B_E = 0.14\ln(\lambda_E/20) \tag{8-6}$$

$$B_h = 0.23\ln(\lambda_h/0.45) \tag{8-7}$$

无机结合料稳定层疲劳开裂：

$$A_E = 0.10\lambda_E + 0.89 \tag{8-8}$$

$$A_h = 0.73\lambda_h + 0.67 \tag{8-9}$$

$$B_E = 0.15\ln(\lambda_E/1.14) \tag{8-10}$$

$$B_h = 0.44\ln(\lambda_h/0.45) \tag{8-11}$$

路基顶面竖向压应变：

$$A_E = 0.006\lambda_E + 0.89 \tag{8-12}$$

$$A_h = 0.67\lambda_h + 0.70 \tag{8-13}$$

$$B_E = 0.12\ln(\lambda_E/20) \tag{8-14}$$

$$B_h = 0.38\ln(\lambda_h/0.45) \tag{8-15}$$

式中：λ_E——面层与基层当量模量之比，按式(8-16)计算；

λ_h——面层与基层当量厚度之比，按式(8-17)计算。

$$\lambda_E = \frac{E_a^*}{E_b^*} \tag{8-16}$$

$$\lambda_E = \frac{h_a^*}{h_b^*} \tag{8-17}$$

分析沥青混合料层永久变形量时，沥青混合料层的等效温度应按式(8-18)计算。

$$T_{pef} = T_\xi + 0.016 h_a \tag{8-18}$$

式中：T_{pef}——沥青混合料层等效温度(℃)；

h_a——沥青混合料层厚度(mm)；

T_ξ——基准等效温度，按所在地查表8-25取用。

2) 沥青混合料层疲劳开裂验算

基于沥青混合料的柔性特征，一般采用沥青混合料层层底拉应变计算和控制沥青混合层的疲劳开裂寿命。研究表明,薄沥青混合料层适宜采用常应变加载模式疲劳开裂模型,厚沥青混合料层适宜采用常应力加载模式疲劳开裂模型,介于中间厚度的沥青混合料层,需要在两者之间建立过渡关系。《公路沥青路面设计规范》(JTG D50—2017)在大量常应力加载模式和常应变加载模式疲劳试验的基础上,综合国内外大量加速加载试验路的疲劳数据,建立了基于沥青混合料层层底拉应变的沥青混合料层疲劳开裂寿命计算模型,见式(8-19)。为了考虑不同加载模式的过渡与转换,在该模型中引入了疲劳开裂加载模式系数。

$$N_{f1} = 6.32 \times 10^{15.96-0.29\beta} k_a k_b k_{T1}^{-1} \left(\frac{1}{\varepsilon_a}\right)^{3.97} \left(\frac{1}{E_a}\right)^{1.58} (VFA)^{2.72} \quad (8-19)$$

式中:N_{f1}——沥青混合料疲劳层开裂寿命(轴次);

β——目标可靠指标,根据公路等级取值;

k_a——季节性冻土地区调整系数,按表8-26采用内插法确定;

k_{T1}——温度调整系数;

k_b——疲劳加载模式系数,按式(8-20)计算:

$$k_b = \left[\frac{1 + 0.3 E_a^{0.43} (VFA)^{-0.85} e^{0.024h_a - 5.41}}{1 + e^{0.024h_a - 5.41}}\right]^{3.33} \quad (8-20)$$

E_a——沥青混合料20C时的动态压缩模量(MPa);

VFA——沥青混合料的沥青饱和度(%),根据混合料设计结果或按现行《公路沥青路面施工技术规范》(JTG F40)的有关规定确定;

h_a——沥青混合料层厚度(mm);

ε_a——沥青混合料层层底拉应变($\times 10^{-6}$),根据弹性层状理论计算获取。

季节性冻土地区调整系数 k_a 表8-26

冻区	重冻区	中冻区	轻冻区	其他地区
冻结指数 F(℃·d)	≥2000	2000~800	800~50	≤50
k_a	0.60~0.70	0.70~0.80	0.80~1.00	1.00

沥青混合料层的疲劳开裂寿命应大于基于沥青混合料层层底拉应变的设计使用年限内设计车道的当量设计轴载累计作用次数。否则,应调整路面结构方案,重新验算,直至满足要求。

3) 无机结合料稳定层疲劳开裂验算

基于无机结合料稳定类材料的半刚性特征,一般采用无机结合料稳定层层底拉应力计算和控制无机结合料稳定层的疲劳开裂寿命。《公路沥青路面设计规范》(JTG D50—2017)在归纳水泥稳定砂砾、水泥稳定碎石、水泥稳定土和石灰粉煤灰稳定碎石四种常用混合料大量疲劳开裂试验结果的基础上,建立了无机结合料稳定粒料和稳定土的疲劳开裂计算模型,如式(8-21)所示。由于缺少足够的现场数据,无机结合料稳定层疲劳开裂模型的验证工作难度较大。在大量无机结合料稳定基层沥青路面结构调研基础上,归纳整理了包含公路等级、交通荷载参数和路基回弹模量等因素的不同工况下无机结合料稳定类基层沥青路面典型结构。对比调研的路面典型结构损坏状况与上述疲劳开裂模型分析结果,引入现场综合修正系数 k_c,以反映室内性能模型与现场疲劳开裂损坏间的差异。

$$N_{f2} = k_a k_{T2}^{-1} 10^{a - b\frac{\sigma_t}{R_s} + k_c - 0.57\beta} \tag{8-21}$$

式中：N_{f2}——无机结合料稳定层的疲劳开裂寿命（轴次）；

k_a——季节性冻土地区调整系数，按表 8-26 确定；

k_{T2}——温度调整系数；

R_s——无机结合料稳定类材料的弯拉强度（MPa）；

a、b——疲劳试验回归参数，按表 8-27 确定；

β——目标可靠指标，根据公路等级取值；

σ_t——无机结合料稳定层的层底拉应力（MPa），根据弹性层状理论计算获取；

k_c——现场综合修正系数，按式（8-22）确定：

$$k_c = c_1 \mathrm{e}^{c_2(h_a + h_b)} + c_3 \tag{8-22}$$

其中：c_1、c_2、c_3——参数，按表 8-28 取值；

h_a、h_b——沥青混合料层和计算点以上无机结合料稳定层厚度。

无机结合料稳定层疲劳破坏模型参数 表 8-27

材料类型	a	b
无机结合料稳定粒料	13.24	12.52
无机结合料稳定土	12.18	12.79

现场综合修正系数 k_c 相关参数 表 8-28

材料类型	新建路面结构层或改建工程既有路面结构层		改建工程加铺层	
	无机结合料稳定粒料	无机结合料稳定土	无机结合料稳定粒料	无机结合料稳定土
c_1	14.0	35.0	18.5	21.0
c_2	−0.0076	−0.0156	−0.01	−0.0125
c_3	−1.47	−0.83	−1.32	−0.82

无机结合料稳定层的疲劳开裂寿命应大于基于无机结合料稳定层层底拉应力为指标进行轴载换算得到的设计使用年限内设计车道的当量设计轴载累计作用次数。否则，应调整路面结构组合或层厚，重新验算，直至满足要求。

4）沥青混合料层永久变形量验算

《公路沥青路面设计规范》（JTG D50—2017）依据多种沥青混合料，在不同温度、压力等条件下的大量有效车辙试验结果，建立了包含荷载作用次数、温度、竖向压应力、层厚和车辙试验永久变形量等参数的沥青混合料层永久变形预估模型，并利用国内 10 余条公路多年车辙数据和 5 个试验段车辙数据对该模型进行了修正和验证。

考虑沥青路面不同深度处应力分布和不同沥青混合料层抗车辙性能的差异，规定分层计算永久变形量。各分层永久变形累加值与沥青混合料层总的永久变形量间的差异考虑在综合修正系数中 k_R。

对路面设计使用年限内的永久变形量进行预估时，应当使用基于沥青混合料层永久变形量指标进行轴载换算获取的设计使用年限内设计车道上当量设计轴载累计作用次数，进行永久变形量计算。然而，结构分析需综合考虑路面的养护、维修工作。对交通量大、重载比例高的项目，路面设计使用年限内有时需要针对车辙进行一次或一次以上维修，此时用于计算沥青混合料层永久变形量的设计车道上当量设计轴载累计作用次数为通车至首次维修的期限内当量设计轴载累计作用次数。

按照我国沥青路面设计相关规范规定,首先对路面结构中的各沥青混合料层进行分层:表面层,采用10~20mm作为一分层;第二层沥青混合料层,每一分层厚度应不大于25mm;第三层沥青混合料层,每分层厚度应不大于100mm;第四层及其以下沥青混合料层,作为一个分层。然后,根据标准条件下的车辙试验,得到各层沥青混合料的车辙试验永久变形量,按式(8-23)计算各分层的永久变形量和沥青混合料层总的永久变形量。

$$R_a = \sum_{i=1}^{n} R_{ai} \tag{8-23}$$

$$R_{ai} = 2.31 \times 10^{-8} k_{Ri} T_{pef}^{2.93} P_i^{1.80} N_{e3}^{0.48} \left(\frac{h_i}{h_0}\right) R_{0i} \tag{8-24}$$

式中:R_a——沥青混合料层永久变形量(mm);
　　R_{ai}——第i层永久变形量(mm);
　　n——分层数;
　　T_{pef}——沥青混合料层永久变形等效温度(℃);
　　N_{e3}——设计使用年限内成通车至首次针对车辙维修的期限内,基于沥青混合料层永久变形量指标的设计车道上当量设计轴载累计作用次数;
　　h_i——第i分层厚度(mm);
　　h_0——车辙试验试件的厚度(mm);
　　R_{0i}——第i分层沥青混合料在试验温度为60℃,压强为0.7MPa,加载次数为2520次时,车辙试验永久变形量(mm);
　　P_i——沥青混合料第i分层顶面竖向压应力(MPa),根据弹性层状体系理论,计算获取;
　　k_{Ri}——综合修正系数,按式(8-25)~式(8-27)计算:

$$k_{Ri} = (d_1 + d_2 \cdot z_i) \cdot 0.9731^{z_i} \tag{8-25}$$

$$d_1 = -1.35 \times 10^{-4} h_a^2 + 8.18 \times 10^{-2} h_a - 14.50 \tag{8-26}$$

$$d_2 = 8.78 \times 10^{-7} h_a^2 - 1.50 \times 10^{-3} h_a + 0.90 \tag{8-27}$$

其中:z_i——沥青混合料第i分层厚度(mm),第一分层取为15mm,其他分层为路表距分层中点的深度;
　　h_a——沥青混合料层厚度(mm),h大于200mm时,取200mm。

验算得到的沥青混合料层永久变形量应满足设计要求。否则,应调整沥青混合料设计,直至满足要求。满足沥青混合料层容许永久变形量要求的沥青混合料,尚应满足施工技术规范要求的标准车辙试验的动稳定度要求,其永久变形量R_0的动稳定度可用作沥青混合料的质量要求和施工控制指标。标准车辙试验温度为60℃,压强为0.7MPa,试件厚度为50mm,加载次数为2520次时沥青混合料的动稳定度DS,可根据永久变形量R,按式(8-28)计算。

$$DS = 9365 R_0^{-1.48} \tag{8-28}$$

式中:DS——沥青混合料动稳定度(次/mm)。

5)路基顶面竖向压应变验算

路基顶面竖向压应变是粒料类基层沥青路面和底基层为粒料的沥青结合料类基层沥青路

面的重要设计指标。国外相关设计方法一般通过控制路基顶面竖向压应变防止路基产生过大的永久变形,并采用试验路或现场观测数据拟合竖向压应变与交通荷载参数的关系。我国粒料类基层沥青路面应用较少,缺乏足够的实测数据。为此,整理了 AASHO 试验路的路面结构资料以及轴载作用次数等数据,建立了路基顶面竖向压应变与 100kN 轴载作用次数间的经验关系式,经调整和修正,建立了路基顶面容许竖向压应变的计算模型,如式(8-29)所示。

$$[\varepsilon_z] = 1.25 \times 10^{4-0.1\beta}(k_{T3}N_{e4})^{-0.21} \tag{8-29}$$

式中:$[\varepsilon_z]$——路基顶面容许竖向压应变($\times 10^{-6}$);

β——目标可靠指标,根据公路等级取值;

N_{e4}——基于路基顶面压应变指标的设计使用年限内设计车道上的当量设计轴载累计作用次数;

k_{T3}——温度调整系数。

对于选定的路面结构根据弹性层状体系理论计算出的路基顶面竖向压应变应小于容许压应变值。否则,调整路面结构方案,重新验算,直至满足要求。

6)沥青面层低温开裂指数验算

季节性冻土地区沥青路面低温开裂是常见病害。我国沥青路面设计规范采用经验法,分析了东北地区多个路段沥青性质、路面结构路基土质类型等与路面低温开裂状况的关系,参考加拿大 Haas 模型,建立了路面低温开裂指数预估模型,如式(8-30)所示。

$$CI = 1.95 \times 10^{-3}S_t \lg b - 0.075(T + 0.07h_a)\lg S_t + 0.15 \tag{8-30}$$

式中:CI——沥青面层低温开裂指数;

T——路面开裂设计温度(℃),为连续 10 年年最低气温平均值;

S_t——在路面低温设计温度加 10℃试验温度条件下,表面层沥青弯曲梁流变试验加载 180s 时蠕变劲度(MPa);

h_a——沥青结合料类材料层厚度(mm);

b——路基类型参数,砂为 5,粉质黏土为 3,黏土为 2。

沥青面层低温开裂指数值,应满足表 8-18 的低温开裂指数要求,否则应改变所选用的沥青材料,直至满足要求。

7)防冻厚度验算

季节性冻土地区路基为中湿或潮湿状态时,应按照式(8-31)计算公路多年最大冻深。根据公路多年最大冻深,按表 8-29 的规定验算路面的防冻厚度,路面结构厚度小于表 8-29 规定的最小防冻厚度时,应增设防冻层,使其满足最小防冻厚度的要求。

$$Z_{max} = abcZ_d \tag{8-31}$$

式中:Z_{max}——公路多年最大冻深(mm);

Z_d——大地多年最大冻深(mm),根据调查资料确定;

a——大地冻深范围内路基、路面各层材料热物性系数,按表 8-30 确定;

b——路基湿度系数,按表 8-31 确定;

c——路基断面形式系数,根据表 8-32 按内插法确定。

沥青路面结构最小防冻深度（单位：mm） 表 8-29

路基土质	基层、底基层材料类型	对应于以下公路多年最大冻深 Z_{max}（mm）和路基干湿类型的最小防冻厚度							
		中湿				潮湿			
		500~1000	1000~1500	1500~2000	>2000	500~1000	1000~1500	1500~2000	>2000
黏性土、细亚砂土	粒料类	400~450	450~500	500~600	600~700	450~550	550~600	600~700	700~800
	水泥或石灰稳定类、水泥混凝土	550~400	400~450	450~550	550~650	400~500	500~550	550~650	650~730
	水泥粉煤灰或石灰粉煤灰稳定类、沥青结合料	300~350	350~400	400~500	500~550	350~450	450~500	500~550	550~700
粉性土	粒料类	450~500	500~600	600~700	700~750	500~600	600~700	700~800	800~1000
	水泥或石灰稳定类、水泥混凝土	400~450	450~500	500~600	600~700	450~550	550~650	650~700	700~900
	水泥粉煤灰或石灰粉煤灰稳定类、沥青结合料	300~400	400~450	450~500	500~650	400~500	500~600	600~650	650~800

注：1. 在《公路自然区划标准》(JTJ 003—86)中，对潮湿系数小于 0.5 的地区，Ⅱ、Ⅲ、Ⅳ区等干旱地区的防冻厚度可比表中值减少 15%~20%。
2. 对Ⅱ区砂性土路基防冻厚度应相应减少 5%~10%。
3. 公路多年最大冻深大时，靠近上限取值，反之靠近下限取值。
4. 基层、底基层采用不同材料类型时，按厚度较大的材料类型确定。

路基、路面材料热物性系数 a 表 8-30

路基材料	黏质土	粉质土	粉土质砂	细粒土质砂、黏土质砂	含细粒土质砂
热物性系数	1.05	1.10	1.20	1.30	1.35
路基材料	水泥混凝土	沥青结合料类	级配碎石	石灰粉煤灰稳定材料或水泥稳定粒料	石灰粉煤灰稳定材料土及水泥土
热物性系数	1.40	1.35	1.45	1.40	1.35

路基湿度系数 b 表 8-31

干湿类型	干燥	中湿	潮湿
潮湿系数	1.0	0.95	0.90

路基断面形式系数 c 表 8-32

填挖形式和高(深)度	路基填土高度				路基挖方高度			
	零填	<2m	2~4m	4~6m	>6m	<2m	2~4m	4~6m	>6m
断面形式系数	1.0	1.02	1.05	1.08	1.10	0.98	0.95	0.92	0.90

8) 设计路面结构的验收弯沉值

路面弯沉是路面在垂直荷载作用下产生的垂直变形。一般认为，路面弯沉不仅能够反映路面各结构层及路基的整体强度和刚度，而且与路面的使用状态存在一定的内在联系，同时弯沉值的测定也比较方便。但是弯沉并不能与路面具体病害建立力学对应关系，且无法作为对比不同路面结构使用寿命或者性能的依据。由于路面结构类型的多样性和路面性能影响因素的复杂性，《公路沥青路面设计规范》(JTG D50—2017)仅将其作为路基和路面的验收指标。

当设计路面结构时,可以计算出其路基和路表验收完成弯沉值l_R,对施工完成的路基和路表采用落锤式弯沉仪进行弯沉测试,获得路基和路表实测代表弯沉值l_0,实测代表弯沉值不应超过验收弯沉值,按照式(8-32)计算。

$$l_0 \leqslant l_R \tag{8-32}$$

一般建议采用落锤式弯沉仪进行路基验收,落锤式弯沉仪荷载为50kN,荷载盘半径为150mm。路基顶面验收弯沉值l_g,应按式(8-33)计算。路基顶面实测代表弯沉值l_0应符合式(8-34)的要求。

$$l_g = \frac{176pr}{E_0} \tag{8-33}$$

式中:l_g——路基顶面验收弯沉值(0.01mm);
  p——落锤式弯沉仪承载板施加荷载(MPa);
  r——落锤式弯沉仪承载板半径(mm);
  E_0——平衡湿度状态下路基顶面回弹模量(MPa)。

$$l_0 \leqslant l_g \tag{8-34}$$

式中:l_g——路基顶面验收弯沉值(0.01mm);
  l_0——路段内实测的路基顶面弯沉代表值(0.01m),以1~3km为一评定路段,按式(8-35)计算:

$$l_0 = (\bar{l}_0 + \beta \cdot s)K_1 \tag{8-35}$$

其中:$\bar{l}_0$——路段内实测路基顶面弯沉平均值(0.01mm);
  s——路段内实测路基顶面弯沉标准差(0.01mm);
  K_1——路基顶面弯沉湿度影响系数,根据当地经验确定。

路表验收弯沉值l_a,应根据设计路面结构,采用弹性层状体系理论计算。路面结构层参数与路面结构验算时相同。路基顶面回弹模量应采用平衡湿度状态下路基顶面回弹模量乘以模量调整系数k_1,用以协调理论弯沉与实测弯沉的差异。无机结合料稳定类基层沥青路面和水泥混凝土基层沥青路面,取0.5;粒料类基层沥青路面和沥青结合料类基层沥青路面,当采用无机结合料稳定底基层时,取0.5,否则取1.0。

路表交(竣)工时应对路表弯沉值进行检测,检测时需要考虑对弯沉进行湿度和温度修正。落锤式弯沉仪中心点弯沉代表值应符合式(8-36)要求。

$$l_0 \leqslant l_a \tag{8-36}$$

式中:l_a——路表验收弯沉值(0.01mm);
  l_0——路段内实测路表弯沉代表值(0.01mm),以1~3km为一个评定路段,按式(8-37)计算。

$$l_0 = (\bar{l}_0 + \beta \cdot s)K_1K_3 \tag{8-37}$$

式中:l_0——路段内实测路表弯沉平均值(0.01mm);
  s——路段内实测路基顶面弯沉标准差(0.01mm);
  K_1——路基顶面弯沉湿度影响系数,根据实测弯沉值通过反算得到路基模量值,再对路基模量进行修正得到结构模量值,然后得出测试状态下弯沉湿度修正系数K_1,或者根据当地经验确定;

K_3——路表弯沉温度影响系数按式(8-38)确定：

$$K_3 = e^{[9 \times 10^{-6}(\ln E_0 - 1)h_a + 4 \times 10^{-3}](20-T)} \tag{8-38}$$

其中：T——弯沉测定时沥青结合料类材料层中点实测或预估温度(℃)；

h_a——沥青结合料类材料层厚度(mm)；

E_0——平衡湿度状态下路基顶面回弹模量(MPa)。

8.4.5 路面结构验算流程

新建沥青路面的结构验算流程如图 8-2 所示，包括下列主要内容：

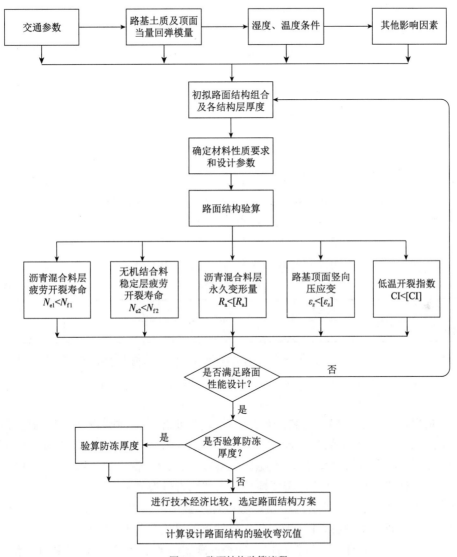

图 8-2 路面结构验算流程

(1)依据交通数据调查以及轴载换算方法，调查分析交通参数计算确定交通荷载等级、设计使用年限内设计车道在不同控制指标(沥青混合料层层底拉应变、沥青混合料层永久变形量、无机结合料层层底拉应力、路基顶面竖向压应变)下的当量设计轴载累计作用次数。

(2)根据路基土类型地下水位高度确定路基干湿类型和温度状况，结合现行《公路路基设计规范》(JTG D30)的有关规定检验路基土 CBR 值,确定路基顶面回弹模量及必要的路基改善措施。

新建公路路基回弹模量设计值 E_0 可由标准状态下的路基回弹模量 M_R 按式(8-39)通过湿度调整系数和模量折减系数确定,并应满足式(8-40)的要求。

$$E_0 = K_s K_\eta M_R \tag{8-39}$$

$$E_0 \geq [E_0] \tag{8-40}$$

式中:E_0——路基回弹模量设计值(MPa);

$[E_0]$——路面结构设计的路基回弹模量要求值(MPa),见表8-33;

K_s——路基回弹模量湿度调整系数,为平衡湿度(含水率)状态下的回弹模量与标准状态下的回弹模量之比,潮湿类和干燥类路基分别根据路基设计规范查表确定,中湿类路基的回弹模量调整系数,可先分别确定路基工作上部和下部湿度调整系数,再以路基工作区上部厚度和下部厚度加权计算得到路基工作区总的湿度调整系数值;

K_η——干湿循环或冻融循环条件下路基土模量折减系数,通过试验确定,初步设计时,非冰冻地区可根据土质类型、失水率确定,季节性冰冻区可根据冻结温度、含水率确定,折减系数可取 0.7~0.9;

M_R——标准状态(最佳含水率、最大干密度)下路基回弹模量值(MPa),根据试验或路基设计规范查表确定;初步设计阶段,也可参照式(8-41)、式(8-42)由路基土的 CBR(%)值估算标准状态下路基土或粒料的回弹模量值。

$$M_R = 17.6 \text{CBR}^{0.64} \quad (2 < \text{CBR} \leq 12) \tag{8-41}$$

$$M_R = 22.1 \text{CBR}^{0.55} \quad (12 < \text{CBR} < 80) \tag{8-42}$$

路基顶面回弹模量　　表 8-33

交通荷载等级	极重	特重	重	中等、轻
回弹模量,不小于	70	60	50	40

(3)根据设计要求,收集所在地区的常用路面结构组合和材料性质要求,分析影响路面结构设计的其他因素,初拟不少于 2 种路面结构组合与厚度方案,并根据结构类型确定设计控制指标。

(4)根据路面结构层选用的材料进行配合比设计,根据路面材料设计参数确定方法,检验各结构层材料的性能设计参数是否符合要求。具体内容为检验无机结合料稳定类材料的无侧限抗压强度、沥青混合料的动稳定度、低温破坏应变和水稳定性等;检验粒料的 CBR 值;季节性冻土地区高速公路和一级公路还需要检验表面层沥青低温性能。

(5)依据不同水平,确定各结构层模量等设计参数。沥青路面层采用 20℃、10Hz 条件下的动态压缩模量,沥青类基层采用 20℃、5Hz 条件下的动态压缩模量;无机结合料类稳定层采用经调整系数修正后的弹性模量;粒料层采用经湿度调整的回弹模量,路基采用平衡湿度状态下并考虑干湿与冻融循环作用后的顶面当量回弹模量。

(6)收集工程所在地区气温资料,确定各设计指标对应的温度调整系数或等效温度。

(7)采用多层弹性体系理论程序计算各设计指标的力学响应量。

(8)依据本章所述的路面结构验算方法进行路面结构验算。根据不同结构类型,进行沥青混合料层开裂验算、无机结合料稳定层疲劳开裂验算、沥青混合料层永久变形量验算、路基顶面竖向压应变验算以及低温开裂指数验算等。验算结果不符合要求时,调整路面结构方案重新验算,直至符合为止;针对季节性冻土地区进行沥青路面结构最小防冻厚度验算,验算不满足要求时,应增设防冻层,使路面结构满足最小防冻厚度要求。

(9)对通过结构验算的路面结构进行技术经济分析,选定路面结构方案。

(10)计算设计路面结构的路基顶面验收弯沉值和路表验收弯沉值。

8.5 长寿命路面结构设计原理

8.5.1 长寿命沥青路面的概念

传统的沥青路面结构设计方法认为,不管面层多厚,随着交通荷载的累积,开裂或者结构性车辙最终将会出现,导致路面结构寿命终止。然而,大量基于实际路面性能观测的研究发现,沥青路面面层存在一个厚度极限,在施工良好的道路中,超过这个厚度限值,由下到上的疲劳开裂和结构性车辙均都可避免。

根据美国沥青路面协会(APA)的定义,长寿命路面是指设计使用年限达 40~50 年的沥青路面,在设计使用年限内无结构性的修复和重建,仅需根据表面层损坏状况进行周期性的修复。

长寿命路面并不是一直不损坏,而是基本上消除传统上普遍存在的弯拉疲劳损坏,使路面的损坏只发生在路面的上部,维修时不需要进行结构性的处理,只需将表层混合料铣刨并换成等厚度的新混合料便可,维修十分方便。

典型的长寿命沥青路面概念如图 8-3 所示,在路基上直接铺筑不同类型的沥青混合料形成路面结构,也称为全厚式路面。这个概念图要点如下:

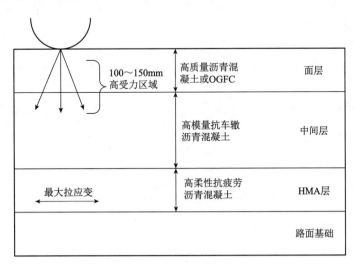

图 8-3 长寿命沥青路面的基本概念

(1)轮载下 100~150mm 区域是高受力区域,也是各种损坏(主要是车辙)的发生区域。

(2)面层 40~75mm 采用高质量沥青混合料为车辆提供良好的行驶界面,应具有足够的表面构造深度,抗车辙、水稳定性好。

(3)中间层 100~175mm 采用高模量抗车辙沥青混合料起到连接和扩散荷载的作用,应具有高模量(刚度)、抗车辙的特点。

(4)最大拉应变产生在 HMA 基层底部,该区域易发生疲劳破坏。

(5)HMA 基层使用 75~100mm 高柔性抗疲劳沥青混合料,起到消除疲劳破坏的作用,应具备高柔性、抗疲劳、水稳定性好的性能。

8.5.2 长寿命沥青路面设计

1)路基设计

路面基础不仅为沥青面层的铺筑提供良好的界面,而且对于路面的变形、抗冻都是至关重要的。设计和修筑高强、稳定和均匀的路基对长寿命路面极为重要。在筑路期间,路基为筑路机械设备提供了操作平台;同时,它也提供抗力以抵抗压路机造成的变形,从而使上层路面能得到紧密的压实。在整个服务期,路基在承受路面荷载和减少由于季节变化引起的诸如冻融、湿度变化造成的承载能力下降方面起着重要作用。

路基可由密实路基、化学稳定路基或粒料,或者非稳定类粒料(例如碎石或砂砾)构成。不管使用何种材料,路基必须具有最基本的刚度要求以满足整个施工阶段和服务阶段的需要。

英国 TRL(Transport Research Laboratory)规定了对路面基础的最低要求,包括在施工时和施工后的要求。根据荷载为 40kN 的落锤式弯沉仪试验,路基顶面的模量要求不小于 40MPa,底基层顶面的模量要求不小于 65MPa。德国交通部根据 300 mm 静力承载板试验,认为路基顶面模量值应不小于 45MPa。法国对修筑路基有强制性的规范。施工时期,必须满足以下规定:路基在轴载为 13t 的荷载作用下变形小于 2mm 或承载板试验所得模量值大于 50MPa。

2)沥青层设计

长寿命路面各沥青层都有其特定的损坏模式,各层材料的选择、配合比的设计以及性能试验也各有其特点。磨耗层混合料的性能需要优化以抵抗车辙或开裂,而耐久性则是对所有面层材料的共同要求。

(1)HMA 基层。

沥青混合料基层需要抵抗由于行车荷载反复作用造成的弯拉应变引起的疲劳开裂。高沥青含量的混合料有利于抵抗疲劳开裂(图 8-4),沥青基层应尽量减小空隙率,以确保在集料空隙间沥青结合料的较高填充量,这对增加基层的耐久性和柔性是非常有用的。

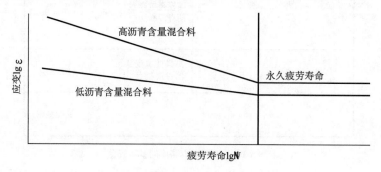

图 8-4　沥青用量与抗疲劳性能的关系

另一种增加疲劳寿命的方法就是为路面结构设计一个适当的厚度,让底部的拉应变低于积累破坏可能发生的程度(图 8-5)。沥青等级应满足沥青各层对其高温性能的要求,沥青低温性能应当与中间层相同。

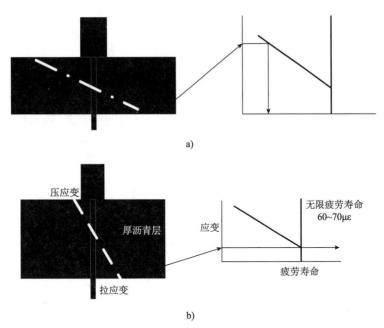

图 8-5 沥青层厚度与疲劳寿命的关系
a)薄沥青层厚度与疲劳寿命的关系;b)厚沥青层厚度与疲劳寿命的关系

HMA 基层设计必须使底面的弯拉应变低于材料的疲劳极限。疲劳极限是指当应变小于此值时材料不会发生疲劳破坏的临界应变水平,这样才可预防或减缓路面结构性破坏。

(2) HMA 中间层。

中间层必须同时具有耐久性和高温稳定性,稳定性可以从粗集料间的骨架结构及采用合适的高温等级沥青来获得,这对面层上部 150mm 区域是至关重要的。因为此区域是承受车轮荷载作用的高应力区,极易产生剪切损坏。

可采用碎石和砂砾以确保形成集料骨架,选择之一就是采用最大公称直径较大的集料。只要集料间保持接触,使用小粒径的集料也可以达到同样效果。当采用粗集料混合料时,需要考虑其离析的影响,在制造、运输和铺筑过程中需要进行合理的操作。

由于面层中温度的梯度相当陡,并且中间层的最低温度不可能像表面层那样低,所以中间层的低温性能可适当放宽。

(3) 磨耗层。

长寿命路面对于磨耗层的性能要求一般规定为 10 年。磨耗层的具体要求依赖于交通条件、环境因素、当地的经验和经济条件。性能要求包括抗车辙性能、抗表面开裂性能、良好的抗滑性能、缓解水雾的影响并能减小噪声。基于这些考虑,可以选择 SMA、密级配混合料或 OGFC 等。

在一些对抗车辙性能、耐久性、抗渗性、抗磨损性要求高的地区,往往选择 SMA,在交通量大且载重车多的区域尤为适用。在交通量小且载重车比例较少的情况下,使用密级配混合料更为适合。与 SMA 一样,它也必须满足抗车辙、抗渗、抗磨耗及气候状况的要求。OGFC 有利于水从路表面迅速排出,可改善降雨时路面的摩擦性能,也能够起到降低噪声的作用。

练习

1. 沥青路面的基本特性。
2. 什么是力学-经验法？
3. 沥青路面高温稳定性不足会出现哪些现象？解释其原因。
4. 简述沥青路面疲劳采用面层或半刚性基层层底拉应力(应变)的原因。
5. 简述沥青路面低温性能不足的现象和影响因素。
6. 提高沥青路面高温稳定性的技术措施有哪些？
7. 提高沥青路面低温抗裂性的技术措施有哪些？
8. 提高沥青路面抗疲劳性能的技术措施有哪些？
9. 沥青路面结构组合设计的原则有哪些？
10. 什么是基础路面结构、湿度调整系数及等效温度？
11. 为什么不同路结构组合采用的设计指标存在一定差异？
12. 简述功能层的主要类型和作用。
13. 简述我国沥青路面结构设计步骤。
14. 路基顶面压应变控制的意义是什么？

讨论1：不同基层类型沥青路面结构设计指标为什么存在差别。

讨论2：结合本章及前述章节内容，讨论为什么要对半刚性基层的强度进行范围控制，而不是越大越好？

讨论3：结合本章内容，查阅相关资料，讨论什么是沥青路面的使用性能，以及其与沥青混合料及沥青的路用性能的联系和区别。

讨论4：长寿命路面结构设计与一般路面结构设计的异同有哪些？

第 9 章 水泥混凝土路面设计

【本章提要】

本章主要介绍水泥混凝土路面的种类、特点、普通混凝土路面构造及结构组合设计、厚度设计等方面的内容。

【学习要求】

通过学习本章内容,了解水泥混凝土路面病害种类及其原因;理解水泥混凝土路面分类和一般构造特征;掌握水泥混凝土路面各结构层主要功能、材料选择、组合设计的基本原则和方法,路面结构设计指标、标准和厚度设计方法。

9.1 概述

水泥混凝土路面(Cement Concrete Pavement,CCP),亦称刚性路面(Rigid Pavement),类型包括普通水泥混凝土路面(Jointed Plain Concrete Pavement,JPCP)、钢筋混凝土路面(Joint Reinforced Concrete Pavement,JRCP)、连续配筋混凝土路面(Continuously Reinforced Concrete Pavement,CRCP)、预应力混凝土路面(Prestressed Reinforced Concrete Pavement,PRCP)、装配式混凝土路面(Precast Concrete Pavement,PCP)和钢纤维混凝土路面(Steel Fiber Reinforced Concrete Pavement,SFCP)等。目前采用最广泛的是就地浇筑的普通水泥混凝土路面,简称混凝土路面。

与其他类型的路面相比,混凝土路面具有以下优点:

(1)强度高,混凝土路面具有很高的抗压强度和较高的抗弯拉强度以及抗磨耗能力。

(2)稳定性好,混凝土路面的水稳性、热稳性均较好,不存在沥青路面的"老化"现象。

(3)耐久性好,由于混凝土路面的强度和稳定性好,所以它经久耐用,一般能使用 20~40 年,而且它能通行包括履带式车辆等在内的各种运输工具。

(4)有利于夜间行车,混凝土路面色泽鲜明,能见度好,对夜间行车有利。

但是,混凝土路面也存在一些缺点,主要有以下几方面:

(1) 对水泥和水的需要量大,修筑厚0.2m、宽7m的混凝土路面,每1000m要耗费水泥400~500t,水约250t,尚不包括养生用的水在内,这给水泥供应不足和缺水地区带来较大困难。

(2) 有接缝,一般混凝土路面要建造许多接缝,这些接缝不但会增加施工和养护的复杂性,而且容易引起行车跳动,影响行车的舒适性;接缝又是路面的薄弱点,如处理不当,将导致路面板边和板角处破坏。

(3) 开放交通较迟,一般混凝土路面完工后,要经过28d的潮湿养护,才能开放交通,如需提早开放交通,则需采取特殊措施。

(4) 修复困难,混凝土路面损坏后,开挖很困难,修补工作量也大,对交通影响大。

9.2 水泥混凝土路面病害及其产生原因

水泥混凝土路面常见的破坏有:裂缝、板边缘和角隅的损坏、接缝的损坏、板面磨损和错台等。按破坏形式可分为以下四类:

第一类是裂缝类,包括横向裂缝、纵向裂缝、斜向裂缝、交叉裂缝、板角断裂和网裂。

第二类是变形类,包括沉陷、胀起等。

第三类是接缝损坏类,包括接缝碎裂、填缝料损坏、接缝张开、错台、唧泥、拱起。

第四类是表面损坏类,包括裂纹、网裂、起皮、磨损、露骨、坑槽、孔洞、磨光等。

此外,还有修补类损坏。水泥混凝土路面主要病害介绍如下:

(1) 断裂。

水泥混凝土路面由于路面板内应力超过了混凝土强度而出现的横向和纵向断裂裂缝,或者角隅处的折断裂缝都属于断裂。面板越薄、荷载越大,板产生的弯拉应力就越大,当弯拉应力超过混凝土的极限抗弯拉强度时,混凝土板便产生断裂裂缝。断裂产生的主要原因为在荷载的反复作用下,路面板会产生疲劳破坏,混凝土疲劳可能在两条横缝之间的路面边缘中间处引起横向开裂,也可能在横缝轮迹处,一般是在靠近板中心线的轮迹处,引起纵向开裂;板的平面尺寸太大,引起较大的温度翘曲应力;地基过量塑性变形使板底脱空失去支承;养生期间收缩应力过大,材料或施工质量不佳使混凝土未能达到设计要求等,都可能导致路面板断裂的出现。断裂的出现,破坏了面板的结构整体性,使板丧失了大部分以至全部承载能力。因而,通常将断裂看作是水泥混凝土面层结构破坏的临界状态。

在施工过程中因原材料、配合比、施工工艺不符合要求也会产生混凝土板的断裂,多为横向裂缝。

(2) 接缝碎裂。

水泥混凝土路面板接缝两侧斜的剪切挤碎现象称为接缝碎裂。混凝土路面常见的接缝形式为纵缝和横缝,横缝又分为胀缝和缩缝两种。胀缝的宽度随气温变化而变化,当气温上升时缝中的填料被挤出;当气温下降时性能较差的填缝料不能恢复,使缝中形成空隙,因而泥沙、石屑等杂物侵入,成为板块伸胀时的障碍。挤入的硬物将引起板边胀裂,雨水便能沿此空隙渗入,损坏基层和垫层,造成路面接缝处的变形和破损。缩缝的变化相对较小,但经过若干次冻胀,也会把假缝折断成真缝,再加之填料的老化,同样会造成像胀缝一样的后患。

(3) 拱起。

混凝土路面板在热膨胀受阻时,接缝两侧的板突然向上拱起。主要是板收缩时接缝缝隙张开,填缝料失效,硬物嵌入缝内,致使板受热膨胀时产生较大的热压应力,从而出现这种纵向屈曲失稳现象。采用膨缩系数较大的石料作粗集料,容易引起板块拱起,因此选择合适的集料是防止拱起的首要方法。

(4)错台。

错台是接缝两侧路面板端部出现的竖向相对位移。当胀缝下部填缝板与上部缝槽未能对齐,或胀缝两侧混凝土壁面不垂直,使缝旁两板在伸胀挤压过程中,会上下错位而形成错台。横缝处传荷能力不足,车轮经过时相邻板端部分出现挠度差,使沿接缝下渗的水带着路面板与基层之间的碎屑挤向后方,后方板板端抬起。当交通量或地基承载力在横向各块板上分布不均匀,各块板沉陷不一致时,纵缝处也会产生错台现象。错台的出现,降低了行车的平顺性和舒适性。

(5)唧泥和冲刷。

车辆行经接缝或裂缝时,由缝内喷溅出稀泥浆的现象,称为唧泥。在轮载的频繁作用下,基层产生的塑性变形累积导致其同混凝土板脱离接触,水分沿缝隙下渗而积聚在脱空的间隙内,在轮载作用下积水变成有压水,并同基层内浸湿的细料混搅成泥浆,再沿缝隙喷溅出来。唧泥的出现,使路面板边缘部分失去支承,因而往往在离接缝1.5~1.8m处容易导致横向裂缝。水泥混凝土路面设计中,除了考虑疲劳开裂以外,需要考虑的另一重要破坏形式就是板下和板侧面的唧泥和冲刷。

(6)板面起皮、剥落。

水泥混凝土路面表层上下脱开,这种板面浅层内所发生的病害称为起皮。距接缝宽度40cm内的板边,板角半径40cm内不发生垂直贯通板的破碎现象称为剥落。起皮主要是施工过程中水灰比过大或因混凝土施工时表面砂浆有泌水现象所致。剥落主要是由于混凝土强度不足,缝内进入杂物所引起。

(7)坑槽、孔洞。

水泥混凝土路面板表面有局部破损,形成一定深度的洞穴称为孔洞。面层粗集料局部脱落而产生的长槽称为坑槽。孔洞和坑槽的形成主要是由于砂石材料含泥量过大,混凝土内有泥土或杂物所致。施工时拌和不均匀或集料离析也会导致坑槽和孔洞。

(8)麻面、露骨。

水泥混凝土表面结合料磨失、成片或成段地呈现过度的粗糙称为麻面。路面混凝土保护层脱落形成粗集料裸露称为露骨。麻面主要是由于混凝土施工时遇雨所致。露骨则主要是混凝土表面灰浆不足,泌水提浆造成混凝土路面表面强度降低。

(9)松散。

水泥混凝土路面由于结合料不足或失效,成片或成段地呈现过度的粗糙和砂石材料分离的现象称为松散。松散主要是由于砂石含泥量较大,水泥质量较差或用量较少,或混凝土强度不足引起。

(10)磨光。

水泥混凝土路面磨成光面,其摩擦因数已下降到极限值以下。造成磨光的主要原因是水泥路面水泥砂浆强度低和粗集料等原材料耐磨性差。

(11)填缝料损坏。

接缝内无填料,填料破损,缝内混杂砂石均称为填缝料损坏。填缝料损坏主要是由于填缝料脆裂、老化、挤出与板边脱离造成。质量较差的填缝料,在短时间内就会发生填缝料损坏的现象。

9.3 水泥混凝土路面构造

9.3.1 路基和路面基层

1) 路基

通过水泥混凝土面层和路面基层传到路基上的压力很小,一般不超过 0.05MPa。因此,混凝土板下似乎不需要有坚强的路基支承。然而,如果路基的稳定性不足,在路基自重的影响下会出现较大的变形,特别是不均匀沉陷,将给混凝土面板带来很不利的影响。实践证明,由于路基不均匀支承,使面板在受荷时底部产生过大的弯拉应力,易导致混凝土路面产生破坏。因此,混凝土路面下的路基必须密实、稳定和均匀。

路基的不均匀支承,可能由下列因素造成:

(1) 不均匀沉陷——湿软地基未充分固结;土质不均匀、压实不充分、填挖结合部以及新老路基交接处处理不当。

(2) 不均匀冻胀——季节性冰冻地区,土质不均匀(对冰冻敏感性不同);路基潮湿条件变化。

(3) 膨胀土——在过干或过湿(相对于最佳含水率)时压实;排水设施不良等。

控制路基不均匀支承最经济、最有效的方法是:

(1) 进行有效的地基处理,控制沉降,尤其是不均匀沉降。

(2) 控制压实时的含水率接近于最佳含水率,并保证压实度达到要求。

(3) 加强路基排水设施。

(4) 加设功能层,以缓和可能产生的不均匀变形对面层的不利影响。

2) 路面基层

水泥混凝土面层下设置基层的目的如下:

(1) 防唧泥——混凝土面层如直接放在路基上,会由于路基土塑性变形量大,细料含量多和抗冲刷能力低而极易产生唧泥现象。铺设基层后,可减轻甚至消除唧泥现象。但未经处治的砂砾基层,其细料含量和塑性指数不能太高,否则仍会产生唧泥。

(2) 防冰冻——在季节性冰冻地区,用对冰冻不敏感的粒状多孔材料铺筑基层,可以减小路基的冰冻深度,从而减轻冰冻的危害作用。

(3) 减小路基顶面的压应力,并缓和路基不均匀变形对面层的影响。

(4) 防水——在湿软路基上,铺筑开级配粒料基层(图 9-1),可以排除从路表面渗入面层板下的水分以及隔断地下毛细水上升。

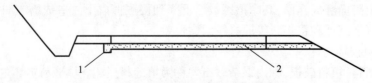

图 9-1 兼起排水作用的粒料基层示意图
1-盲沟;2-通过路肩的基层

(5)为面层施工(如立侧模,运送混凝土混合料等)提供方便。

(6)提高路面结构的承载能力,延长路面的使用寿命。

除路基本身就是级配良好的砂砾类土,而且是排水条件良好的轻交通道路之外,都应设置基层。同时,基层应具有足够的强度和稳定性,且断面正确,表面平整。采用整体性好、具有较高弹性模量的材料修筑基层(如贫混凝土、沥青混合料、水泥稳定碎石、石灰粉煤灰稳定碎石、级配碎石等),可以确保混凝土路面良好的使用特性,延长路面的使用寿命。因此,基层材料的技术要求必须符合现行《公路路面基层施工技术细则》(JTG/T F30)的要求。用厚基层来提高路基的支承力,或者说借以降低面层应力或减薄面层厚度一般不经济,但随着稳定类基层厚度的减小,基层底面的弯拉应力随之增大,因此基层厚度不宜太薄,基层厚度以20cm左右为宜。

基层宽度应比混凝土路面板每侧各宽出25～35cm(采用小型机具)或50～60cm(采用滑模摊铺机施工),或与路基同宽,以供施工时安装模板,并防止路面边缘渗水至路基而导致路面破坏。

在冰冻深度大于0.5m的季节性冰冻地区,为防止路基可能产生的不均匀冻胀对混凝土面层的不利影响,路面结构应有足够的总厚度,以便将路基的冰冻深度约束在有限的范围内。路面结构的最小总厚度,随冰冻线深度、路基的潮湿状况和土质而异,其数值可参照表9-1选定。设计出的结构总厚度(面层+基层)小于表中最小厚度要求时,超出部分可用基层下的垫层(防冻层)来补足。

水泥混凝土路面结构最小防冻厚度(单位:m)　　　　表9-1

路基干湿类型	路基土类别	当地最大冰冻深度			
		0.50～1.00	1.00～1.50	1.50～2.00	>2.00
中湿路基	易冻胀土	0.30～0.50	0.40～0.60	0.50～0.70	0.60～0.95
	很易冻胀土	0.40～0.60	0.50～0.70	0.60～0.85	0.70～1.10
潮湿路基	易冻胀土	0.40～0.60	0.50～0.70	0.60～0.90	0.75～1.20
	很易冻胀土	0.45～0.70	0.55～0.80	0.70～1.00	0.80～1.30

注:1.易冻胀土:细粒土质砾(GM、GC)、除极细粉土质砂外的细粒土质砂(SM、SC)、塑性指数小于12的黏质土(GL、CH)。

2.很易冻胀土:粉质土(ML、MH)、极细粉土质砂(SM)、塑性指数为12～22的黏质土(CL)。

3.冻深小或填方路段,路基、垫层采用隔温性能良好的材料,可采用低值;冻深大或挖方及地下水位高的路段,路基、垫层采用隔温性能稍差的材料,应采用高值。

4.冻深小于0.50m的地区,可不考虑结构层防冻厚度。

3)水泥混凝土面层

轮载作用于混凝土面板中部时,路面板所产生的最大应力约为轮载作用于板边部时的2/3。因此,早期面层板的横断面曾采用过中间薄两边厚的形式(图9-2),以适应荷载应力的变化。但是厚边式路面会对路基和基层的施工带来不便,而且使用经验也表明,在厚度变化转折处,易引起板的折裂。因此,目前国内外常采用等厚式横断面的混凝土面板。

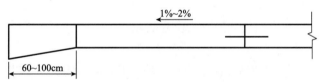

图9-2　混凝土路面横断面示意图

混凝土面板应保证表面平整、耐磨、抗滑。混凝土面板的平整度以3m直尺量测为准。3m直尺与路面表面的最大间隙,高速公路和一级公路不应大于3mm,其他各级公路不应大于5mm。混凝土面板的抗滑标准以构造深度为指标,高速公路和一级公路不应低于0.8mm,其他各级公路不应低于0.6mm。

水泥混凝土路面的排水应根据公路等级、地形、地质、气候、年降雨量、地下水等条件,结合路基排水进行设计,使之形成良好的排水系统,确保排水畅通、路基路面稳定和行车安全。

高速公路和一级公路的路面排水一般由路肩排水、中央分隔带排水和路面表面渗入水的排出等组成。现代水泥混凝土路面的使用经验表明,路肩必须设置与板底连通的排水盲沟,以利于将路面板解封出的渗水排出路肩。

9.3.2 接缝的构造与布置

水泥混凝土面层是由一定厚度的混凝土板组成,它具有热胀冷缩的性质。由于一年四季气温的变化,水泥混凝土板会产生不同程度的膨胀和收缩。而在一昼夜中,白天气温升高,混凝土板顶面温度比底面高,这种温度梯度会使板的中部形成隆起的趋势。夜间气温降低,板顶面温度比底面低,会使板的周边和角隅处发生翘起的趋势,如图 9-3a)所示。这些变形会受到板与基础之间的摩阻力和黏结力,以及板的自重、车轮荷载等的约束,致使板内产生过大的应力,造成板的断裂,如图 9-3b)所示,或拱胀等破坏。

从图 9-3 中可见,由于翘曲引起的裂缝,将板体分割为两块,但是板体尚不致完全分离,倘若板体温度均匀下降引起收缩,则会将两块板体拉开,如图 9-3c)所示,从而失去传递荷载的作用。

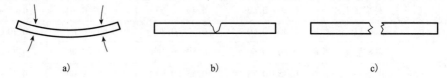

图 9-3 混凝土由于温度变化引起的变形及破坏
a)温度坡差引起的变形;b)温度坡差引起板的开裂;c)温度均匀下降引起板的断裂

为避免这些缺陷,混凝土路面不得不在纵横两个方向设置许多接缝,把整个路面分割成许多板块,如图 9-4 所示。

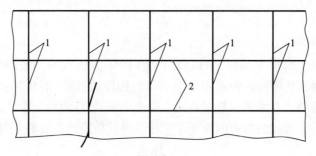

图 9-4 路面接缝设置示意图
1-横缝;2-纵缝

横向接缝是垂直于行车方向的接缝,共有三种:缩缝、胀缝和施工缝。缩缝保证板因温度和湿度的降低而收缩时沿该薄弱断面缩裂,从而避免产生不规则的裂缝。胀缝保证板在温度升高时能部分伸张,从而避免路面板在高温季节产生拱胀和折断破坏,同时胀缝也能起到缩缝的作用。另外,混凝土路面每天完工以及因雨天或其他原因不能继续施工时,应尽量在胀缝处收工。如不可能,也应在缩缝处收工,并按施工缝的构造形式制作接缝。各种形式的接缝,都必须提供相应的传荷与防水设施。

1)横缝的构造与布置

(1)胀缝的构造。

在邻近桥梁或其他固定构造物处,或者与其他道路相交处,应设置横向胀缝。胀缝条数应根据膨胀量大小设置。胀缝宽度宜为20~25mm,缝内应设置填缝板和可滑动的传力杆,胀缝的构造如图9-5所示。

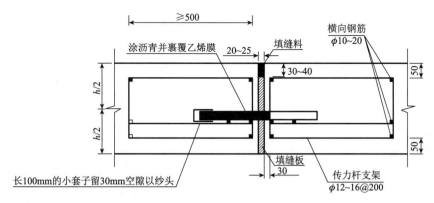

图9-5 胀缝构造示意图(尺寸单位:mm)

传力杆应采用光圆钢筋。横向缩缝传力杆的尺寸、间距和要求与胀缝相同,可按表9-2选用。最外侧传力杆距纵向接缝或自由边的距离宜为150~250mm。

(2)缩缝的构造。

缩缝一般采用设或不设传力杆的假缝形式,如图9-6所示,即只在板的上部设缝隙,当板收缩时将沿此最薄弱断面有规则地自行断裂。缩缝缝隙宽3~8mm,不设传力杆时,深度为板厚的1/5~1/4,一般为5~6cm,设传力杆时深度为板厚的1/4~1/3,传力杆尺寸及间距要求同胀缝,见表9-2。假缝缝隙内亦需浇灌填缝料,以防地面水下渗及砂石杂物进入缝内。

传力杆尺寸和间距(单位:mm)　　　　　　　　　　　　　　　表9-2

面层厚度	传力杆直径	传力杆最小长度	传力杆最大间距
220	28	400	300
240	30	400	300
260	32	450	300
280	32~34	450	300
≥300	34~36	500	300

横向缩缝可等间距或变间距布置,应采用假缝形式。极重、特重和重交通荷载公路的横向缩缝、中等和轻交通荷载公路邻近胀缝或自由端部的3条横向缩缝、收费广场的横向缩缝,应采用设传力杆的假缝形式,其构造如图9-6a)所示。其他情况可采用不设传力杆的假缝形式,其构造如图9-6b)所示。

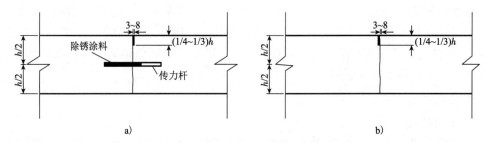

图 9-6 横向缩缝构造示意图(尺寸单位:mm)
a)设传力杆的假缝形式; b)不设传力杆的假缝形式

传力杆的设置不应妨碍相邻水泥混凝土板的自由伸缩,钢筋表面应做防锈处理。但为便于板的翘曲,有时也将传力杆半段涂以沥青,称为滑动传力杆,而这种缝称为翘曲缝。特别需要指出的是,当在胀缝或缩缝上设置传力杆时,传力杆与路面边缘的距离,应较传力杆间距小些。

二级及二级以下公路的槽口可一次锯切成型。高速公路和一级公路槽口宜二次锯切成型,在第一次锯切缝的上部宜增设深 20～30mm、宽 7～10mm 的浅槽口,槽口下部应设置背衬垫条,上部应用填缝料灌填,其构造如图 9-7 所示。

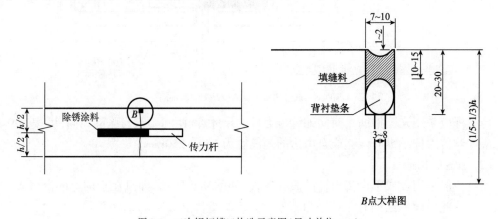

图 9-7 二次锯切槽口构造示意图(尺寸单位:mm)

(3)施工缝的构造。

每日施工结束或因临时原因中断施工时,必须设置横向施工缝,其位置宜选在缩缝或胀缝处。设在缩缝处的施工缝,应采用加传力杆的平缝形式,其构造如图 9-8 所示;设在胀缝处的施工缝,其构造应与胀缝相同。

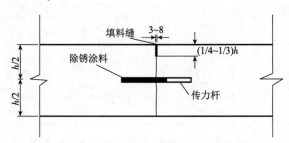

图 9-8 横向施工缝构造示意图(尺寸单位:mm)

(4)横缝的布置。

缩缝间距一般为 4～6m(即板长),在昼夜气温变化较大的地区,或地基水文情况不良路段,应取低限值,反之取高限值。

在桥涵两端以及小半径平、竖曲线处应设置胀缝。胀缝是混凝土路面的薄弱环节,它不仅给施工带来不便,有时,由于施工时传力杆设置不当(未能正确定位),使胀缝处的混凝土常出现碎裂等病害;当雨水通过胀缝渗入路基后,易使路基软化,引起唧泥、错台等破坏;当砂石进入胀缝后,易造成胀缝处板边挤碎、拱胀等破坏。同时,胀缝容易引起行车跳动,其中的填缝料又要经常补充或更换,增加了养护的麻烦。因此,近年来国内外修筑的混凝土路面均有减少胀缝的趋势。《公路水泥混凝土路面设计规范》(JTG D40—2011)建议,胀缝应尽量少设或不设,但在邻近桥梁或固定建筑物处,或与其他类型路面相连接处、板厚变化处、隧道口、小半径曲线和纵坡变换处,均应设置胀缝。在其他位置,当板厚等于或大于20cm,并在夏季施工时,也可不设胀缝。

但是,采用长间距胀缝或无胀缝路面结构时,需注意采取一些相应的措施,如增大基层表面的摩阻力,以约束板在高温或潮湿时伸长的趋势;在气温较高时施工,以尽量减少水泥混凝土板的胀缩幅度;相对地减少缩缝间距,以便减小板的温度翘曲应力,缩小缩缝的缝宽以提高传荷能力,并增进板对路基变形的适应性。

2)纵缝的构造与布置

(1)纵缝的构造。

纵缝是指平行于混凝土路面行车方向的接缝。纵缝间距一般按3~4.5m设置,这对行车和施工都较有利。当双车道路面按全幅宽度施工时,纵缝可做成假缝形式。按一个车道施工时,可做成平头式纵缝。为防止板沿两侧路拱横坡滑动拉开和形成错台,以及防止横缝错开,有时应在平头式纵缝上设置拉杆。

纵向接缝的布设应视路面总宽度、行车道及硬路肩宽度以及施工铺筑宽度而定。

一次铺筑宽度小于路面宽度时,应设置纵向施工缝。纵向施工缝应采用设拉杆的平缝形式,上部应锯切槽口,深度宜为30~40mm,宽度宜为3~8mm,槽内应灌塞填缝料,其构造如图9-9a)所示。

一次铺筑宽度大于4.5m时,应设置纵向缩缝。纵向缩缝应采用设拉杆的假缝形式,锯切的槽口深度应大于施工缝的槽口深度。采用粒料基层时,槽口深度应为板厚的1/3;采用半刚性基层时,槽口深度应为板厚的2/5,其构造如图9-9b)所示。

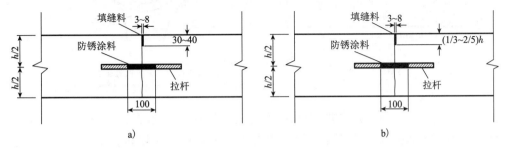

图9-9 纵缝构造示意图(尺寸单位:mm)
a)纵向施工缝;b)纵向缩缝

拉杆应采用螺纹钢筋,设在板厚中央,并应对拉杆中部100mm范围内进行防锈处理。拉杆的直径、长度和间距可参照表9-3选用。施工布设时,拉杆间距应根据横向接缝的实际位置予以调整,最外侧的拉杆距横向接缝的距离不得小于100mm。行车道路面与混凝土硬路肩之间的纵向接缝必须设置拉杆。

面层厚度	到自由边或未设拉杆纵缝的距离(m)					
(mm)	3.00	3.50	3.75	4.50	6.00	7.50
200~250	14×700×900	14×700×800	14×700×700	14×700×600	14×700×500	14×700×400
≥260	16×800×800	16×800×700	16×800×600	16×800×500	16×800×400	16×800×300

拉杆直径、长度和间距　　表 9-3

注：拉杆尺寸表示方法为直径×长度×间距。

碾压混凝土面层一次摊铺宽度大于 7.5m 时，应设置纵向缩缝；钢纤维混凝土面层在摊铺宽度小于 7.5m 时，可不设纵向缩缝。

纵缝应与路线中线平行。在路面等宽的路段内或路面变宽路段的等宽部分，纵缝的间距和形式应保持一致。路面变宽段的加宽部分与等宽部分之间，应以纵向施工缝隔开。加宽板在变宽段起终点处的宽度不应小于 1m。

对多车道路面，应每隔 3~4 个车道设一条纵向胀缝，其构造与横向胀缝相同。当路旁有路缘石时，路缘石与路面板之间也应设胀缝，但不必设置传力杆。

(2) 纵横缝的布置。

缝与横缝一般做成垂直正交，使混凝土板具有 90°的角隅。纵缝两旁的横缝一般成一条直线。如横缝在纵缝两旁错开，将导致板产生从横缝延伸出来的裂缝（图 9-10）。在交叉口范围内，为了避免板块形成锐角并使板的长边与行车方向一致，大多采用辐射式的接缝布置形式，如图 9-11 所示。

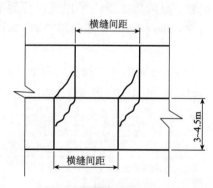

图 9-10　横缝错开时引起的裂缝图

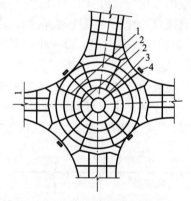

图 9-11　交叉口接缝布置图
1-纵缝（企口式）；2-胀缝；3-缩缝；4-进水口

当混凝土路面中必须设置警井、雨水口等其他构造物时，宜设在板中或接缝处，在井口边设置胀缝同混凝土面板分开，构造物周围的混凝土面板需用钢筋加固。如构造物不可避免地布置在离板边小于 1m 时，则应在混凝土板薄弱断面处增设加固钢筋。

混凝土路面同桥梁相接处，宜设置钢筋混凝土搭板。搭板一端放在桥台上，并加设防滑锚固钢筋和在搭板上预留灌浆孔。如为斜交桥梁，尚应设置钢筋混凝土渐变板。当桥梁斜角大于 70°时设一块渐变板；当斜角在 45°~70°时设两块渐变板；当斜角不大于 45°时，至少设三块渐变板（图 9-12）。渐变板的短边最小为 5m，长边最大为 10m。

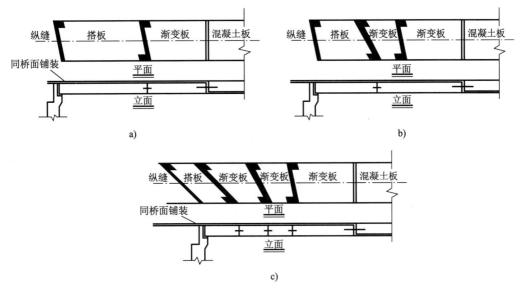

图9-12 混凝土路面与斜交桥梁相接时的构造示意图
a) $\alpha > 70°$；b) $45° < \alpha \leq 70°$；c) $\alpha \leq 45°$

9.3.3 特殊部位水泥混凝土路面的处理

水泥混凝土路面同沥青路面相接处，为避免出现沉陷和错台，或沥青路面受顶推而拥起，宜按图9-13所示的方式处理，或将水泥混凝土板埋入沥青路面内，如图9-14所示。

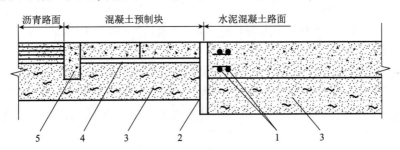

图9-13 水泥混凝土路面同沥青路面相接处的示意图
1-端部边缘钢筋；2-胀缝；3-基层；4-卧层(50号混合砂浆)；5-水泥混凝土平道牙

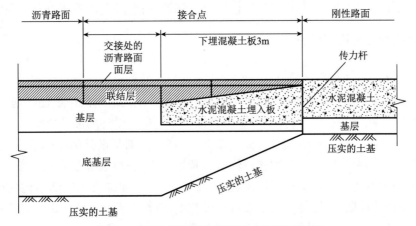

图9-14 混凝土板埋入沥青路面的连接方法示意图

9.4 水泥混凝土路面设计方法

9.4.1 设计内容

水泥混凝土路面的结构设计应包括以下内容：

(1)路面结构层组合设计。

水泥混凝土路面结构层的组合设计，应根据该路的交通繁重程度，结合当地环境条件和材料供应情况，选择安排水泥混凝土路面的结构层层次，它包括土基、垫层、基层和面层的结构组合及各层的弹性模量和厚度范围。一个技术先进、经济合理的路面结构组合方案，应是能给水泥混凝土面层以均匀支撑、承受预期交通荷载的作用，并提供良好使用性能的水泥混凝土路面结构。

(2)水泥混凝土面板厚度设计。

水泥混凝土路面结构设计的目标，是提供一种寿命周期费用最小的路面结构，使其在设计基准期内按规定的可靠度水平，承受预期交通荷载的作用，以满足预定使用性能的要求。路面结构设计是合理选择路面结构，分析各设计变量同结构反应及使用性能指标间的关系，以确定所需的水泥混凝土路面厚度。

(3)水泥混凝土面板的平面尺寸与接缝设计。

根据混凝土面层板内的荷载应力和温度应力确定板的平面尺寸以及接缝的位置，设计接缝构造，并采取有效措施提高接缝的传荷能力。水泥混凝土板宽和板长之比一般控制在1∶1.3以内，纵缝间距(板宽)一般不大于4.5m，横缝间距(板长)一般为4~6m。

(4)路肩设计。

高速公路和一级公路的中间带及路肩路缘带的结构应与行车道的水泥混凝土路面相同，并与行车道部分的混凝土面板浇筑成整体。路肩可采用水泥混凝土面层或沥青混合料面层，其基(垫)层结构应满足行车道路面结构和排水的要求。一般公路的混凝土路面应设置路缘石或加固路肩，路肩加固可采用沥青混合料或其他材料。

(5)普通水泥混凝土路面的配筋设计。

当水泥混凝土路面板较长或交通量较大时、地基有不均匀沉降或板的形状不规则时，可沿板的自由边缘加设补强钢筋，在角隅处加设发针形钢筋或钢筋网，以阻止可能出现的裂缝。

9.4.2 水泥混凝土路面厚度设计

1)设计标准与设计参数

公路工程结构的设计安全等级，根据结构破坏可能产生的后果的严重程度划分，一级为破坏后果很严重、二级为严重、三级为不严重。目标可靠度是所设计路面结构应具有的可靠度水平。它的选取是一个工程经济问题，目标可靠度定得较高，则所设计的路面结构较厚，初期修建费用较高，但使用期间的养护费用和车辆运行费用较低；目标可靠度定得较低，初期修建费用可降低，但养护费用和车辆运行费用需提高。各级公路水泥混凝土路面结构的设计安全等级及相应的设计基准期、目标可靠指标和目标可靠度，应符合表9-4的规定。二级及二级以下公路路面结构破坏可能产生很严重后果时，可提高一级安全等级。

可靠度设计标准　　　　　　　　　　　　　　　　　　　　　　　　　　　表 9-4

公路技术等级	高速公路	一级公路	二级公路	三级公路	四级公路
安全等级	一级		二级	三级	
设计基准期(年)	30		20	15	10
目标可靠度(%)	95	90	85	80	70
目标可靠指标	1.64	1.28	1.04	0.84	0.52

各安全等级路面的材料性能和结构尺寸参数的变异水平可分为低、中和高三级,应按公路等级及所采用的施工技术和能达到的施工质量控制与管理水平,通过调研确定变异水平和相应的变异系数,高速公路、一级公路的变异水平宜为低,二级公路的变异水平应不大于中级。确实有困难时按表 9-5 规定的主要设计参数变异系数范围选择相应的变异系数。

变异系数 C_v 的变化范围　　　　　　　　　　　　　　　　　　　　　　　表 9-5

变异水平等级	低	中	高
水泥混凝土弯拉强度	$0.05 \leq C_v \leq 0.10$	$0.10 < C_v \leq 0.15$	$0.15 < C_v \leq 0.20$
基层顶面当量回弹模量	$0.15 \leq C_v < 0.25$	$0.25 \leq C_v \leq 0.35$	$0.35 < C_v \leq 0.55$
水泥混凝土面层厚度	$0.02 \leq C_v < 0.04$	$0.04 < C_v \leq 0.06$	$0.06 < C_v \leq 0.08$

根据公路等级按表 9-4 确定目标可靠度,然后根据调研或按表 9-5 选取变异水平等级,按表 9-6 确定可靠度系数。

可靠度系数　　　　　　　　　　　　　　　　　　　　　　　　　　　　表 9-6

变异水平等级	目标可靠度(%)			
	95	90	85	80
低	1.20 ~ 1.33	1.09 ~ 1.16	1.04 ~ 1.08	—
中	1.33 ~ 1.50	1.16 ~ 1.23	1.08 ~ 1.13	1.04 ~ 1.07
高	—	1.23 ~ 1.33	1.13 ~ 1.18	1.07 ~ 1.11

注:变异系数在表 9-5 所示的变化范围的下限时,可靠度系数取低值,上限时,取高值。

根据设计安全等级和设计基准期、各安全等级的目标可靠度和变异水平分级、变异系数变化范围以及不同目标可靠度和变异水平等级的可靠度,对标准的路面结构进行计算分析归纳,提出面层厚度参考范围见表 9-7。对于极重交通荷载等级,所提出的厚度参考值是依据各项有利的参数值计算得到的下限。对于轻交通荷载等级,所提出的厚度参考范围高限,是依据各项不利的参数值计算得到的上限,其低限则为面层最小厚度的限值。在所建议的各级面层厚度参考范围内,设计轴载作用次数多、变异系数大、最大温度梯度大或者基、垫层厚度或模量值低时,取高值。高速公路的施工水平只能达到中等变异水平等级时,可参照低变异水平等级的厚度范围的高限或者高于此高限选用。

水泥混凝土面层厚度的参考范围　　　　　　　　　　　　　　　　　　　表 9-7

交通荷载等级	极重	特重			重		
公路等级	—	高速公路	一级公路	二级公路	高速公路	一级公路	二级公路
变异水平级	低	低	中	低	中	低	中	低	中
面层厚度(mm)	≥320	320 ~ 280	300 ~ 260	280 ~ 240	270 ~ 230	260 ~ 220
交通荷载等级	中等				轻		

续上表

交通荷载等级	极重	特重		重	
公路等级	二级公路	三、四级公路		三、四级公路	
变异水平等级	高	中	高	中	高	中
面层厚度（mm）	250~220	240~210	230~200	220~190	210~180	

水泥混凝土的强度和弹性模量参考值与水泥混凝土的弯拉强度标准值见表 9-8 和表 9-9。

水泥混凝土强度和弹性模量经验参考值　　　　　　　　　　表 9-8

弯拉强度（MPa）	1.5	2.0	2.5	3.0	3.5	4.0	4.5	5.0	5.5
抗压强度（MPa）	7	11	15	20	25	30	36	42	49
抗拉强度（MPa）	0.89	1.21	1.53	1.86	2.20	2.54	2.85	3.22	3.55
弹性模量（GPa）	15	18	21	23	25	27	29	31	33

水泥混凝土的弯拉强度标准值　　　　　　　　　　表 9-9

交通荷载等级	极重、特重、重	中等	轻
水泥混凝土弯拉强度标准值（MPa）	≥5.0	4.5	4.0
钢纤维混凝土弯拉强度标准值（MPa）	≥6.0	5.5	5.0

水泥混凝土路面结构设计中所需要的路基回弹模量应通过重复加载的三轴压缩试验测定或查表 9-10，应用时需经湿度调整系数表 9-11 调整。

标准状态下路基土回弹模量参考值（单位：MPa）　　　　　　　　　　表 9-10

土　组	取值范围	土　组	取值范围
砾（G）	110~135	粉土质砂（SM）	65~195
含细粒土砾（GF）	100~1130	黏土质砂（SC）	60~190
粉土质砾（GM）	100~1125	低液限粉土（ML）	50~190
黏土质砾（GC）	95~1120	低液限黏土（CL）	50~185
砂（S）	95~1125	高液限粉土（MH）	30~170
含细粒土砂（SF）	80~1115	高液限黏土（CH）	20~150

注：1. 对于砾和砂，D_{60}（通过率为60%时的颗粒粒径）大时，模量取高值；D_{60}小时，模量取低值。
　　2. 对于其他含细粒的土组，小于 0.075mm 颗粒含量大和塑性指数高时，模量取低值；反之，模量取高值。
　　3. 同等条件下，轻、中等及重交通荷载时路基土回弹模量取较小值，特重、极重交通条件下取较大值。

干燥类路基的回弹模量湿度调整系数 K_s　　　　　　　　　　表 9-11

土组	TMI					
	-50	-30	-10	10	30	50
砂（S）	1.30~1.84	1.14~1.80	1.02~1.77	0.93~1.73	0.86~1.69	0.80~1.64
粉土质砂（SM）黏土质砂（SC）	1.59~1.65	1.10~1.26	0.83~0.97	0.73~0.83	0.70~0.76	0.70~0.76
低液限粉土（ML）	1.35~1.55	1.01~1.23	0.76~0.96	0.58~0.77	0.51~0.65	0.42~0.62
低液限黏土 CL	1.22~1.71	0.73~1.52	0.57~1.24	0.51~1.02	0.49~0.88	0.48~0.81

在季节性冰冻地区，当计算出的结构层的总厚度小于表 9-1 中的规定时，应设置防冻层。

2) 交通荷载

交通量的获取方式：一种是新建公路，通过交通需求分析进行预测；另一种是旧路改建，通过对旧路的交通调查获取初始年平均交通量(双向)及车辆类型组成数据。在第二种方式中，要剔除 2 轴 4 轮及以下的客、货车辆，剔除后的数据中应包括大型客车的交通量。

进行荷载疲劳应力分析时，需对初始年平均日交通调查数据进行轴载换算，其换算公式见式(6-19)。

按设计车道在设计基准期(计算可靠度时，考虑各项基本度量与时间关系所取用的基准时间段)内所承受的设计轴载累计作用次数计算值，确定路面所属的交通荷载等级，见表6-14。

3) 设计标准

根据混凝土板断裂发生时的两种可能状况，《公路水泥混凝土路面设计规范》(JTG D40—2011)设想了两种破坏状态，并以此作为建立设计的极限状态：

(1) 板在重复荷载(以 100kN 为标准换算的累计标准轴次)作用下产生疲劳断裂。

(2) 板在单次最重荷载(一次性作用，大于 100kN)作用下产生突然断裂。

第二种极限状态是新增加的一种极限状态，所谓"最重荷载"指的是在路面建成后，路面上通行的车辆荷载中可能出现的最大轴载。两种极限状态的表达式为(等号成立时为极限状态)：

$$\gamma_r(\sigma_{pr}+\sigma_{tr}) \leqslant f_r \tag{9-1}$$

$$\gamma_r(\sigma_{p,\max}+\sigma_{t,\max}) \leqslant f_r \tag{9-2}$$

式中：σ_{pr}——面层板在临界荷位产生的荷载疲劳应力(MPa)；

σ_{tr}——面层板在临界荷位产生的温度疲劳应力(MPa)；

$\sigma_{p,\max}$——最重的轴载在临界荷位处产生的最大荷载应力(MPa)；

$\sigma_{t,\max}$——所在地区最大温度梯度在临界荷位处产生的最大翘曲应力(MPa)；

γ_r——可靠度系数，依据所选目标可靠度、变异水平等级及变异系数通过计算确定或按表 9-6 取用；

f_r——水泥混凝土弯拉强度标准值(MPa)，采用 28d 龄期的弯拉强度，见表 9-9。

当贫混凝土或碾压混凝土作基层时，应以设计基准期内行车荷载不产生疲劳断裂作为设计标准，其极限状态表达式为：

$$\gamma_r\sigma_{bpr} \leqslant f_{br} \tag{9-3}$$

式中：σ_{bpr}——基层内产生的行车荷载疲劳应力(MPa)；

f_{br}——基层材料的弯拉强度标准值(MPa)。

4) 力学模型与临界荷位

按基层和面层类型及组合的不同，路面结构分析可分别采用以下力学模型：

(1) 弹性地基单层板模型：适用于粒料基层上混凝土面层，旧沥青路面加铺混凝土面层；面层板底面以下部分按弹性地基处理。

(2) 弹性地基双层板模型：适用于无机结合料类基层或沥青类基层上混凝土面层，旧混凝土路面上加铺分离式混凝土面层；面层和基层或者新旧面层作为双层板，基层底面以下或者旧面层底面以下部分按弹性地基处理。

(3) 复合板模型：适用于两层不同性能材料组成的面层或基层复合板。旧混凝土路面上加铺结合式混凝土面层,两层不同性能材料组成的层间胶结的面层,作为弹性地基上的单层板或者弹性地基上双层板的上层板;无机结合料类基层或沥青类基层与无机结合料类底基层组成的基层,作为弹性地基上双层板的下层板。为简化计算工作,通常选取使路面板产生最大应力、最大挠度或最大损坏的一个轴载作用位置作为临界荷位。混凝土面层板的临界荷位位于纵缝边缘中部。基层板的临界荷位与面层板相同。

5)混凝土板应力分析

本章只对弹性地基单层板模型应力分析进行介绍,关于弹性地基双层板模型和复合板模型应力分析可参见现行《水泥混凝土路面设计规范》(JTG D40)。

(1)荷载应力。

①混凝土面层板荷载疲劳应力计算。

设计轴载在四边自由板的临界荷位处产生的荷载应力 σ_{ps}:

$$\sigma_{ps} = 1.47 \times 10^{-3} r^{0.70} h_c^{-2} P_s^{0.94} \tag{9-4}$$

$$r = 1.21 \sqrt[3]{\frac{D_c}{E_t}} \tag{9-5}$$

$$D_c = \frac{E_c h_c^3}{12(1-v_c^2)} \tag{9-6}$$

式中:P_s——设计轴载的单轴重(kN);

h_c、E_c、v_c——混凝土面层板的厚度(m),弯拉弹性模量(MPa)和泊松比;

r——混凝土面层板的相对刚度半径(m);

D_c——混凝土面层板的截面弯曲刚度(MN·m);

E_t——板底地基当量回弹模量(MPa)。

②确定三个修正系数 k_r、k_c、k_f。

应力折减系数 k_r,因接缝的传荷能力,对板的应力降低有正面效果,取值小于或等于1。因临界荷位在纵缝边缘,因此主要由路肩情况决定:采用混凝土路肩时,取 0.87～0.92(路肩面层与路面面层等厚时取低值,减薄时取高值);采用柔性路肩或土路肩时取1。

考虑理论与实际差异及动载等因素影响的综合系数 k_c,按公路等级查表9-12确定。

综合系数 k_c 表9-12

公路等级	高速公路	一级公路	二级公路	三、四级公路
k_c	1.15	1.10	1.05	1.00

荷载疲劳应力系数 k_f 与累计轴次 N_e 有关,由式(9-7)确定:

$$k_f = N_e^\lambda \tag{9-7}$$

式中:N_e——设计基准期内设计轴载累计作用次数;

λ——材料疲劳指数,普通混凝土、钢筋混凝土、连续配筋混凝土采用0.057;碾压混凝土和贫混凝土采用0.065;钢纤维混凝土按式(9-8)计算。

$$\lambda = 0.053 - 0.017 \rho_f \frac{l_f}{d_f} \tag{9-8}$$

式中:ρ_f——钢纤维的体积率(%);

l_f——钢纤维的长度(mm);

d_f——钢纤维的直径(mm)。

③计算荷载疲劳应力。

$$\sigma_{pr} = k_r k_c k_f \sigma_{ps} \qquad (9-9)$$

式中符号意义同前。

④面层板在最重轴载作用下的荷载应力计算。

a. 最重轴载(或称极限荷载)在四边自由板的临界荷位处产生的荷载应力 σ_{pr} 计算公式与 σ_{ps} 相同,但要用最重轴载 P_m 代替式中的标准轴载(或设计轴载) P_s。

b. 确定修正系数 k_r、k_c。k_r、k_c 的确定方法与计算荷载疲劳应力时相同,无须重复计算。

c. 最重轴载在临界荷位产生的最大荷载应力 $\sigma_{p,max}$。

$$\sigma_{p,max} = k_r k_c \sigma_{pm} \qquad (9-10)$$

(2)温度应力。

温度应力与荷载是重复荷载还是单次最重荷载作用没有直接关系,但将荷载应力与温度应力相加时,存在与现实状态的相似性问题。温度应力在路面刚开始进入使用期时,因地基约束较强,产生的温缩和翘曲内应力较大,后期在应力反复作用下,界面上的约束将减弱,因此温度疲劳应力减小。考虑疲劳作用时,采用荷载疲劳应力,温度应力也应采用温度疲劳应力。在考察最重轴载的作用时,因其作用是一次性的,因此无须考虑疲劳效应,选择最大温度应力。

①面层板最大温度应力 $\sigma_{t,max}$。

a. 综合温度翘曲应力和内应力的温度应力系数 B_L。

$$B_L = 1.77 e^{-4.48 h_c} C_L - 0.131(1 - C_L) \qquad (9-11)$$

$$C_L = 1 - \frac{\sinh t \cdot \cos t + \cosh t \cdot \sin t}{\cos t \cdot \sin t + \sinh t \cdot \cosh t} \qquad (9-12)$$

$$t = \frac{L}{3r} \qquad (9-13)$$

式中:C_L——混凝土面层板的温度翘曲应力系数;

L——面层板的横缝间距,即板长(m);

r——面层板的相对刚度半径(m)。

b. 最大温度应力。

$$\sigma_{t,max} = \frac{T_g E_c h_c \alpha_c}{2} B_L \qquad (9-14)$$

式中:α_c——混凝土的线膨胀系数,根据粗集料的岩性按表9-13取用;

T_g——公路所在地50年一遇的最大温度梯度,按表9-14取用。

水泥混凝土面板的温度梯度值 表9-13

公路自然区划	Ⅱ、Ⅴ	Ⅲ	Ⅳ、Ⅴ	Ⅶ
温度梯度 T_g(℃/m)	83~88	90~95	86~92	93~98

注:1. 海拔高时取高值,湿度大时取低值。

2. 表中数值为板厚 $h = 22$cm 时的温度梯度值。

水泥混凝土线膨胀系数经验参考值　　　　　　表9-14

粗集料类型	石英岩	砂岩	砾石	花岗岩	玄武岩	石灰岩
水泥混凝土线膨胀系数($\times 10^{-6}$/℃)	12	12	11	10	9	7

得出最大温度应力后,可与最大荷载应力相加,代入最重轴载作用下极限状态表达式(9-2)中。

②面层板温度疲劳应力 σ_{tr}。

a. 确定温度疲劳应力系数 k_t。

$$k_t = \frac{f_r}{\sigma_{t,\max}}\left[a_t\left(\frac{\sigma_{t,\max}}{f_r}\right)^{b_t} - c_t\right] \tag{9-15}$$

式中:a_t、b_t、c_t——回归系数,按所在地区的公路自然区划查表9-15。

回归系数 a_t、b_t 和 c_t　　　　　　表9-15

系数	公路自然区划					
	Ⅱ	Ⅲ	Ⅳ	Ⅴ	Ⅵ	Ⅶ
a_t	0.828	0.855	0.843	0.871	0.837	0.834
b_t	1.323	1.355	1.323	1.287	1.382	1.270
c_t	0.041	0.041	0.058	0.071	0.038	0.052

b. 温度疲劳应力 σ_{tr}。

$$\sigma_{tr} = k_t \sigma_{t,\max} \tag{9-16}$$

得到温度疲劳应力后,与荷载疲劳应力相加,代入重复荷载作用下极限状态表达式(9-1)中。

6)混凝土板厚度设计流程

考虑荷载应力和温度翘曲应力综合疲劳损伤作用的水泥混凝土板厚度计算和板的平面尺寸确定方法,可遵循下述设计步骤:

(1)进行行车道路面结构的组合设计,初拟路面结构,包括路床、垫层、基层和面层的材料类型和厚度,并按水泥混凝土面层厚度建议范围,依据交通荷载等级、公路等级和所选变异水平等级初选混凝土板厚度。

(2)按照初拟路面结构的组合情况,选择相应的结构分析模型。

(3)参照水泥混凝土路面板厚度计算流程,分别计算混凝土面层板(单层板或双层板的面层板)的最重轴载产生的最大荷载应力、设计轴载产生的荷载疲劳应力、最大温度梯度产生的最大温度应力及温度疲劳应力。

(4)当荷载疲劳应力与温度疲劳应力之和与可靠度系数的乘积,小于且接近于水泥混凝土弯拉强度标准值,同时,最大荷载应力与最大温度应力之和与可靠度系数的乘积,小于混凝土弯拉强度标准值,初选厚度可作为水泥混凝土板的计算厚度。

(5)贫混凝土或碾压混凝土基层或者双层板的下面层板,需计算其荷载疲劳应力,并检算荷载疲劳应力与可靠度系数的乘积是否小于其材料的弯拉强度标准值。

(6)若不能同时满足式(9-1)及式(9-2),则应改选混凝土面层板厚度或(和)调整基层类型或(和)厚度,重新计算,直到同时满足式(9-1)及式(9-2)。

(7)计算厚度加6mm磨损厚度后,应按10mm向上取整,作为混凝土面层的设计厚度。

水泥混凝土板厚度计算流程如图 9-15 所示。

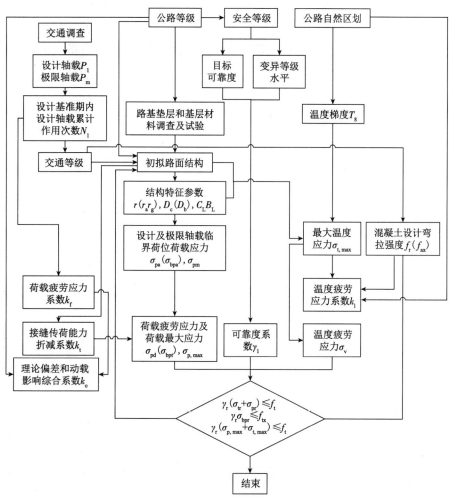

图 9-15 水泥混凝土板厚度设计流程

练习

1. 普通水泥混凝土路面的排水有哪几种主要形式,采用什么设备或构造?怎样将路面排水与路基排水协调统一在一起组成整体?

2. 我国规范中为何要增加"最重荷载"的极限状态,它对应真实路面哪种具体的破坏形式?

3. 水泥混凝土路面中疲劳破坏的考虑方式与沥青路面设计中的方式各是什么?有什么区别或联系?

4. 普通水泥混凝土路面的路肩如何设置,有什么具体要求,对设计计算参数有何影响?

5. 传力杆和拉杆有何不同,传力杆的设置有什么要求?

讨论1：为什么我国高速公路、一级公路工程中，水泥混凝土路面的应用比例越来越低？

讨论2：某一级公路水泥混凝土路面板出现大面积唧泥病害，试讨论其产生的原因及防止措施。

讨论3：水泥混凝土路面结构设置缩缝和胀缝，试讨论在水泥混凝土路面结构服役过程中发挥了什么作用？

第 10 章 路基路面排水设计

【本章提要】

本章主要介绍路基排水设计(包括路基地面排水设施设计和路基地下排水设施设计)和路面排水设计(包括路面表面排水设计、中央分隔带排水设计、路面内部排水设计、道路边缘排水设计和排水基层设计)。

【学习要求】

通过学习本章内容,了解路基路面排水设计的任务和基本原则;理解路基地面排水设施设计和路基地下排水设施设计要求;掌握路面表面排水设计、中央分隔带排水设计、路面内部排水设计、道路边缘排水设计和排水基层设计的方法及要求。

10.1 概述

路基路面的强度和稳定性与水的关系十分密切。路基路面的病害有多种,形成病害的因素亦很多,但水的作用是主要因素之一。因此,路基路面设计、施工和养护中,必须十分重视路基路面排水工程。

水是危害公路的主要自然因素。路基沉陷、冲刷、坍塌、翻浆,沥青路面松散、坑槽、龟裂,水泥混凝土路面唧泥、错台、断裂等病害,都不同程度地与地表水和地下水的侵蚀有关。水的作用加剧了路基和路面结构的损坏,加快了路面使用性能的变坏,缩短了它们的使用寿命。因而,公路排水系统是公路工程的重要组成部分,对保证公路的使用性能和使用寿命具有十分重要的作用。

10.1.1 路基路面排水设计的任务

路基路面排水的任务,就是将路基范围内的路基湿度降低到一定的限度以内,确保路基及路面具有足够的强度与稳定性。

路基设计时,必须考虑将影响路基稳定性的地面水排除或拦截于路基用地范围以外,并防止表面水漫流、滞积或下渗。对于影响路基路面稳定性的地下水,则应予以隔断、疏干或降低其水位,并引导至路基范围以外的适当地点。路基路面施工中,首先应校核全线路基排水系统的设计是否完备和妥善,必要时应予以补充或修改,以确保排水工程的质量和使用效果。此外,应根据实际情况与需要,设置施工现场的临时性排水措施,以保证路基土石方及附属结构物在正常条件下进行施工作业,消除路基基底和土体内与水有关的隐患,保证路基路面工程质量,提高施工效率。

路基路面养护中,对排水设施应定期检查与维修,以保证排水设施正常使用,水流畅通,并根据实际情况不断改善路基路面排水条件。

10.1.2 路基路面排水设计的主要内容

路基路面排水设计的主要内容包括:路界地表排水;路面内部排水;路界地下排水;公路构造物、下穿道路及沿线设施排水;特殊地区及特殊路段排水等。因此,公路排水设计过程主要有排水系统总体设计、水文调查与计算、排水设施结构形式和材料选择、水利计算等内容。

路界地表排水包括路(桥)面表面、中央分隔带、坡面和由公路毗邻地带或交叉道路流入路界内的表面水的排除。

路面内部排水包括路面边缘排水系统、排水基层或排水垫层的单独或组合构成。

路界地下排水包括暗沟、渗沟、渗井、渗水隧道或仰斜排水管等地下排水设施,拦截、引排含水层的地下水,降低地下水位或疏干坡体内地下水。

公路构造物、下穿道路及沿线设施排水包括桥面排水、桥(涵)台和支挡构造物排水、隧道排水、下穿道路排水、沿线设施排水等。

特殊地区及特殊路段排水包括多年冻土区排水、膨胀土区排水、黄土地区排水、盐渍土地区排水、滑坡路段排水和水环境敏感路段排水等。

10.1.3 路基路面排水设计的一般原则

路基路面排水设计的一般原则有:

(1)排水设施要因地制宜、全面规划、合理布局、综合治理、讲究实效、注意经济,并充分利用有利地形和自然水系。一般情况下,地面和地下设置的排水沟渠宜短不宜长,以使水流不过于集中,应实现及时疏散、就近分流。

(2)各种道路排水沟渠的设置,应注意与农田水利相配合,必要时可适当地增设涵管或加大涵管孔径,以防农业用水影响路基稳定。路基边沟一般不应用作农田灌溉渠道,两者必须合并使用时,边沟的断面应加大,并予以加固,以防水流漫溢和渗透危害路基。

(3)设计前必须进行调查研究,查明水源与地质条件,重点路段要进行排水系统的全面规划,考虑路基路面排水与桥涵布置相配合、地下排水与地面排水相配合、各种排水沟渠的平面布置与竖向布置相配合,做到路基路面综合设计和分期修建。对于排水困难和地质不良的路段,还应与路基防护加固相配合,并进行特殊设计。

(4)路基路面排水要注意防止附近山坡的水土流失,尽量不破坏天然水系,不轻易合并自然沟溪和改变水流性质,尽量选择有利地质条件布设人工沟渠,减少排水沟渠的防护与加固工程。对于重点路段的主要排水设施以及土质松软和纵坡较陡地段的排水沟渠,应注意必要的防护与加固。

(5)路基路面排水要结合当地水文条件和道路等级等具体情况,注意就地取材,以防为主,既要稳固适用,又必须讲究经济性。

(6)公路排水的水力与水文计算参见现行《公路排水设计规范》(JTG/T D33)。

10.2 路界地表排水

10.2.1 地表排水

常用的路基地表排水设施包括边沟、截水沟、排水沟、跌水与急流槽等,必要时还有倒虹吸、渡水槽及蒸发池等。这些排水设施,分别设在路基的不同部位,各自的排水功能、布置要求和构造形式均有所差异。路基地表排水设施的径流量计算,对高速公路、一级公路应采用15年,其他等级公路应采用10年的重现期内任意30min的最大降雨强度。各类地表水沟沟顶应高出设计水位0.2m以上。

1)边沟

边沟设置在挖方路基的路肩外侧或低路堤的坡脚外侧,多与路中线平行,用以汇集和排除路基范围内和流向路基的少量地面水。平坦地面填方路段的路旁取土坑常与路基排水设计综合考虑,使之起到边沟的排水作用。

边沟的排水量不大,一般不需要进行水文和水力计算,依据沿线具体条件,选用标准横断面形式。边沟紧靠路基,通常不允许其他排水沟渠的水流引入,亦不能与其他人工沟渠合并使用。

边沟不宜过长,尽量使沟内水流就近排至路旁自然水沟或低洼地带,必要时设置涵洞,将边沟水横穿路基从另一侧排出。

边沟的纵坡(出水口附近除外)一般与路线纵坡一致。平坡路段,边沟宜保持不小于0.5%的纵坡。特殊情况容许采用0.3%,但边沟出口间距宜减短。在边沟出口附近以及排水困难路段,如回头曲线和路基超高较大的平曲线等处,边沟应进行特殊设计。

边沟的横断面形式有梯形、流线型、三角形及矩形等,如图10-1所示。边沟横断面一般采用梯形,梯形边沟内侧边坡坡度为1:1.0~1:1.5,外侧边坡坡度与挖方边坡坡度相同。石方路段的边沟宜采用矩形横断面,其内侧边坡直立,坡面应采用浆砌片石防护,外侧边坡坡度与挖方边坡坡度相同。少雨浅挖地段的土质边沟可采用三角形横断面,其内侧边坡宜采用1:2~1:3,外侧边坡坡度与挖方边坡坡度相同。三角形边坡的水流条件较差,流量较大时沟深宜适当加大。

梯形边沟的底宽与深度为0.4~0.6m,水流少的地区或路段,取低限或更小,但不宜小于0.3m;降水量集中或地势偏低的路段,取高限或更大一些。流线型边沟是将路堤横断面的边角整修圆滑,以防止路基旁侧积沙或堆雪,适用于沙漠或积雪地区的路基。

边沟可采用浆砌片石、浆砌卵石和水泥混凝土预制块防护。砌筑用的砂浆强度,对于高速公路、一级公路采用M7.5,其他等级公路采用M5。边沟出水口附近,水流冲刷比较严重,必须慎重布置和采取相应措施。

图10-2是路堑与高路堤衔接处的边沟排水布置图,由于边沟泄出水流流向路堤坡脚处,两处高差大,必须因地制宜,根据地形与地质等具体条件,将出水口延伸至坡脚以外,以免边沟水冲刷填方坡脚。

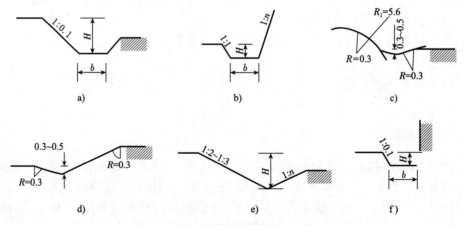

图 10-1　边沟的横断面形式示意图(单位:m)
a)、b)梯形;c)、d)流线型;e)三角形;f)矩形

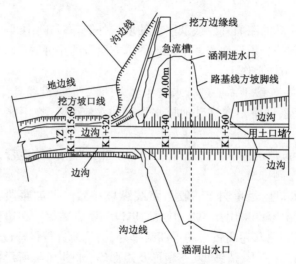

图 10-2　路堑与高路堤的边沟出口布置图

　　边沟水流流向桥涵进水口时,为避免边沟流水产生冲刷,应作适当处治,图 10-3 是涵洞进口设置窨井的一例。此外还应根据地形等条件,在桥涵进口前或在其他水流落差较大处,设置急流槽与跌水等结构物,将水流引入桥涵或其他指定地点。

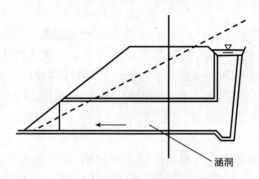

图 10-3　边沟泄水流入涵前窨井剖面图(单级跌水)

当边沟水流流至回头曲线处,一般边沟水较满,且流速较大,此时宜顺着边沟方向沿山坡设置引水沟,将水引至路基范围以外的自然沟中或设急流槽、涵洞等结构物,将水引下山坡或路基另一侧,以免对回头曲线路段造成冲刷。

2) 截水沟

截水沟又称天沟,一般设置在挖方路基边坡坡顶以外或山坡路堤上方的适当地点,用以拦截并排除路基上方流向路基的地面径流,减轻边沟的水流负担,保证挖方边坡和填方坡脚不受流水冲刷。降水量较少或坡面坚硬和边坡较低以致冲刷影响不大的路段,可以不设截水沟;反之,应设截水沟,如果降水量较多,且暴雨频率较高,山坡覆盖层比较松软,坡面较高,水土流失比较严重的地段,必要时可设置两道或多道截水沟。

图10-4是路堑段挖方边坡上方设置的截水沟图例之一,图中距离 d 一般应大于5.0m,地质不良地段可取10.0m或更大。截水沟下方一侧,可堆置挖沟的土方,要求做成顶部向沟倾斜2%的土台。路堑上方设置弃土堆时,截水沟的位置及断面尺寸如图10-5所示。

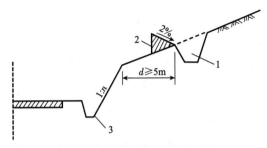 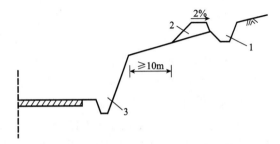

图10-4 挖方路段截水沟示意图　　　　　图10-5 挖方路段弃土堆与截水沟关系
　　1-截水沟;2-土台;3-边沟　　　　　　　　1-截水沟;2-弃土堆;3-边沟

山坡填方路段可能遭到上方水流的破坏作用,此时必须设截水沟,以拦截山坡水流保护路堤。如图10-6所示,截水沟与坡脚之间要有不小于2.0m的间距,并做成2%的向截水沟倾斜的横坡,确保路堤不受水害。

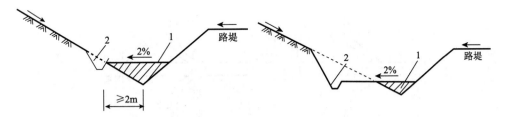

图10-6 填方路段上的截水沟示意图
1-土台;2-截水沟

截水沟的横断面形式,一般为梯形,沟的边坡坡度,因岩土条件而定,一般采用1:1 ~ 1:1.5,如图10-7所示。沟底宽度 b 不小于0.5m,沟深 h 按设计流量而定,亦不应小于0.5m。

截水沟的位置,应尽量与绝大多数地面水流方向垂直,以提高截水效能和缩短沟的长度。截水沟应保证水流畅通,就近引入自然沟内排出,必要时配以急流槽或涵洞等泄水结构物将水流引入指定地点。截水沟水流不应引入边沟,当必须引入时,应增大边沟横断面,并进行防护。沟底应具有0.3%以上的纵坡,沟底和沟壁要求平整密实,不滞流、不渗水,必要时予以加固和铺砌。截水沟的长度以200 ~ 500m 为宜。

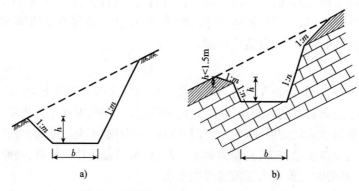

图 10-7 截水沟的横断面图例
a)土沟;b)石沟

3) 排水沟

排水沟的主要用途在于引水,将路基范围内各种水源的水流(如边沟、截水沟、取土坑、边坡和路基附近积水)引至桥涵或路基范围以外的指定地点。当路线受到多段沟渠或水道影响时,为保护路基不受水害,可以设置排水沟或改移渠道,以调节水流,整治水道。

排水沟的横断面,一般采用梯形,尺寸大小应经过水力水文计算选定。用于边沟、截水沟及取土坑出水口的排水沟,横断面尺寸根据设计流量确定,底宽与深度不宜小于 0.5m,土沟的边坡坡度为 $1:1 \sim 1:1.5$。

排水沟的位置,可根据需要并结合当地地形等条件而定,离路基尽可能远些,距路基坡脚不宜小于 2m,平面上应力求直捷,需要转弯时亦应尽量圆顺,做成弧形,其半径不宜小于 10 ~ 20m,连续长度宜短,一般不超过 500m。

排水沟水流注入其他沟渠或水道时,应使原水道不产生冲刷或淤积。通常应使排水沟与原水道两者成锐角相交,即交角不大于 45°,有条件时可采用半径 $R = 10b$(b 为沟顶宽)的圆曲线朝下游与其他水道相接,如图 10-8 所示。

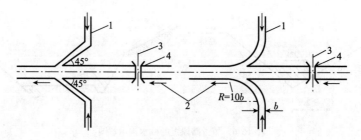

图 10-8 排水沟与水道衔接示意图
1-排水沟;2-其他渠道;3-桥涵中心线;4-桥涵

排水沟应具有合适的纵坡,以保证水流畅通,不致流速太大而产生冲刷,亦不可流速太小而形成淤积,为此宜通过水文水力计算择优选定。一般情况下,可取 0.5% ~ 1.0%,不小于 0.3%,亦不宜大于 3%。若纵坡大于 3%,应采取相应的加固措施。

路基排水沟渠的加固类型有多种,图 10-9 为沟渠加固横断面图,表 10-1 为土质沟渠各种加固类型。设计时可结合当地条件,根据沟渠土质、水流速度、沟底纵坡和使用要求等而定。

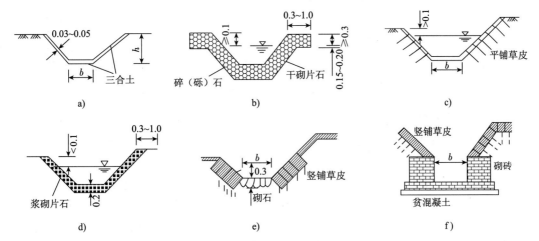

图 10-9 沟渠加固断面图(尺寸单位:m)
a)石灰三合土抹平层;b)干砌片石(碎石垫平);c)平铺草皮;d)浆砌片石(碎石垫平);e)竖铺草皮,砌石底;f)砖砌水槽

沟渠加固类型　　　　　　　　　　　　　　　　表 10-1

形式	名　称	铺砌厚度(cm)	形式	名　称	铺砌厚度(cm)
简易式	平铺草皮	单层	干砌式	干砌片石	15～25
	竖铺草皮	叠铺		干砌片石砂浆勾缝	15～25
	水泥砂浆抹平层	2～3		干砌片石砂浆抹平	20～25
	石灰三合土抹平层	3～5	浆砌式	浆砌片石	20～25
	黏土碎(砾)石加固层	10～15		混凝土预制块	
	石灰三合土碎(砾)石加固层	10～15		砖砌水槽	

沟渠加固类型与沟底纵坡有关,表 10-2 所列可供设计时参照使用。

加固类型与沟底纵坡关系　　　　　　　　　　　　表 10-2

纵坡(%)	<1	1～3	3～5	5～7	>7
加固类型	不加固	土质好,不加固;土质不好,简易加固	简易加固或干砌式加固	干砌式或浆砌式加固	浆砌式加固或改用跌水

4)跌水与急流槽

跌水与急流槽是路基地面排水沟渠的特殊形式,用于纵坡大于 10%、水头高差大于 1.0m 的陡坡地段。由于纵坡陡、水流速度快、冲刷力大,要求跌水与急流槽的结构必须稳固耐久,通常应采用浆砌块石或水泥混凝土预制块砌筑,并采取相应的防护加固措施。

跌水的构造,有单级和多级之分,沟底有等宽和变宽之别。单级跌水适用于排水沟渠连接处,由于水位落差较大,需要消能或改变水流方向。图 10-10 为路基边沟水流通过涵洞排泄时,采用单级跌水(相当于雨水井)的示例之一。较长陡坡地段的沟渠,为减缓水流速度,并予以消能,可采用多级跌水,图 10-11 即为示例之一。多级跌水底宽和每级长度,可以采用各自相等的对称形,亦可根据实地需要,做成变宽或不等长度与高度。

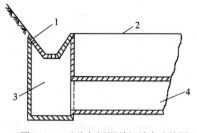
图 10-10　边沟与涵洞单级跌水连接图
1-边沟；2-路基；3-跌水井；4-涵洞

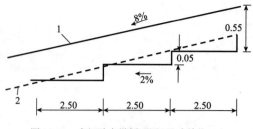
图 10-11　多级跌水纵剖面图(尺寸单位：m)
1-沟顶线；2-沟底线

按照水力计算特点,跌水的基本构造可分为进水部分、消力池和出水部分三个组成部分,如图 10-12 所示。各个组成部分的尺寸,由水力计算而定。一般情况下,如果地质条件良好,地下水位较低,设计流量小于 $1.0 \sim 2.0 \mathrm{m}^3/\mathrm{s}$,跌水台阶(护墙)高度 p 最大不超过 2.0m。常用的简易多级跌水,台高 $0.4 \sim 0.5$m,护墙用石砌或混凝土结构,墙基埋置深度为水深 a 的 $1.0 \sim 1.2$ 倍,并不小于 1.0m,且应深入冰冻线以下,石砌墙厚 $0.25 \sim 0.30$m。消力池起消能作用,要求坚固稳定,底部具有 1% 的纵坡,底厚 $0.30 \sim 0.35$m,壁高应比计算水深至少多 0.20m,壁厚与护墙厚度相仿。消力池末端设有消力槛,槛高 c 依计算而定,要求低于池内水深,为护墙高度的 $1/5 \sim 1/4$,即 $c = (0.2 \sim 0.25)p$,一般取 $c = 15 \sim 20$cm。消力槛顶部厚度为 $0.3 \sim 0.4$m,底部预留孔径为 $5 \sim 10$cm 的泄水孔,以利水流中断时排泄池内的积水。

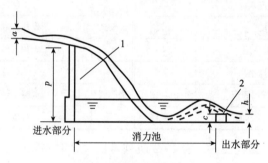

图 10-12　跌水构造示意图
1-护墙；2-消力槛

跌水两端的土质沟渠应注意加固,保持水流畅通,不致产生水流冲刷或淤积,以充分发挥跌水的排水效能。

急流槽是山区公路回头曲线沟通上下线路基排水及沟渠出水口的一种常见排水设施,其纵坡比跌水的平均纵坡更陡,结构的坚固稳定性要求更高。急流槽主体部分的纵坡依地形而定,一般可达 67%(1:1.5),如果地质条件良好,需要时还可更陡,但结构要求更严,造价亦相应提高,设计时应通过比较而定。

急流槽多用砌石(抹面)和水泥混凝土结构,亦可利用岩石坡面挖槽。如临时急需时,可就近取材,采用竹木结构。

急流槽的构造如图 10-13 所示。按水力计算特点,由进水部分、主槽(槽身)和出水部分三部分组成。

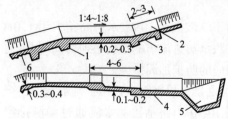

图 10-13　急流槽构造示意图(尺寸单位：m)
1-耳墙；2-消力池；3-混凝土槽底；4-钢筋混凝土槽底；5-横向沟渠；6-砌石护底

急流槽的进出口与主槽连接处,沟槽横断面不同,为了能平顺衔接,可设过渡段,出口部分设有消力池。各个部分的尺寸,依水力计算而定。对于设计流量不超过 $1.0 m^3/s$、槽底倾斜为 $1:1 \sim 1:1.5$ 的小型结构。急流槽的基础必须稳固,端部及槽身每隔 $2 \sim 5m$,在槽底设耳墙并埋入地面以下。槽身较长时,宜分段砌筑,每段长 $5 \sim 10m$,预留伸缩缝,并用防水材料填缝。

5) 倒虹吸与渡水槽

当水流需要横跨路基,同时受到设计高程的限制时,可以采用管道或沟槽,从路基底部或上部架空跨越,前者称倒虹吸,后者为渡水槽,分别相当于涵洞和渡水桥。两者属于地面排水的特殊结构物,并且大都是配合农田水利所需而设置的。

倒虹吸的设置往往是因路基横跨原有沟渠,且沟渠水位高于路基设计高程,不能按正常条件下设置涵洞,此时采用倒虹吸是可行的方案之一,图10-14 是其中的一种。

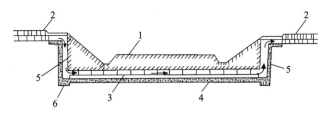

图 10-14 竖井式倒虹吸布置图
1-路基;2-原沟渠;3-洞身;4-垫层;5-竖井;6-沉淀池

倒虹吸是借助上下游沟渠水位差,利用势能迫使水流降落,经路基下部管道流向路基另一侧,再复升流入下游水渠。由于所设管道为有压管道,竖井式倒虹吸的水流多次垂直改变方向,水流条件较差,结构要求较高,容易漏水和淤塞,且难以清理和修复,应尽量不用或少用,使用时需合理设计,进行水力计算,选择最佳设计方案,并要求施工保证质量,使用时要经常检查维修。

倒虹吸管道有箱形和圆形两种,以水泥混凝土和钢筋混凝土结构为主,临时性简易管道可用砖石结构,永久性或急需时亦可改用钢铁管道。管道的孔径为 $0.5 \sim 1.5m$,管道附近的路基上覆填土厚度一般不小于 $1.0m$,以免行车荷载压力过于集中,严寒地区亦可防冻。考虑到倒虹吸的泄水能力有限,且为了施工和养护方便,管道不宜埋置过深,以填土高度不超过 $3.0m$ 为宜。

倒虹吸管道两端设竖井,井底高程低于管道,起沉淀泥沙与杂物的作用。亦可改用斜管式或缓坡式,以代替竖井式升降管,此时水流条件有所改善,但路基用地宽度增大,管道长度增加。为减少堵塞现象,设计时要求管道内水流的速度不小于 $1.5m/s$,并在进口处设置沉沙池和拦泥栅,如图 10-15 所示。

倒虹吸管进口处所设的沉沙池,位于原沟渠与管道之间的过渡段,池底和池壁采用砌石抹面或混凝土,厚度 $0.3 \sim 0.4m$(砌石)或 $0.25 \sim 0.30m$(混凝土),池的容量以不溢水为度。水流经过沉沙池后,水中仍含有细粒泥沙或轻质漂浮物,可设网状拦泥栅予以清除,确保虹吸管道不致堵塞。但拦泥栅本身容易被堵塞,需经常清理,以保证水流畅通,避免沉沙池和沟渠溢水而危害路基。倒虹吸的出口亦应设过渡段与下游沟渠平顺衔接,并对原有土质沟渠进行适当加固。

渡水槽相当于渡水桥,如图 10-16 所示。原水道与路基设计高程相差较大,如果路基两侧地形有利,或当地确有必要,可设简易桥梁,架设水槽或管道,从路基上部跨越,以沟通路基两侧的水流。

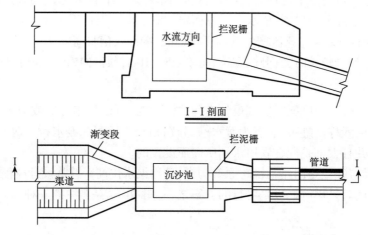

图 10-15 倒虹吸图例

渡水槽由进出水口、槽身和下部支承三部分组成,其中进(出)口段的构造,参见图 10-17。

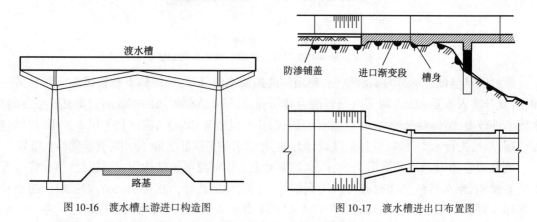

图 10-16 渡水槽上游进口构造图　　图 10-17 渡水槽进出口布置图

渡水槽的架设应满足道路对净空与美化的要求,其构造与桥梁相似,但主要作用是沟通水流,故除应在结构上具有足够强度外,在效能上应适合排水的要求,其中包括进出口的衔接以及防止冲刷和渗漏等。

为降低工程造价,槽身过水横断面一般均较两端的沟渠横断面为小,槽中水流速度相应有所提高,因此进出口段应注意防止冲刷和渗漏。进出水口处设置过渡段,根据土质情况,分别将槽身两端伸入路基两侧地面 2~5m,而且进出水口过渡段宜长一些,以防淤积。如果主槽较短,可取槽身与沟渠的横断面相同,沟槽直接衔接,可不设过渡段。水流横断面不同时,过渡段的平面收缩角为 10°~15°,据此可确定过渡段的有关尺寸。与槽身连接的土质沟渠,应予以防护加固,其长度至少是沟渠水深的 4 倍。

6)蒸发池

气候干旱、排水困难地段,可利用沿线的集中取土坑或专门设置蒸发池排除地表水。

蒸发池与路基边沟(或排水沟)间应设排水沟连接。蒸发池边缘与路基边沟距离不应小于 5m,面积较大的蒸发池不得小于 20m。池中水位应低于排水沟的沟底。

蒸发池的容量应以一个月内路基汇流入池中的雨水能及时完成渗透与蒸发作为设计依据。每个蒸发池的容水量不宜超过 300m³,蓄水深度不应大于 2.0m。蒸发池的设置不应使附近地面形成盐渍化或沼泽化。

10.2.2 路面表面排水

路面表面排水的主要任务是迅速把降落在路面和路肩表面的降水排走,以免造成路面积水而影响行车安全。路面表面排水设计应遵循下列原则:

(1)降落在路面上的雨水,应通过路面横向坡度向两侧排流,避免行车道路路面范围内出现积水。

(2)在路线纵坡平缓、汇水量不大、路堤较低且边坡坡面不会受到冲刷的情况下,应采用在路堤边坡上横向漫流的方式排除路面表面水。

(3)在路堤较高、边坡坡面未做防护而易遭受路面表面水流冲刷,或者坡面虽已采取防护措施但仍有可能受到冲刷时,应沿路肩外侧边缘设置拦水带,汇集路面表面水,然后通过泄水口和急流槽排离路堤。

(4)设置拦水带汇集路面表面水时,拦水带过水断面内的水面,在高速公路及一级公路上不得漫过右侧车道外边缘,在二级及二级以下公路上不得漫过右侧车道中心线。

由于修筑拦水带和急流槽需增加工程投资,因而,须对投资的经济性进行分析和比较,分析是采用有效的坡面防护措施而不设拦水带和急流槽经济,还是修筑拦水带和急流槽而降低对坡面防护工程的要求合算。

拦水带可由沥青混合料现场铺筑,或者由水泥混凝土预制块铺砌而成。采用水泥混凝土预制块拦水带时,应避免预制块影响路面内部水的排泄。拦水带的泄水口可设置成开口(喇叭口)式。设在纵坡坡段上的泄水口为提高泄水能力,宜做成不对称的喇叭口,并在硬路肩边缘的外侧设置逐渐变宽的低凹区。

10.2.3 中央分隔带排水

中央分隔带排水是高速公路及一级公路地表排水的重要内容,应根据分隔带宽度、绿化和交通安全设施的形式、分隔带表面的处理方式等因素选择不同的排水方式。我国现行《公路排水设计规范》(JTG/T D33)对中央分隔带排水要求如下:

中央分隔带表面未采用铺面封闭,分隔带内部宜设置由防水层、纵向排水渗沟、集水槽和横向排水管等组成的防排水系统,如图10-18所示。宽度大于3m的中央分隔带表面宜设置成浅碟形,横向坡度宜为$1:4 \sim 1:6$。

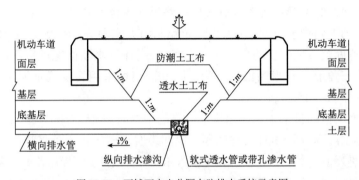

图10-18 不铺面中央分隔布防排水系统示意图

宽度小于3m且表面采用铺面封闭的中央分隔带排水,降落在分隔带上的表面水排向两侧行车道，其坡度与路面的横坡度相同；在超高路段上，可在分隔带上侧边缘处设置路缘石或泄水口，或者在分隔带内设置缝隙式圆形集水管或碟形混凝土浅沟和泄水口（图10-19），以拦截和排泄上侧半幅路面的表面水。

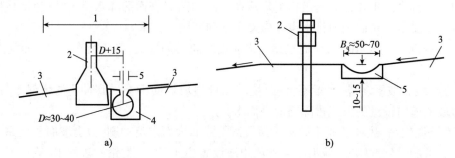

图10-19　超高路段上设置缝隙式圆形集水管或碟形混凝土浅沟（尺寸单位：cm）
a）缝隙式圆形集水管；b）碟形混凝土浅沟
1-中央分隔带；2-护栏；3-铺面；4-缝隙式圆形集水管；5-碟形混凝土浅沟

中央分隔带排水渗沟宜设置在通信管道之下，渗沟顶面与回填土之间设置反滤层，渗沟两侧及底面应设置防水层。宜采用管式渗沟，渗沟材料及设计应符合路界地下排水相关规定。横向排水管宜采用直径为100～200mm的塑料管。

降雨量较小、中央分隔带较窄时，中央分隔带可采用表面铺面封闭分散排水。分隔带铺面应采用两侧外倾的横坡，坡度宜与路面横坡相同，铺面材料可采用沥青处治材料或其他封闭材料，如图10-20所示。

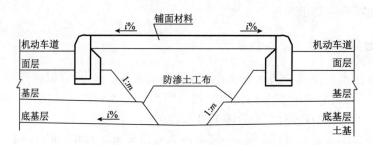

图10-20　设铺面中央分隔布防排水系统示意图

分隔带宽度大于3m且未采用铺面封闭时，应通过内倾的横向坡度使表面水流向分隔带中央的低凹处，并通过纵坡排流到泄水口或横穿路界的桥涵水道中。分隔带的横向坡度不得陡于1:6；分隔带的纵向排水坡度，在过水断面无铺面时不得缓于0.25%，有铺面时不得缓于0.12%。当水流速度超过地面土的最大允许流速时，应在过水断面宽度范围内对地面土进行防冲刷处理，做成三角形或U形断面的水沟。防冲刷层可采用石灰或水泥稳定土，或者采用浆砌片石铺砌，层厚10～15cm。

多雨地区表面无铺面且未采用表面排水措施的中央分隔带，为排除渗入分隔带内的表面水，可设置纵向排水渗沟（图10-21），并间隔一定间距通过横向排水管将渗沟内的水排引出路界。渗沟周围包裹反滤织物（土工布），以免渗入水携带的细粒将渗沟堵塞。渗沟上的回填料与路面结构的交界面铺涂双层沥青的土工布隔渗层。排水管可采用直径70～150mm的塑料管。中央分隔带回填土与路面结构之间应设置防水层。

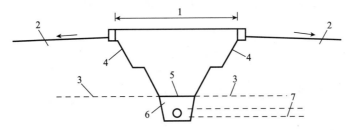

图 10-21 中央分隔带下设排水沟示意图
1-中央分隔带;2-路面;3-路床顶面;4-隔渗层;5-反滤织物;6-渗沟;7-横向排水管

10.3 路界地下排水

路基及边坡土体中的上层滞水,或埋藏很浅的潜水称为地下水。当地下水影响路基强度或边坡稳定时,应设置暗沟(管)、渗沟和检查井等地下排水设施。

常用的路基地下排水设备有盲沟、渗沟、渗水隧洞和渗井等,其特点是排水量不大,主要是以渗流方式汇集水流,并就近排出路基范围以外。对于流量较大的地下水,应设置专用地下管道予以排除。

由于地下排水设备埋置在地面以下,不易维修,在路基建成后又难以查明失效情况,因此要求地下排水设备牢固有效。

1) 暗沟

相对于地面排水的明沟而言,暗沟又称盲沟,属隐蔽工程。从盲沟的构造特点出发,由于沟内分层填以大小不同的颗粒材料,利用渗水材料透水性将地下水汇集于沟内,并沿沟排泄至指定地点,此种构造相对于管道流水而言,习惯上称为盲沟,在水力特性上属于紊流。

图 10-22 为一侧边沟下面所设的盲沟,用以拦截流向路基的层间水,防止路基边坡滑塌和毛细水上升危及路基的强度和稳定性。

图 10-23 是路基两侧边沟下面均设盲沟,用以降低地下水位,防止毛细水上升至路基工作区范围内,形成水分积聚而造成冻胀和翻浆或路基过湿而降低强度等。

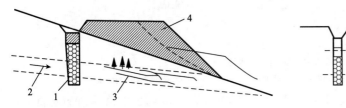

图 10-22 一侧边沟下设盲沟
1-盲沟;2-层间水;3-毛细水;4-可能滑坡线

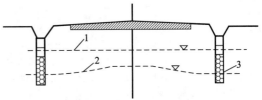

图 10-23 两侧边沟下设盲沟
1-原地下水位;2-降低后地下水位;3-盲沟

图 10-24 是设在路基挖方与填方交界处的横向盲沟,用以拦截和排除路堑下面层间水或小股泉水,保持路堤填土不受水害。

以上所述的盲沟,沟槽内全部填满颗粒材料,可以理解为简易盲沟,其构造比较简单,横断面成矩形,亦可做成上宽下窄的梯形,沟壁倾斜度约 1:0.2,底宽 b 与深度 h 大致为 1:3,深 1.0~1.5m,底宽 0.3~0.5m。盲沟的底部中间填以粒径较大 3~5cm 的碎石,其空隙较大,水可在空隙中流动。粗粒碎石两侧和上部,按一定比例分层(层厚约 10cm)填以较细粒径的粒料,逐层粒径比例大致按6倍递减。盲沟顶部和底面,一般设有厚30cm以上的不透水层或顶部设有双层反铺草皮。

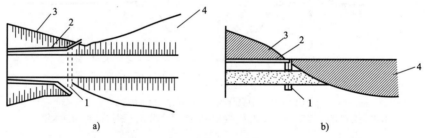

图 10-24 挖填交界处横向盲沟
a) 平面;b) 纵剖面
1-盲沟;2-边沟;3-路堑;4-路堤

简易盲沟的排水能力较小,不宜过长,沟底具有1%～2%的纵坡,出水口底面高程应高出沟外最高水位20cm,以防水流倒渗。

寒冷地区的暗沟,应做防冻保温处理或将暗沟设在冻结深度以下。

2) 渗沟

采用渗透方式将地下水汇集于沟内,并通过沟底通道将水排至指定地点,此种地下排水设备统称为渗沟,它的作用是降低地下水位或拦截地下水,其水力特性是紊流,但在构造上与上述简易盲沟有所不同。

渗沟有三种结构形式,如图10-25所示。

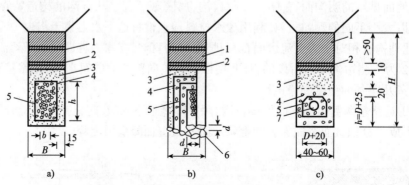

图 10-25 渗沟结构形式(尺寸单位:cm)
a) 盲沟式;b) 渗洞;c) 渗水隧洞
1-黏土夯实;2-双层反铺草皮;3-粗砂;4-石屑;5-碎石;6-浆砌片石沟洞;7-预制混凝土管

盲沟式渗沟与上述简易盲沟相似,但构造更为完善,当地下水流量较大,要求埋置更深时,可在沟底设洞或管,前者称为渗洞,后者称为渗水隧洞。渗沟的位置与作用,视地下排水的需要而定,大致与图10-22～图10-24所示的简易盲沟相仿,但沟的尺寸更大,埋置更深,而且要进行水力计算确定尺寸。公路路基中,浅埋的渗沟在2～3m以内,深埋时可达6m以上。

渗沟底部设洞或管,底部结构相当于顶部可以渗水的涵洞。图10-26是洞式渗沟结构图例之一,其洞宽b约20cm,高20～30cm;盖板用条石或混凝土预制板;板长约为$2b$,板厚$P>$15cm,并预留渗水孔,以便渗入沟内的水汇集于洞内排出。洞身要求埋入不透水层内,如果地基软弱还应铺设砂石基础;洞身埋在透水层中时,必要时在两侧和底部加设隔水层,以达到排水的目的。洞底设置不小于0.5%的纵坡,使集水通畅排出。

当排除地下水的流量更大或排水距离较长时,可考虑采用管式渗沟。渗沟底部埋设的管道,一般为陶土或混凝土的预制管,管壁上半部留有渗水孔,渗水孔交错排列,设于边沟下的管式渗沟,如图10-27所示。管的内径D由水力计算而定,一般为0.4~0.6m,管底设基座。对于冰冻地区,为防止冻结阻塞,除管道埋在冰冻线以下外,必要时应采取保温措施,管径亦宜较大一些。

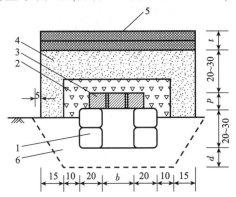
图10-26 洞式渗沟结构示意图(尺寸单位:cm)
1-浆砌块石;2-碎砾石;3-盖板;4-砂;5-双层反铺草皮或土工布;6-基础

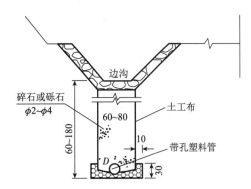
图10-27 管式渗沟(尺寸单位:cm)

3)渗井

渗井属于立式地下排水设备,当地下存在多层含水层,其中影响路基的上部含水层较薄,排水量不大,且平式渗沟难以布置时,可采用立式(竖向)排水,设置渗井,穿过不透水层,将路基范围内的上层地下水,引入更深的含水层中去,以降低上层的地下水位或全部予以排除。图10-28为圆形渗井的结构与布置图例。

渗井的平面布置以及孔径与渗水量,按水力计算而定,一般为直径1.0~1.5m的圆柱形,亦可是边长为1.0~1.5m的方形。井深视地层构造情况而定,井内由中心向四周,按层次分别填入由粗到细的砂石材料,粗料渗水、细料反滤。填充料要求筛分冲洗,施工时需用铁皮套筒分隔,填入不同粒径的材料,并要求层次分明,不得粗细材料混杂,以保证渗井达到预期排水效果。

鉴于渗井施工不易,单位渗水面积的造价高于渗沟,一般尽量少用。有时,因路基含水率较大,严重影响路基、路面的强度,其他地下排水设备不易布置,其他技术措施如隔离层的造价较高,此时渗井可作为技术措施之一进行设计比选,合适时有条件地选用。

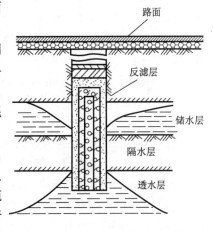
图10-28 圆形渗井结构与布置图例

10.4 路面内部排水设计

降落在路面表面的雨水,会通过路面裂缝、松散等病害处或者沥青路面面层孔隙渗入路面结构内部。此外,道路两侧有滞水时,水分也可能侧向渗入路面结构内部。因此,必须重视路面结构内部排水。路面内部排水系统的设计通常需满足三方面的要求:一是各项设施应具有足够的泄水能力,排除渗入路面结构内的自由水;二是自由水在路面结构内的渗流路径和渗流时间不能太长;三是排水设施要有较好的耐久性。

10.4.1　路面内部排水

水可以通过路面裂缝、路面表面和路肩渗入路面,或是由高水位地下水、截断的含水层和泉水进入路面结构,被围封在路面结构内的水分产生的有害影响可归纳如下:

(1)浸湿各结构层材料和路基土,易造成无黏结粒状材料和地基土的强度降低。

(2)使混凝土路面产生唧泥,随之出现错台、开裂和整个路肩破坏。

(3)进入空隙的自由水在行车荷载的作用下,会形成高孔隙水压力和高流速的水流,引起路面基层的细颗粒产生唧泥,结果使其失去支承。

(4)冰冻深度大于路面厚度时,高地下水位会造成冻胀,并在冻融期间降低承载能力。

(5)水使冻胀土产生不均匀冻胀。

(6)与水经常接触将使沥青混合料剥落,影响沥青混合料耐久性和产生龟裂。

大量的路面损坏状况调查和路面使用经验表明,进入路面结构内的自由水是造成或加速路面损坏的重要原因。国外的一些对比分析和试验段观察结果表明,设有排水基层的路面,其使用寿命要比未设的提高30%(沥青路面)和50%(水泥混凝土路面)左右。因而,采用内部排水设施所增加的资金投入,可以很快从路面使用性能的提高、使用寿命的增加和养护工作的减少中得到补偿。

美国在20世纪60年代末和70年代初通过调查和经验总结,认识到路面内部排水的重要性,在1973年便由联邦公路局组织制订了路面结构内部排水系统设计指南,以引导和推动公路部门采用路面内部排水措施。到1996年,经过10余年的使用经验和研究成果的积累,又进一步在AASHTO路面结构设计指南中,把排除渗入路面结构内水分所需的时间和一年内路面结构处于水饱和状态的时间比例作为指标,在路面设计中作为一项设计因素予以考虑。目前在美国,路面内部排水系统已成为一项常用的措施,一些州的路面通用结构断面中也作了相应的规定。

我国《公路排水设计规范》(JTG/T D33—2012)建议遇有下列情况时,应设置路面内部排水系统:

(1)年降水量为600mm以上的湿润和多雨地区,路床由渗透系数不大于10^{-4}mm/s的细粒土填筑的高速公路、一级公路或重要的二级公路。

(2)路基两侧有滞水,可能渗入路面结构内。

(3)重冰冻地区,路床为粉性土的潮湿路段。

(4)现有路面改建或改善工程,需排除积滞在路面结构内的水分。

同时规定,路面内部排水系统设计应符合下列要求:

(1)路面内部排水系统中各种排水设施的设计排泄量均应不小于路面表面水渗入量的2倍,下游排水设施的泄水能力应超过上游排水设施的泄水能力。

(2)系统的排水功能不应随时间很快降低。

(3)排水设施应避免被从路面结构、路基或路肩中带来的渗流细料堵塞。

10.4.2　路面边缘排水系统

路面边缘排水系统是沿路面边缘设置的,由透水性填料集水沟、纵向排水沟、横向出水管和过滤织物组成的排水系统。该系统将渗入路面结构内的自由水,先沿路面结构层间空隙或某一透水层横向流入纵向集水沟和排水管,再由横向出水管排引出路基。这种排水系统常用于基层透水性小的水泥混凝土路面,特别是用于改善排水状况不良的旧水泥混凝土路面。水泥混凝土面层板的边缘和角隅处,由于温度和湿度梯度引起的翘曲变形作用以及地基的沉降变形,常出现板底面同基层顶面脱空的现象。下渗的路表水易积聚在这些脱空内,促使出现唧泥和错台等损坏。设置边缘排水系统,便于将面层-基-肩界面处积滞的自由水排离路面结构。而对于排水状况不良的旧水泥混凝土路面,采用边缘排水设施方案,可以在不改变原路面结构的情况下改善其排水状况,从而提高原路面的使用性能和使用寿命。然而,自由水在路面结构层内沿层间渗流的速率要比向下渗流的速率慢许多倍,并且部分自由水仍有可能被阻封在路面结构内,因而,边缘排水系统的渗流时间较长,路面结构处于潮湿状态的时间要比下面将要介绍的排水基层排水系统长许多。路面边缘排水系统的常用形式如图10-29所示。

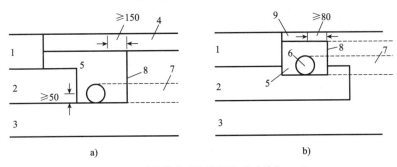

图10-29 边缘排水系统示意图(尺寸单位:mm)
a)新建路面;b)改建路面
1-面层;2-基层;3-垫层;4-路肩面层;5-集水沟;6-排水管;7-出水管;8-反滤织物;9-回填路肩面层

纵向排水管宜选用聚氯乙烯(PVC)或聚乙烯(PE)塑料管。排水管设3排槽口或孔口,其开口总面积不小于$42cm^2$/延米。管径按设计流量由水力计算确定,通常在70~150mm范围内选用。排水管的埋设深度,应保证不被车辆或施工机械压裂,并应超过当地的冰冻深度,在非冰冻地区,新建路面时,排水管管底通常与基层底面齐平;改建路面时,管中心应低于基层顶面。排水管的纵向坡度宜与路线纵坡相同,但不宜小于0.3%。

横向出水管选用不带槽或孔的聚氯乙烯塑料管,管径不小于纵向排水管。其间距和安全位置由水力计算并考虑邻近地面高程和公路纵横断面情况确定。出水管的横向坡度不宜小于5%。埋设出水管应采用反开槽法,用低透水材料回填。出水管的外露端头应采取用镀锌铁丝网或格栅罩住等措施。出水口的下方应铺设水泥混凝土防冲刷垫板或者对泄水道的坡面进行浆砌片石防护等措施,以防止水流冲刷路基边坡。出水水流应尽可能排引至排水沟或涵洞内。

透水性填料由水泥处治开级配粗集料组成,其空隙率为15%~20%。粗集料最大粒径不大于40mm,粒径4.75mm以下的细粒含量不应超过16%,2.36mm以下的细粒含量不应超过6%。为避免带孔排水管被堵塞,透水性填料在通过率为85%时的粒径应比排水管槽口宽或孔口直径大1.0~1.2倍。水泥处治集料的配合比,应按透水性要求和施工要求通过试配确定。

对新建路面,集水沟底面的最小宽度不应小于30cm;对改建路面,应能保证排水管两侧各有至少5cm宽的透水填料。透水填料的底面和外侧用反滤织物(土工布)包裹,以防垫层、基层和路肩内的细粒侵入而堵塞填料空隙或管孔。反滤织物可选用由聚酯类、尼龙或聚丙烯材料制成的无纺织物,能透水,但细粒土不能随水透过。

10.4.3 排水基层的排水系统

根据路基路面排水系统设计需要,可以设计排水基层或排水垫层。排水基层位于路面结构面层以下,排水垫层位于路基顶面。

1) 排水基层

基层排水系统是直接在面层下设置透水性排水基层，在其边缘设置纵向集水沟和排水管以及横向出水管等，组成排水基层排水系统（图10-30），采用透水性材料做基层，使渗入路面结构内的水分，先通过竖向渗流进入排水层，然后横向渗流进入纵向集水和排水管，再由横向出水管排引出路基。这种排水系统，由于自由水进入排水层的渗流路径短，在透水性材料中渗流的速率快，其排水效果要比边缘排水系统好得多。一般在新建路面时采用此方案。排水基层设在面层下，作为路面结构的基层或基层的一部分，共同承受车辆荷载的作用。

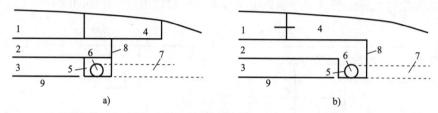

图10-30 排水基层排水系统
1-面层；2-排水基层；3-不透水垫层；4-路肩面层或水泥混凝土路肩面层；5-集水沟；6-排水管；7-出水管；8-反滤织物；9-路基

排水基层也可采用横贯路基整个宽度的形式，不设纵向集水沟和排水管以及横向出水管。渗入排水层内的自由水，横向渗流，直接排泄到路基坡面外。这种形式便于施工，但其主要缺点是排水基层在坡面出口处易生长杂草或被其他杂物堵塞，从而在使用几年后便不再能排泄渗入水，而集中积滞在排水层内的自由水反而使路面结构，特别是路肩部分，更易出现损坏。

在一些特殊地段，如连续长纵坡坡段、曲线超高过渡段和凹形竖曲线段等，排水层内渗流的自由水有可能被堵封或者渗流路径超过 45~60m。在这些地段，应增设横向排水管以拦截水流，缩短渗流长度。

排水基层的透水性材料可以采用经水泥或沥青处治，或者未经处治的开级配碎石材料。未处治碎石集料的透水性一般要比水泥或沥青处治的碎石集料的透水性低，其渗透系数大致变动于 60~1000m/d 范围内。而水泥或沥青处治碎石集料的渗透系数则大致在 1000~6000m/d 范围内，其中沥青处治碎石的透水性略高于水泥处治碎石的透水性。未经水泥或沥青处治的碎石集料，在施工摊铺时易出现离析，在碾压时不易压实稳定，并且易在施工机械行驶下出现推移变形，因而一般情况下不建议作为排水基层。用作水泥混凝土面层的排水基层时，宜采用水泥处治开级配碎石集料，其最大公称粒径宜为19mm。而用作沥青面层的排水基层时，则宜采用沥青处治碎石集料，最大公称粒径宜为16mm 材料的透水性同集料的颗粒组成情况有关，空隙率大的组成材料，其渗透系数也大，需通过透水试验确定。表10-3列出了国外一些未处治和水泥、沥青处治集料排水基层的集料级配情况及相应的渗透系数。

未处治和水泥、沥青处治集料排水基层的集料级配与渗透系数　　　　表10-3

材料类型		通过下列方筛孔（mm）百分率（%）									渗透系数（m/d）
		37.5	25	19	12.5	9.5	4.75	2.36	1.18	0.3	0.075	
未处治集料	①	100	95~100	—	25~60	—	0~10	0~5	—	—	0~2	6000
	②	—	100	90~100	—	20~55	0~10	0~5	—	—	—	5400
	③	—	95~100	—	60~80	—	40~55	5~25	—	—	—	600
	④	—	—	—	—	0~90	—	0~8	—	—	—	300

续上表

材料类型		通过下列方筛孔(mm)百分率(%)									渗透系数 (m/d)
		37.5	25	19	12.5	9.5	4.75	2.36	1.18	0.3	0.075	
水泥处治	①	100	88~100	52~85	—	15~38	0~16	0~6	—	—	—	1200
	②	100	95~100	—	25~60	—	0~10	0~5	—	—	0~2	6000
沥青处治	①	100	90~100	35~65	20~45	0~10	0~5	—	—	0~2	0~2	4500
	②	100	50~100	—	15~85	0~5	—	—	—	—	—	

纵向集水沟布置在路面横坡的下方。行车道路面采用双向坡路拱时，在路面两侧都设置纵向集水沟。集水沟的内侧边缘可设在行车道面层边缘处，但有时为了避免排水管被面层施工机械压裂，或者避免路肩铺面受集水沟沉降变形的影响，将集水沟向外侧移出 60~90cm。路肩采用水泥混凝土铺面时，集水沟内侧边缘可外移到路肩面层边缘处。

排水基层下必须设置不透水垫层或反滤层，以防止表面水渗入垫层浸湿垫层和路基，同时防止垫层或路基土中的细粒进入排水基层而造成堵塞。

2）排水垫层

位于路基顶面的排水垫层按路基全宽设在其顶面，厚度不宜小于15cm。路基中的自由水上移到排水垫层内后，向两侧横向渗流。路基为路堤时，水向路基坡面外排流；路基为路堑或半路堑时，挖方坡脚处须设置纵向集水沟、排水管和横向排水管。排水垫层排水系统示意图如图10-31所示。

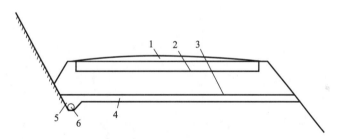

图10-31 排水垫层排水系统示意图
1-面层；2-基层；3-垫层；4-排水垫层；5-集水沟；6-排水管

练习

1. 简述路基路面排水设计的任务。
2. 简述路基水的来源和水对路基的影响。
3. 简述路基路面排水设计的主要内容。
4. 简述路基地表排水的设施有哪些及作用。
5. 简述常用的路基地下排水设备及其作用。
6. 简述路面内部排水系统的设计需要满足哪些要求。

讨论1：水可以通过路面裂缝、路面表面和路肩渗入路面，或是由高水位地下水、截断的含水层和泉水进入路面结构。请讨论被围封在路面结构内的水分产生的影响有哪些。

讨论2：水是危害公路的主要自然因素。水的作用加剧了路基和路面结构的损坏，加快了路面使用性能的变坏，缩短了使用寿命。请讨论路基路面排水设计的一般原则。

第 11 章 路基路面养护与管理

【本章提要】

本章介绍了路基路面养护的基本概念和养护方法,重点讲述了路基和路面技术状况评价和养护方法、公路养护决策和路面管理系统的基本概念,概述了路面管理系统数据库的组成以及公路技术状况一般预测方法。

【学习要求】

通过学习本章内容,了解路面管理系统数据库应包含的内容以及公路技术状况的一般预测方法;理解我国现行规范中路基路面养护方法、公路养护决策和路面管理系统的基本概念和基本内容;掌握路基及沥青路面的技术状况评定方法。

11.1 概述

道路作为主要的交通基础设施,影响着社会和经济的发展,保证道路处于良好的运营状态和服务水平对国家经济建设和发展具有重要的意义。目前,我国公路行业已经从大规模建设阶段逐步过渡到建养并重的阶段。道路的养护与管理已经纳入公路标准体系。如何采用科学合理的养护技术,优化道路养护管理,延长道路的使用寿命,已经引起了行业内的高度重视。

道路建成后,早期路面状况良好,随着道路服役时间增长,道路使用性能逐渐下降。同时,道路结构的各种病害逐渐出现并日益严重。早期养护工作主要以预防性养护为主,而当路面病害发展到一定阶段或者路面结构承载能力大幅下降时,则需要考虑采取功能性修复、结构性修复等养护手段来恢复路面的技术状况。

11.2 公路技术状况评价体系

在制定公路养护计划之前,需要对公路技术状况进行评价,以便掌握公路设施所处技术状态,为制订合理的养护方案提供依据。为了客观全面地评定公路状况,促进公路技术状况检测评定工作的科学化和规范化,指导我国公路养护管理工作,提升公路养护管理水平,我国制定了《公路技术状况评定标准》(JTG 5210—2018),规定了公路技术状况的评价方法、指标体系、计算模型等内容。

11.2.1 评价指标

《公路技术状况评定标准》(JTG 5210—2018)中指出,公路技术状况评定应采用公路技术状况指数 MQI 和相应分项指标:路基技术状况指数 SCI、路面技术状况指数 PQI、桥隧构造物技术状况指数 BCI 和沿线设施技术状况指数 TCI。其中,路面技术状况指数 PQI 的分项指标包括:路面损坏状况指数 PCI、路面行驶质量指数 RQI、路面车辙深度指数 RDI、路面跳车指数 PBI、路面磨耗指数 PWI、路面抗滑性能指数 SRI 和路面结构强度指数 PSSI。MQI 和相应分项指标的值域为 0~100。公路技术状况指标体系如图 11-1 所示。

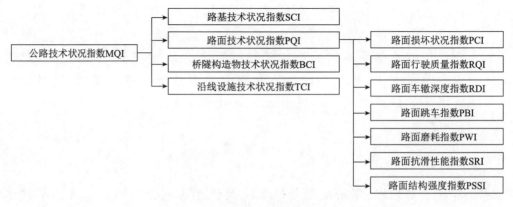

图 11-1　公路技术状况指标体系

MQI——公路技术状况指数(Highway Maintenance Quality Indicator);
SCI——路基技术状况指数(Subgrade Condition Index);
PQI——路面技术状况指数(Pavement Maintenance Quality Index);
BCI——桥隧构造物技术状况指数(Bridge, Tunnel and Culvert Condition Index);
TCI——沿线设施技术状况指数(Traffic Facility Condition Index);
PCI——路面损坏状况指数(Pavement Surface Condition Index);
RQI——路面行驶质量指数(Pavement Riding Quality Index);
RDI——路面车辙深度指数(Pavement Rutting Depth Index);
PBI——路面跳车指数(Pavement Bumping Index);
PWI——路面磨耗指数(Pavement Surface Wearing Index);
SRI——路面抗滑性能指数(Pavement Skidding Resistance Index);
PSSI——路面结构强度指数(Pavement Structure Strength Index)。

11.2.2 公路技术状况评定等级

根据公路技术状况指数以及各个分项指标值,将技术状况分为优、良、中、次、差五个等级。具体划分标准见表 11-1。

公路技术状况以及分项指标等级划分标准　　　　表 11-1

评定指标	优	良	中	次	差
MQI	≥90	≥80，<90	≥70，<80	≥60，<70	<60
SCI、PQI、BCI、TCI	≥90	≥80，<90	≥70，<80	≥60，<70	<60
PCI、RQI、RDI、PBI、PWI、SRI、PSSI	≥90	≥80，<90	≥70，<80	≥60，<70	<60

注：1. 高速公路路面损坏状况指数 PCI 等级划分标准，"优"应为 PCI≥92，"良"应为 80≤PCI<92，其他保持不变。
　　2. 水泥混凝土路面行驶质量指数 RQI 等级划分标准，"优"应为 RQI≥88，"良"应为 80≤RQI<88，其他保持不变。

11.2.3　检测指标及频率

针对公路技术状况指数以及各个分项指标进行评定时，需要对其进行相应的检测和调查。公路技术状况检测与调查应包括路基、路面、桥隧构造物和沿线设施四部分内容。

一般地，公路技术状况检测与调查应以 1000m 路段长度为基本单元，对于高等级公路应该按照上行（桩号递增方向）和下行（桩号递减方向）两个方向分别实施，二、三、四级公路可不分上下行检测与调查。对于路基路面工程，公路技术状况检测与调查的频率应按照表 11-2 的规定执行。

公路技术状况检测与调查频率　　　　表 11-2

检测与调查内容		沥青路面		水泥混凝土路面	
		高速公路、一级公路	二、三、四级公路	高速公路、一级公路	二、三、四级公路
路面 PQI	路面损坏	1 年 1 次	1 年 1 次	1 年 1 次	1 年 1 次
	路面平整度	1 年 1 次	1 年 1 次	1 年 1 次	1 年 1 次
	路面车辙	1 年 1 次	—	—	—
	路面跳车	—	—	1 年 1 次	—
	路面磨耗	1 年 1 次	—	1 年 1 次	—
	路面抗滑性能	2 年 1 次	—	2 年 1 次	—
	路面结构强度	抽样检测	抽样检测		
路基 SCI		1 年 1 次			
桥隧构造物 BCI		按现行标准规范的有关规定执行			
沿线设施 TCI		1 年 1 次			

注：1. 路面结构强度为抽样检测指标，抽样检测的路线和路段应按照养护管理需要确定，最低抽样比例不得低于公路网列养里程的 20%。
　　2. 路面磨耗和路面抗滑性能为二选一指标，在检测与调查中可二选一。

11.3　路基技术状况评价与养护

11.3.1　路基技术状况评价

路基养护评价指标体系是由公路路基养护质量及其使用性能的评价指标构成，用于对公路路基的整体性能作初步评价，为养护管理提供依据，指导养护管理工作。评价指标的选择要能充分地反映路基的特性，反映路基的客观信息和养护质量。

《公路技术状况评定标准》(JTG 5210—2018)将路基损坏分为7类,分别是路肩损坏、边坡坍塌、水毁冲沟、路基构造物损坏、路缘石缺损、路基沉降、排水不畅。根据各类损坏的严重程度进行分类并赋予不同权重,见表11-3。路基技术状况应采用路基技术状况指数SCI评定,SCI应按式(11-1)计算。

$$\mathrm{SCI} = \sum_{i=1}^{i_0} \omega_i (100 - \mathrm{GD}_{i\mathrm{SCI}}) \tag{11-1}$$

式中:$\mathrm{GD}_{i\mathrm{SCI}}$——第$i$类路基损坏的累积扣分,最高扣分为100,按表11-3的规定计算;

ω_i——第i类路基损坏的权重,按照表11-3的规定取值;

i——路基损坏类型;

i_0——路基损坏类型总数,取7。

路基损坏扣分标准　　　　　表11-3

类型i	损坏名称	损坏程度	计量单位	单位扣分	权重(ω_i)	备注
1	路肩损坏	轻	m²	1	0.10	
		重		2		
2	边坡坍塌	轻	处	20	0.25	边坡坍塌为重度且影响交通安全时,该评定单元MQI值应取0
		中		50		
		重		100		
3	水毁冲沟	轻	处	20	0.15	—
		中		30		
		重		50		
4	路基构造物损坏	轻	处	20	0.10	路基构造物损坏为重度时,该评定单元的SCI值应取0
		中		50		
		重		100		
5	路缘石缺损	—	m	4	0.05	
6	路基沉降	轻	处	20	0.25	
		中		30		
		重		50		
7	排水不畅	轻	处	20	0.10	
		中		50		
		重		100		

11.3.2 路基的养护与质量要求

为了保证路基的坚实稳定,排水畅通,使各部分尺寸和坡度符合规定,及时消除不稳定因素,保证路基处于良好的技术状况,应对路基进行及时的养护、维修与改善。路基的养护工作需紧紧围绕基高度、路基宽度、路基边坡及排水和防护工程等几方面进行。根据《公路路基养护技术规范》(JTG 5150—2020)的相关规定,路基的养护工作主要内容与质量要求见表11-4。

表 11-4 路基损坏扣分标准

序号	路基养护内容	质量要求
1	路肩养护	①表面密实平整、清洁、无杂物、无杂草。 ②路肩宽度符合设计要求,边缘顺直、无缺损。 ③横坡符合设计要求,与路面衔接平顺,不阻挡路面排水。 ④路缘石完好、无缺损
2	路堤与路床养护	①无明显不均匀沉陷。 ②无开裂滑移。 ③无冻胀、无翻浆
3	边坡养护	①坡面平整,无冲沟、无松散、无杂物。 ②坡度符合设计要求。 ③边坡稳定
4	既有防护及支挡结构物养护	①无沉陷、无开裂、无移位,沉降缝、伸缩缝完好。 ②表面平整、无脱空。 ③排水孔无堵塞、无损坏
5	排水设施养护	①无杂物、无淤塞、无冲刷。 ②纵坡适度、排水畅通。 ③进出口状况完好、无积水

11.4 沥青路面技术状况评价与养护

11.4.1 沥青路面技术状况评定

沥青路面技术状况评定包括路面损坏、路面平整度、路面车辙、路面跳车、路面磨耗、路面抗滑性能和路面结构强度七项内容。通过赋予每个评定项目不同的权重,最终计算沥青路面技术状况指数 PQI。具体计算过程参考《公路技术状况评定标准》(JTG 5210—2018)。其中沥青路面破损状况指数 PCI 的计算过程相对复杂,现对其进行详细介绍。沥青路面损坏状况指数 PCI 应按式(11-2)和式(11-3)计算。

$$\text{PCI} = 100 - a_0 \text{DR}^{a_1} \tag{11-2}$$

$$\text{DR} = 100 \times \frac{\sum_{i=1}^{i_0} \omega_i A_i}{A} i_0 \tag{11-3}$$

式中:DR——路面破损率(%);

a_0——取 15.00;

a_1——取 0.412;

A_i——第 i 类路面损坏的累计面积(m^2);

A——路面检测或调查面积(m^2);

ω_i——第 i 类路面损坏的权重或换算系数,见表 11-5;

i——路面损坏类型,包括损坏程度(轻、中、重);

i_0——损坏类型总数,取 21。

沥青路面损坏类型、权重及换算系数　　　　表11-5

类型 i	损坏名称	损坏程度	计量单位（m²）	权重 ω_i（人工调查）	换算系数 ω_i（自动化检测）
1	龟裂	轻	面积	0.6	1.0
2		中		0.8	
3		重		1.0	
4	块状裂缝	轻	面积	0.6	1.0
5		重		0.8	
6	纵向裂缝	轻	长度×0.2m	0.6	2.0
7		重		1.0	
8	横向裂缝	轻	长度×0.2m	0.6	2.0
9		重		1.0	
10	沉陷	轻	面积	0.6	1.0
11		重		1.0	
12	车辙	轻	长度×0.4m	0.6	—
13		重		1.0	
14	波浪拥包	轻	面积	0.6	1.0
15		重		1.0	
16	坑槽	轻	面积	0.8	1.0
17		重		1.0	
18	松散	轻	面积	0.6	1.0
19		重		1.0	
20	泛油		面积	0.2	0.2
21	修补		面积或长度×0.2m	0.1	0.1(0.2)

注：1. 人工调查时，应将条状修补的调查长度(m)乘以影响宽度(0.2m)换算成面积。
　　2. 自动化检测时，块状修补的换算系数 ω_i 为0.1，条状修补的换算系数 ω_i 为0.2。

11.4.2　沥青路面养护

《公路沥青路面养护技术规范》(JTG 5142—2019)规定了沥青路面养护的基本要求，提出了养护管理与养护质量要求，明确了预防性养护、修复养护和应急养护的概念以及适用条件，并针对各种病害规定了具体的处治方法。当完成道路病害调查，掌握了路基路面技术状况基础数据后，为了精细化养护工程管理，应进行路面养护工程设计。沥青路面养护工程设计的内容主要包括病害诊断与养护对策选择、技术设计以及施工图设计。

沥青路面的养护设计应包括调查与评价、病害诊断与养护对策选择、技术设计和施工图设计等内容。根据养护目的和养护对象确定养护类型，各等级的沥青路面的养护类型通常可分为预防性养护和修复性养护。预防性养护是针对路面整体性能良好但有轻微病害，为延缓性能过快衰减、延长使用寿命而预先采取的主动防护工程；修复性养护是指在沥青路面出现明显病害或部分丧失服务功能的情况下，为恢复路面技术状况而进行的修复性养护工程，可进一步分为功能性修复和结构性修复两类。在获得沥青路面技术状况评定结果后,应结合养护目标、设计年限等调查资料,具体流程应按图11-2进行。

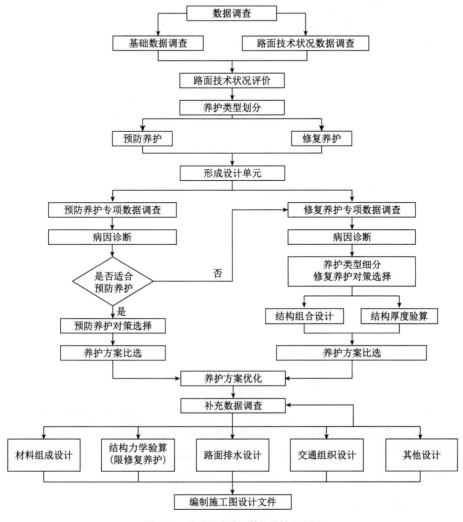

图11-2 公路沥青路面养护设计流程图

11.5 水泥混凝土路面技术状况评价与养护

11.5.1 水泥混凝土路面技术状况评定

水泥混凝土路面技术状况评定过程和方法与沥青路面基本相同,不同之处在于评定内容与PCI计算等式中的标定参数存在差异,应结合我国现行《公路技术状况评定标准》(JTG 5210)和《公路水泥混凝土路面养护技术规范》(JTJ 073.1)中相关方法,进行水泥混凝土路面技术状况评定。

11.5.2 水泥混凝土路面养护

水泥混凝土路面使用寿命的长短,除了与施工质量有关外,在很大程度上受养护质量的影响。水泥混凝土路面作为高级路面，虽然具有使用周期长、耐久性好的特点，然而一旦开始破坏，其破坏就会快速发展，且修补困难。因此，应发现存在的问题和缺陷，查清原因，做好预防性、经常性养护，清除障碍物，保持路面状态良好，延长路面使用寿命。

《公路水泥混凝土路面养护技术规范》(JTJ 073.1—2001)中明确了水泥混凝土路面日常养护应包含的内容：日常保洁、接缝保养、冬季养护等。

1）水泥混凝土路面日常保洁

水泥混凝土路面必须定期清扫泥土和污物，与其他不同类型路面平面连接处及平交道口应勤加清扫，路面上出现的小石块等坚硬物应予以清除，中央分隔带内的杂物应定期清除，保持路容整洁。

2）水泥混凝土路面接缝保养

接缝是水泥混凝土路面的特有构造，接缝的好坏直接影响路面寿命。所以应对接缝进行适时的保养，保持接缝完好，表面平顺。接缝养护包括接缝保养及填料的及时更换。

3）水泥混凝土路面冬季养护

水泥混凝土路面季节性养护主要是指冰雪地区路段水泥混凝土路面冬季养护，其重点是除雪、除冰、防滑。养护作业的重点是桥面、坡道、弯道、路口及其他严重危害行车安全的路段。

11.6 公路养护决策

11.6.1 基本概念

公路养护决策是养护工程前期工作和计划编制工作的重要支撑。具体地讲，公路养护决策是管理者围绕养护目标，应用科学的分析手段与方法，按照一定的工作程序进行分析比选，制定公路中长期养护规划、养护工程项目库和年度养护计划的活动。由于公路养护决策侧重于路网级决策，其内容应包括公路基础数据与技术状况调查、公路技术状况分析、公路养护需求分析、公路养护工程项目库编制、公路养护效益评估等。

11.6.2 决策程序和内容

公路养护决策的时间安排宜与当前年度预算编制相匹配。应将公路养护决策作为年度养护工程计划编制的前置条件，经过审查的决策咨询报告应作为编制年度公路养护计划的重要依据。

公路养护决策应按照养护目标制定、公路技术状况检测与评定、公路技术状况分析、养护需求分析、养护工程项目库编制、养护技术方案确定、养护建议计划编制和养护效益评估等工作程序开展。图11-3为公路养护决策程序和对应的具体内容。

11.6.3 公路养护决策分析

公路养护决策分析，包括养护目标的制定、养护标准设置、养护决策模型建立与更新、养护决策分析方法选取和决策分析结果输出等内容。养护决策模型包括养护对策模型、使用性能预测模型、养护方案费用模型、优先排序模型等。应通过公路基础信息、环境参数、交通量、养护历史和技术状况数据进行定期标定和修正，各类模型参数应至少每年更新一次。养护决策分析方法包括养护需求分析、养护预算分析、养护投资效益分析、养护资金优化分配等，根据养护决策工作需要，进行单一或组合选用。

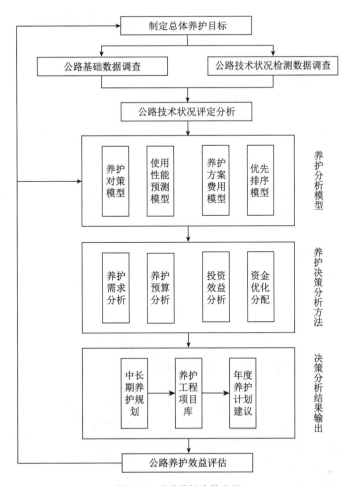

图 11-3 公路养护决策流程

1)路基养护对策模型

路基养护对策应根据路基技术状况评定结果、养护工作对象与内容,以及病害处治类型,可按表 11-6 进行选择。对于路基某一养护工作对象与内容,存在两个或以上对策可供选择时,应根据实际情况选择其一。

路基养护对策　　　　　　　　表 11-6

养护工作对象与内容		日常养护		养护工程	
		日常养护	日常维修	预防养护	修复养护
路肩	路肩清扫	✓	—	—	—
	路肩整修	✓	✓	—	✓
	路缘石维修	✓	✓	—	✓
路堤与路床	沉降处治	—	—	✓	✓
	开裂滑移处治	—	—	✓	✓
	冻胀翻浆处治	—	✓	—	—
	桥头跳车处治	—	—	✓	✓

续上表

养护工作对象与内容		日常养护		养护工程	
		日常养护	日常维修	预防养护	修复养护
边坡	坡面防护	✓	✓	✓	✓
	碎落崩塌处治	✓	✓	✓	✓
	局部坍塌处治	—	✓	✓	✓
	滑坡处治	—	—	—	✓
既有防护及支挡结构物	表观破损处治	—	✓	—	✓
	排(泄)水孔淤塞处治	✓	✓	—	✓
	局部损坏修复	—	✓	✓	✓
	结构失稳加固	—	—	—	✓
排水设施	排水设施疏通	✓	✓	—	✓
	排水设施修复	—	✓	✓	✓
	排水设施增设	—	—	✓	✓

注:"✓"为可选择;"—"为不可选择。

2) 路面养护对策模型

利用路面技术状况数据对评价单元进行评价分析后,可将各评价单元划分为预防养护及修复养护等养护类型,划分方法应符合表 11-7 的规定。

评价单元养护类型划分方法 表 11-7

值域范围				养护类型
PCI	RQI	RDI	SRI	
≥A1	≥B1	≥C	<D	预防养护
		<C	—	修复养护
	B2~B1	—	—	预防养护
	<B2	—	—	修复养护
A2~A1	≥B2	—	—	预防养护
	<B2	—	—	修复养护
<A2	—	—	—	修复养护

表 11-7 中各指标值域应根据各评价单元的建养历史、交通状况、养护水平、路况现状及养护目标等因素综合确定。在缺少相关数据及经验的情况下,可参考表 11-8 的取值范围。

养护标准值参考范围 表 11-8

公路等级	取值范围					
	PCI		RQI		RDI	SRI
	A1	A2	B1	B2	C	D
高速公路及一级公路	90	85	90	85	80	75
二级公路及三级公路	85	80	85	80	80	—
四级公路	80	75	—	—	—	—

11.7 路面管理系统

11.7.1 路面管理系统的基本概念

路面管理系统的概念,最早起源于20世纪70年代加拿大的路面养护管理工作。我国对路面管理系统的研究开始于20世纪80年代中期,许多单位对路面管理系统进行了较广泛的研究和推广应用工作。

路面管理是应用系统分析的方法,综合考虑技术、经济、社会和政治等方面的因素,协调各项路面管理活动,从公路有关数据的采集、整理和分析到根据具体情况建立相关的数学模型,最后提出和编制相应的公路养护乃至改建计划,并使计划得以实施的整个过程。

路面管理系统可划分为网级管理和项目级管理两个层次,以分别适应不同管理层次的需求,两者具有不同的结构和功能。网级管理系统的范围适用于一个地区(省、区、市)的公路网或一大批工程项目,主要任务是为管理部门在进行关键性的行政决策时提供相应的对策。项目级管理系统仅针对一个工程项目,它的主要任务是为管理部门,对某一工程进行技术决策时提供对策,以选择费用效益最佳的方案。

11.7.2 路面管理系统的数据库

路面管理系统涉及路面的规划、设计、施工、评价和相关研究等。因此,与上述工作相关的数据库就成为路面管理系统的核心。具体而言,路面管理系统数据库应包括的数据有:
(1)性能相关数据,如平整度、技术状况指数、道路材料性能数据等;
(2)几何参数数据,如路基路面断面尺寸、道路曲率、横坡、路肩宽度等;
(3)历史数据,如养护记录、交通量、交通事故等;
(4)环境数据,如地区降水量、气候相关数据(温度、降雨量、冰冻)等;
(5)费用数据,如工程造价、检测费用、养护费用等。

路面管理系统数据库的搭建不仅是为了实现路面管理系统的目标,也是为路面养护和决策提供支持。不断积累的路面管理数据库为新建公路、公路改扩建以及既有公路性能评价均提供了有效的支撑。

11.7.3 公路技术状况一般预测方法

为了估计路网中公路的服务年限,有必要预测路面评价指标的变化规律,从而进行维护需求的分析和评价。预测方法根据性质可以分为定性预测和定量预测。定性预测是指预测人员通过调查研究,根据实际情况、相关理论和实践经验,对预测对象的发展前景作出判断。定量预测是指根据调查统计资料和信息,运用统计学方法和数学模型,对预测对象未来发展的测定。预测模型是公路养护决策的基础,也是路面管理系统的重要组成部分。应根据实际情况进行定期修正,预测年限也应控制在一定的时间范围内,以便预测模型能与交通量等相关变量保持较好的一致性。定量化预测方法根据预测方式可分为确定性预测模型、概率性预测模型和其他预测模型。

1) 确定性预测模型

确定性模型是通过建立因变量与自变量的关系模型预测因变量的变化。常用的确定性预测模型包括力学预测模型、力学-经验预测模型和经验回归预测模型。

(1)力学预测模型。

力学预测模型基于弹性理论与黏-弹性理论模型,分析公路在外部因素(荷载和环境因素等)作用下,应力、应变、位移等物理量的变化规律,并建立其与公路技术状况指标衰变的关系模型。其模型主要参数宜通过试验确定。力学预测模型理论基础较为成熟,具有较好的外推性,预估精度较高;但其计算过程复杂,常用于对特定力学性能指标的预测。

(2)力学-经验预测模型。

力学-经验预测模型结合了力学模型和经验模型。它首先进行力学分析,计算预先设定条件下的应力、应变等反应参数值;然后建立各反应参数与公路技术状况指标衰变的经验关系式。力学-经验预测模型的主要参数宜通过分析实测数据确定。该模型预测精度较高,具有较好的外推性,需要实测数据少;但因变量不宜过多,且计算量大。力学-经验预测模型推荐用于项目级特定公路技术状况分项指标的预测。

(3)经验回归预测模型。

经验回归预测模型通过分析实测数据,在一定程度上拟合因变量(公路性能指标)与其他一个或几个自变量之间的数量变动关系。根据因变量与自变量关系是否线性,经验回归模型可分为线性模型和非线性模型。公路技术状况指标预测常用的模型包括线性模型、指数模型、S形模型、双参数曲线模型等。经验回归预测模型计算简单,易于操作;但其建模需要大量实测数据,预测准确度受多因素影响,且难以准确表达公路技术状况指标衰变时主客观因素间的复杂关系。因此,经验回归预测模型可用于公路技术状况指标衰变机理不明确时。经验回归预测模型可用于预测公路技术状况指标,也可用于预测公路技术状况综合指数。

2)概率性预测模型

概率性预测模型是通过分析对象状态的变化概率预测公路技术状况指标的变化,能够在一定程度上考虑预测对象变化的不确定性,主要包括残存曲线模型和马尔可夫预测模型。

(1)残存曲线模型。

残存曲线模型是根据公路或设施的历史数据,在已使用若干年条件下,网络中仍不需要重大养护的路段或重大维修的设施的残存比例随时间的变化关系进行预测的模型。首先,根据路段或设施的历史数据,确定数据的分布类型,常用的分布模型有 Weibull 分布模型和 log-logistic 分布模型等;然后确定分布模型的累积分布函数;最后根据式(11-4)计算路段或设施的残存率。

$$S(t) = 1 - F(t) \tag{11-4}$$

式中:$S(t)$——t 时刻残存率;

$F(t)$——t 时刻累计分布函数。

残存曲线模型需要大量历史数据,宜用于网级公路技术状况指标的预测。

(2)马尔可夫预测模型。

马尔可夫(Markov)预测模型假定预测对象状态的变化概率与先前状态无关,仅与当前状态有关,并根据预测对象在不同状态下的状态转移概率,确定预测对象未来状态的方法。其主要步骤包括:

①划分预测对象的状态。当预测连续型公路技术状况指标时,需要根据相关规定将指标划分为有限个状态。

②根据历史数据计算初始概率矩阵 $P(0) = [p_1, p_2, \cdots, p_n]$，其中 p_i 为预测对象在状态 i 的初始概率。

③确定状态转移概率矩阵，见式(11-5)。

$$P = \begin{bmatrix} P_{11} & P_{12} & \cdots & P_{1n} \\ P_{21} & P_{22} & \cdots & P_{2n} \\ \cdots & \cdots & \cdots & \cdots \\ P_{n1} & P_{n2} & \cdots & P_{nn} \end{bmatrix} \tag{11-5}$$

式中：P——状态转移概率矩阵；

P_{ij}——预测对象由状态 i 变为状态 j 的概率。

④根据初始状态及状态转移概率矩阵推测预测对象未来状态，见式(11-6)。

$$P(t) = P(0)P^{t-1} \tag{11-6}$$

式中：$P(t)$——t 年状态概率矩阵。

马尔可夫预测模型宜用于受不确定因素影响较多的公路技术状况分项指标预测，也可用于综合指标的预测。

3）机器学习预测模型

机器学习方法不同于统计学方法的地方在于其不需要对预测对象之间的关系进行明确建模，仅需要放入大量数据对模型参数进行训练即可。近年来，由于计算机计算能力的大幅提升，路面使用性能指标自动化采集技术的发展，使得计算机能够在可接受时间内处理大量数据并完成对模型的训练，因此，机器学习方法开始逐渐被用于路面使用性能指标的预测。各类机器学习方法中，比较常用的模型为以神经网络模型（Neural Networks）为基础而衍生出的各类模型，如人工神经网络模型（ANN）、循环神经网络模型（RNN）等。模型与模型之间网络结构较为类似，不同之处一般在于选取的输入特征值以及预测对象。

练习

1. 路基病害调查的主要内容有哪些？
2. 简述路基技术状况评价的方法。
3. 沥青路面的主要病害有哪些？如何进行沥青路面技术状况评定？
4. 简述公路养护决策流程。

讨论1：我国现行规范中沥青路面和水泥混凝土路面调查与评定的基本内容是什么？有何异同点？

讨论2：结合国内外研究现状，分析适用于我国路面管理系统的组成方式，并针对 1~2 个公路技术状况指标，试讨论采用哪种预测模型。

参 考 文 献

[1] 中华人民共和国交通运输部. 公路工程技术标准:JTG B01—2014[S]. 北京:人民交通出版社股份有限公司,2014.
[2] 中华人民共和国交通运输部. 公路沥青路面设计规范:JTG D50—2017[S]. 北京:人民交通出版社股份有限公司,2017.
[3] 中华人民共和国交通运输部. 公路路面基层施工技术细则:JTG/T F20—2015[S]. 北京:人民交通出版社股份有限公司,2015.
[4] 中华人民共和国交通运输部. 公路沥青路面施工技术规范:JTG F40—2004[S]. 北京:人民交通出版社,2004.
[5] 中华人民共和国交通运输部. 公路路基设计规范:JTG D30—2015[S]. 北京:人民交通出版社股份有限公司,2015.
[6] 中华人民共和国交通运输部. 公路工程沥青及沥青混合料试验规程:JTG E20—2011[S]. 北京:人民交通出版社,2011.
[7] 中华人民共和国交通运输部. 公路水泥混凝土路面施工技术细则:JTG/T F30—2015[S]. 北京:人民交通出版社股份有限公司,2015.
[8] 中华人民共和国交通运输部. 公路水泥混凝土路面设计规范:JTG D40—2011[S]. 北京:人民交通出版社,2011.
[9] 中华人民共和国交通运输部. 公路路基养护技术规范:JTG 5150—2020[S]. 北京:人民交通出版社股份有限公司,2020.
[10] 中华人民共和国交通运输部. 公路沥青路面养护技术规范:JTG 5142—2019[S]. 北京:人民交通出版社股份有限公司,2019.
[11] 中华人民共和国交通运输部. 公路水泥混凝土路面养护技术规范:JTJ 073.1—2001[S]. 北京:人民交通出版社,2001.
[12] 中华人民共和国交通运输部. 公路土工试验规程:JTG 3430—2020[S]. 北京:人民交通出版社股份有限公司,2020.
[13] 黄晓明. 路基路面工程[M]. 6版. 北京:人民交通出版社股份有限公司,2019.
[14] 潘宝峰. 路基路面工程[M]. 北京:人民交通出版社股份有限公司,2018.
[15] 邓学钧. 路基路面工程[M]. 3版. 北京:人民交通出版社,2008.
[16] 夏连学,赵卫平. 路基路面工程[M]. 北京:人民交通出版社,1997.
[17] 申爱琴,郭银川. 水泥与水泥混凝土[M]. 北京:人民交通出版社股份有限公司,2019.
[18] 谭忆秋. 沥青与沥青混合料[M]. 哈尔滨:哈尔滨工业大学出版社,2007.
[19] 黄维蓉. 沥青与沥青混合料[M]. 北京:人民交通出版社股份有限公司,2020.
[20] 孙立军. 铺面工程学[M]. 上海:同济大学出版社,2012.
[21] 申爱琴. 道路工程材料[M]. 北京:人民交通出版社股份有限公司,2016.
[22] 姚祖康. 道路路基和路面工程[M]. 上海:同济大学出版社,1994.
[23] 黄晓明. 水泥路面设计[M]. 北京:人民交通出版社,2003.
[24] 姚祖康. 水泥混凝土路面设计理论和方法[M]. 北京:人民交通出版社,2003.
[25] 王秉纲,郑木莲. 水泥混凝土路面设计与施工[M]. 北京:人民交通出版社,2004.

[26] 孙延选,等.水泥混凝土路面设计与施工技术[M].郑州:黄河水利出版社,2005.
[27] 中国公路交通史编审委员会.中国公路史(第一册)[M].北京:人民交通出版社,1990.
[28] 交通部中国公路交通史编审委员会.中国公路史(第二册)[M].北京:人民交通出版社,1999.
[29] 中国公路学会.中国公路史(第三册)[M].北京:人民交通出版社股份有限公司,2017.